庆祝中华人民共和国成立七十五周年书系　新中国史研究文丛

守正创新

中国特色社会主义文化建设路径研究

欧阳雪梅　著

当代中国出版社
Contemporary China Publishing House

图书在版编目(CIP)数据

守正创新：中国特色社会主义文化建设路径研究 / 欧阳雪梅著. -- 北京：当代中国出版社, 2025. 2.
(新中国史研究文丛). -- ISBN 978-7-5154-1462-1

Ⅰ. K203

中国国家版本馆 CIP 数据核字第 20246R8N45 号

出 版 人	蔡继辉
责任编辑	宋卫云
责任校对	贾云华　康　莹
印刷监制	刘艳平
封面设计	宋　涛　鲁　娟
出版发行	当代中国出版社
地　　址	北京市地安门西大街旌勇里 8 号
网　　址	http://www.ddzg.net
邮政编码	100009
编辑部	（010）66572264
市场部	（010）66572281　66572157
印　　刷	北京润田金辉印刷有限公司
开　　本	710 毫米 × 1000 毫米　1/16
印　　张	25.75 印张　1 插页　306 千字
版　　次	2025 年 2 月第 1 版
印　　次	2025 年 2 月第 1 次印刷
定　　价	118.00 元

版权所有，翻版必究；如有印装质量问题，请拨打（010）66572159 联系出版部调换。

新中国史研究文丛
编辑委员会

编 委 会

主　任：李正华

副主任：宋月红

编　委：（按姓氏笔画排序）

王巧荣　王爱云　刘　仓　刘维芳　杨凤城　杨明伟
吴　超　辛向阳　张金才　欧阳雪梅　周　进　钟　瑛
姚　力　蔡继辉

办 公 室

主　任：周　进

成　员：狄　飞　郑　珺　王　宇　王　敏

新中国史研究文丛
— 总 序 —

在新中国成立 75 周年之际,当代中国研究所组织编辑出版的《新中国史研究文丛》第一批成果终于与读者见面了。

当代中国研究所是中共中央批准成立的专门从事中华人民共和国史研究、编撰与宣传工作的科研机构,自 1990 年成立以来,编写出版了《中华人民共和国史稿》《中华人民共和国简史》《新中国 70 年》《中华人民共和国史编年》《中国式现代化简史》等国史基本著作。为迎接新中国成立 75 周年,当代中国研究所组织编写《中华人民共和国史》《新中国史事编年》等学术著作,不断推动新中国史研究事业繁荣发展。《新中国史研究文丛》,既是当代中国研究所肩负"修史、资政、育人、护国"职责使命,为庆祝新中国成立 75 周年献上的一份厚礼,也是对当代中国研究所成立 30 余年来科研成果的又一次检阅。

习近平总书记在致国史学会成立30周年贺信中强调，要坚持正确政治方向，坚持历史唯物主义，以马克思主义中国化时代化最新成果为指导，进一步团结全国广大国史研究工作者，牢牢把握国史的主题主线、主流本质，不断提高研究水平，创新宣传方式，加强教育引导，激励人们坚定历史自信、增强历史主动，更好凝聚团结奋斗的精神力量，为全面建设社会主义现代化国家、全面推进中华民族伟大复兴作出新贡献。这不仅为当代中国研究所、国史学会的发展指明了方向，也为我们在新时代新征程上全面推动新中国史研究事业高质量发展提供了根本遵循。

赓续历史文脉，谱写当代华章。习近平总书记指出："重视历史、研究历史、借鉴历史是中华民族5000多年文明史的一个优良传统。当代中国是历史中国的延续和发展。"深入研究新中国史，一方面是继承发扬中国源远流长的史学传统，另一方面可以从中深刻体悟中华文明具有突出的连续性、创新性、统一性、包容性和和平性。在新的起点上深化和拓展中国式现代化，更好担负起新的文化使命，就需要立足中华民族伟大历史实践和当代实践，用中国道理总结好中国经验。这是编辑出版《新中国史研究文丛》的重要使命。

激励人们坚定历史自信，增强历史主动。历史是最好的教科书，也是最好的营养剂。新中国史是中华民族发展史上的时代画卷，是世界社会主义发展史、人类文明发展史上的辉煌篇章。只有坚持以习近平新时代中国特色社会主义思想为指导，不断深化新中国史研究，拿出高质量的研究成果，并加强研究成果的宣传、推广，才能真正把历史智慧和历史经验进一步转化为全国各族人民团结奋斗的精神力量，充分发挥新中国史资政、育人、护国的作用。这是编辑出版《新中国史研究文丛》的重要目的。

推动新中国史"三大体系"建设，建构中国自主知识体系。加快构建中国特色哲学社会科学学科体系、学术体系、话语体系是习近平总书记在哲学社会科学工作座谈会上提出的新时代战略任务。新中国史伴随着新中国的发展而发展，是一个兼具政治性与学术性的新兴学科。经过几十年特别是新时代十余年以来的努力，新中国史"三大体系"建设已经取得了一定的成绩。但毋庸讳言，与其他成熟学科相比，新中国史还有很大进步空间。编辑出版《新中国史研究文丛》，是加快构建新中国史"三大体系"、建构中国自主知识体系的一个重要举措。

展示真实、立体、全面的当代中国，促进文明交流互鉴。习近平总书记强调，要"着力加强国际传播能力建设、促进文明交流互鉴"。新中国史研究在这方面具有独特作用和特殊优势。新中国成立75年来，取得了令世界刮目相看的伟大成就。如何记录好、总结好新中国的辉煌成就和宝贵经验，是时代赋予的重大课题。新中国史研究工作者有责任积极参与国际性的对话和交流，在世界舞台上讲好当代中国故事，传播好当代中国声音，展示一个真实、立体、全面的当代中国，不断增强中华文明传播力和影响力。编辑出版《新中国史研究文丛》，希望有助于发挥新中国史研究在讲好中国故事中的独特作用。

培育新中国史研究力量，壮大人才队伍。"千秋基业，人才为本。"近几十年来，新中国史研究逐步形成了一支政治素养高、专业能力强、学科门类齐的人才队伍。推进科教融合，建立了中共党史系、中华人民共和国国史系，编撰出版教材，注意培养新中国史研究新生力量。但同时也要看到，新中国史研究还面临着成果发表平台不足、方法有待完善等现实问题，很大程度制约了人才的成长与发展。编辑出版《新中国史研究文丛》，有助于"出人、出书、走正路"，不断壮大新中国史研究人才队伍。

我们将编辑出版《新中国史研究文丛》作为一个长期项目，为新中国史研究的优秀成果提供优质的出版服务。期望得到学界同仁的关心和支持，大家一起通过此项目，为新中国史研究事业这座巍峨大厦添砖增瓦，并推动它不断繁荣发展。

李正华

2024 年 5 月

前　言

　　守正创新是习近平新时代中国特色社会主义思想的显著标识，是中国共产党在新时代治国理政的重要思想方法，是新时代中国特色社会主义文化建设的基本遵循与科学方法，是习近平文化思想的本质要求。守正，就是要守住方向、守住原则、守住立场、守住命脉，守正才能不迷失方向、不犯颠覆性错误；创新就是勇于探索、开辟新境，创新才能把握时代、引领时代。守正与创新相辅相成，体现了"变"与"不变"、继承与发展、原则性与创造性的辩证统一。对文化建设来说，"守正，守的是马克思主义在意识形态领域指导地位的根本制度，守的是'两个结合'的根本要求，守的是中国共产党的文化领导权和中华民族的文化主体性。创新，创的是新思路、新话语、新机制、新形式，要在马克思主义指导下真正做到古为今用、洋为中用、辩证取舍、推陈出新，实现传统与现代的有机衔接。"[1]

马克思主义是我们立党立国的根本指导思想，更是我国意识形态的灵魂和旗帜。习近平反复申明：坚持马克思主义的指导地位，"任何时候任何情况下都不能有丝毫动摇"[2]，"我们要立足中国，面向现代化、面向世界、面向未来，巩固马克思主义在意识形态领域的指导地位，发展社会主义先进文化"[3]。确立坚持马克思主义在意识形态领域指导地位的根本制度，是新时代文化建设的重大制度创新，以从根本上保证中国特色社会主义先进文化的性质与方向，从思想、理论、信仰、行动上坚守党的本质属性，在全球化文明冲突、西方文化霸权的博弈场域中克服价值迷茫、增强文化自觉，保持思想定力，夯实全体中国人民共同团结奋斗的思想基础，强化凝魂聚气的精神纽带。新时代坚持这一根本制度，就是坚持以习近平新时代中国特色社会主义思想为指导，完整把握、准确理解这一科学理论的世界观和方法论，坚持好、运用好贯穿其中的立场观点方法，并用其指导思想理论建设、哲学社会科学研究、文化文艺、教育教学的各方面，将其贯彻落实到武装全党、教育人民、文化生产的工作体系之中，形成蕴含其政治导向、工作理念、价值推崇的制度体系。

坚持"两个结合"的根本要求。2021年7月1日，习近

---

[1] 习近平：《在文化传承发展座谈会上的讲话》，《求是》2023年第17期。
[2] 习近平：《在庆祝中国共产党成立95周年大会上的讲话》，人民出版社2016年版，第9页。
[3] 习近平：《在纪念马克思诞辰200周年大会上的讲话》，人民出版社2018年版，第19—20页。

平在庆祝中国共产党成立100周年大会上发表重要讲话，提出了"把马克思主义基本原理同中国具体实际相结合、同中华优秀传统文化相结合"[1]的重大论断。"第一个结合"中的"中国具体实际"，也包括了中华优秀传统文化因素。毛泽东强调，"我们是马克思主义的历史主义者，我们不应当割断历史。从孔夫子到孙中山，我们应当给以总结，承继这一份珍贵的遗产"[2]。新时代对"中国具体实际"的内容有了更进一步的阐释，对"中华优秀传统文化"有了更进一步的强调。马克思主义以其理论的科学性、立场的人民性、品格的实践性、体系的开放性不断彰显科学思想的伟力。"自从中国人学会了马克思列宁主义以后，中国人在精神上就由被动转入主动。"[3]这种主动精神首先体现为中国共产党人的文化自信，能够以马克思主义观点理性地分析传统文化，能够批判地继承传统文化，并探索马克思主义基本原理与中华优秀传统文化的结合问题。必须坚持马克思主义这一党和国家的根本指导思想不动摇。"背离或放弃马克思主义，我们党就会失去灵魂、迷失方向。"中华优秀传统文化是中华民族的精神命脉，也是我们在世界文化激荡中站稳脚跟的根基。马克思主义同我国传承了几千年的优秀历史文化和广大人民日用而不觉的价值观念相融通，赋予马克思主义理论鲜明的中国特色，夯实马克思主义中国化时代化的历史基础和群众基础。"第二个结合"不仅让马克思主义深深植根

---

[1] 习近平：《在庆祝中国共产党成立100周年大会上的讲话》，《人民日报》2021年7月2日。
[2] 《毛泽东选集》第2卷，人民出版社1991年版，第534页。
[3] 《毛泽东选集》第4卷，人民出版社1991年版，第1516页。

于中华民族的沃土中，让马克思主义成为中国的，更用真理的力量激活了中华文明，让中华优秀传统文化成为现代的，最终形成了马克思主义深刻改变了中国，中国也极大丰富了马克思主义的生动局面。2023年6月30日，习近平在中共中央政治局第六次集体学习时的讲话中强调："马克思主义中国化时代化这个重大命题本身就决定，我们决不能抛弃马克思主义这个魂脉，决不能抛弃中华优秀传统文化这个根脉"，"以马克思主义为指导对中华五千多年文明宝库进行全面挖掘，用马克思主义激活中华优秀传统文化中富有生命力的优秀因子并赋予新的时代内涵，将中华民族的伟大精神和丰富智慧更深层次地注入马克思主义，有效把马克思主义思想精髓同中华优秀传统文化精华贯通起来，聚变为新的理论优势，不断攀登新的思想高峰"。[1]

坚持中国共产党的文化领导权。坚持党的文化领导权是事关党和国家前途命运的大事，也是担负新时代新的文化使命的重要保证。是否坚持党的全面领导，对文化建设事业能否健康发展起着决定性作用。早在《新民主主义论》中，毛泽东明确："现时的中国新文化也不能离开中国无产阶级文化思想的领导，即不能离开共产主义思想的领导。"[2]《中国共产党第一个决议》中，我们党就高度重视对宣传思想文化工作的领导，强调不论中央或地方的任何出版物，均不得登载任何违背党的原则、政策及决议的文章。毛泽东指出，"掌握

---

[1]《不断深化对党的理论创新的规律性认识 在新时代新征程上取得更为丰硕的理论创新成果》，《人民日报》2023年7月2日。
[2]《毛泽东选集》第2卷，人民出版社1991年版，第705页。

思想领导是掌握一切领导的第一位"[1]。"宣传思想阵地，我们不去占领，人家就会去占领。"[2]虽然新时代"宣传思想工作的环境、对象、范围、方式发生了很大变化，但宣传思想工作的根本任务没有变，也不能变"[3]，因此，"要加强党对宣传思想工作的全面领导，旗帜鲜明坚持党管宣传、党管意识形态"[4]，"要把党管媒体的原则贯彻到新媒体领域"[5]，"做好宣传思想工作必须全党动手"[6]，"着力加强党对宣传思想文化工作的领导"[7]。只有坚持马克思主义在意识形态领域的指导地位，才能确保我们党始终保持思想上的统一、政治上的团结、行动上的一致，确保我们国家在党的集中统一领导下始终沿着社会主义方向前进。在坚持以马克思主义为指导这一根本问题上，我们必须坚定不移，任何时候任何情况下都不能动摇。

坚持中华民族的文化主体性。"任何文化要立得住、行得远，要有引领力、凝聚力、塑造力、辐射力，就必须有自己的主体性"，"有了文化主体性，就有了文化意义上坚定的自我，文化自信就有了根本依托，中国共产党就有了引领时代的强大文化力量，中华民族和中国人民就有了国家认同的坚实文化基础，中华

---

[1]《毛泽东文集》第2卷，人民出版社1993年版，第435页。
[2]《习近平关于社会主义文化建设论述摘编》，中央文献出版社2017年版，第30页。
[3]《习近平关于社会主义文化建设论述摘编》，中央文献出版社2017年版，第22页。
[4]《习近平谈治国理政》第3卷，外文出版社2020年版，第314页。
[5]《习近平著作选读》第1卷，人民出版社2023年版，第453页。
[6]《习近平谈治国理政》第1卷，外文出版社2018年版，第156页。
[7]《坚定文化自信秉持开放包容坚持守正创新 为全面建设社会主义现代化国家 全面推进中华民族伟大复兴提供坚强思想保证强大精神力量有利文化条件》，《人民日报》2023年10月9日。

文明就有了和世界其他文明交流互鉴的鲜明文化特性"。[1]文化主体性是当代中国文化建设的一个重大命题,与文化自信、坚守中华文化立场、精神上的独立自主一起成为新时代文化建设的标识性内容。文化主体性是中华民族主体性的文化表征,是在推动文化发展过程中表现出来的具有自主性、能动性等的价值理念和存在状态,是有别于其他民族的鲜明文化特质和独特价值体系。文化主体性凸显出一个民族对自身文化的自觉意识和自信程度。中华民族的文化主体性植根于五千多年源远流长、博大精深的中华文明。从文化传统来看,中华文明是世界上唯一自古延续至今、从未中断的文明,尽管内容不断更新,形式不断演变,但最核心的优秀文化要素始终存在、生生不息。多重因素的综合作用,使得中华民族在历史发展中逐渐形塑了一种独立的、自成一体的民族心态与文化心理,造就了中华文明自我发展、回应挑战、开创新局的文化主体性与旺盛生命力,形成了愈益明确的中华民族的文化认同。依托这种精神和文化层面上的自省、自主、自为,中华儿女自主创造的悠久璀璨、精深厚重的中华文明,呈现出不同于世界其他文明形态的独特魅力。把握和巩固文化主体性是构建文化自信的持久力量,文化主体性是文化发挥"引领力、凝聚力、塑造力、辐射力"的根基。同时,"要拓宽理论视野,以海纳百川的开放胸襟学习和借鉴人类社会一切优秀文明成果,在'人类知识的总和'中汲取优秀思想文化资源来创新和发展党的理论,形成兼容并蓄、博采众长的理论大格局大气象"。[2]

---

[1] 习近平:《在文化传承发展座谈会上的讲话》,《求是》2023年第17期。
[2]《不断深化对党的理论创新的规律性认识 在新时代新征程上取得更为丰硕的理论创新成果》,《人民日报》2023年7月2日。

文化的特殊属性决定了文化建设必须坚持守正创新。文化是民族的精神命脉，是熔铸在一个国家、民族发展历程中的基因和纽带。人类社会创造的语言、价值观念、传统习俗、艺术形式等各种文化要素，通过代代相传得以传承和延续。文化的传承既可以使人们从历史中汲取智慧，增强民族归属感，也能够增强人们对文化身份的认知，增强文化自信，培养对本民族文化的热爱和尊重。同时，文化是人类改造世界的精神成果，作为社会的上层建筑，文化要与社会发展要求相适应，能够反映时代进步和人民需要。当文化最大限度地反映生产力的发展要求、最广大人民群众的根本利益及整个社会的前进方向，就能够提供与实践要求相适应的世界观、人生观、价值观，从而使整个社会增强文化认同、释放思想活力。随着科技的不断进步和社会的变革，人们的生活方式、价值观念和审美观念都在发生着变化。文化建设需要适时调整发展战略，谋划发展布局，在传播形式、机制载体、内容表达上与时俱进，适应社会环境的变化，更好满足人民群众对美好文化生活的需求，成为推动社会持续发展和维护社会团结稳定的强大力量。

守正创新是新时代推动文化繁荣发展的根本方法和科学路径。新时代，中华民族伟大复兴战略全局和世界百年未有之大变局相互交织、相互影响，如何在中华民族伟大复兴的历史大潮中实现文明复兴、文化进步，如何在五千多年中华文明基础上推动文明更新、创造人类文明新形态，成为当代中国共产党人面对的新课题。以习近平同志为核心的党中央坚持把文化建设摆在治国理政突出位置，既坚守了中华民族几千年来恪守正道、革故鼎新的文化传统，吸收和发展了中华优秀传统文化中关于文以载道、文以化人，关于民族大义、家国情怀，关于道德教化、伦理规范，关于人文素养、美学精神，关于文化交流、文明共生等重要价值理念；又坚持马克思主义文化理论中关于社会存在与社会意识、经济基础与上层建筑的关系，关于人的全面发展，关于文化本质和文化创造主体，关于意识形态、精神生产，关于世界历史与精神交往等重要思想观点，特别是把握"精神变物质、物质变精神"的辩证法；还继承了党领导文化建设中的根本性原则与方针，如反复强调发展面向现代化、面向世界、面向未来的，民族的科学的大众的社会主义文化，坚持马克思主义在意识形态领域指导地位，坚持为人民服务、为社会主义服务的方向，坚持百花齐放、百家争鸣的方针，坚持依法治国和以德治国相结合，坚持把社会效益放在首位、社会效益和经济效益相统一等。

　　守正创新是习近平文化思想的本质要求。"每个原理都有其出现的世纪。"[1]任何能够影响时代、引领时代的思想理论，都是在把握时代脉动、因应时代呼声、回答时代之问中形成和发展起来的。面对我国社会主要矛盾转化为人民日益增长的美好生活需要和不平衡不充分的发展之间的矛盾，经济社会发展对文化建设提出更高要求，人民群众对精神文化生活有更高期待，面对经济科技快速发展和社会格局深刻调整，社会思想观念和价值取向日趋活跃，面对世界范围内各种思想文化交流交融交锋的新形势，在推动铸就社会主义文化新辉煌的实践进程

---

[1]《马克思恩格斯文集》第1卷，人民出版社2009年版，第607页。

中形成了许多原创性的理论成果。如，关于坚持党的文化领导权的思想，关于推动物质文明和精神文明协调发展，关于坚持文化自信的思想，关于"两个结合"的思想，关于担负新的文化使命的思想，关于中华优秀传统文化创造性转化和创新性发展的思想，关于培育和践行社会主义核心价值观的思想，关于以人民为中心的创作导向的思想，关于营造风清气正的网络空间的思想，关于提高新闻舆论传播力、引导力、影响力、公信力的思想，关于构建中国话语和中国叙事体系，关于促进人类文明交流互鉴的思想等，这一系列新思想新观点新论断，深刻回答了新时代我国文化建设举什么旗、走什么路、坚持什么原则、实现什么目标等根本问题，系统回答了新时代坚持和发展什么样的中国特色社会主义文化、怎样坚持和发展中国特色社会主义文化的重大课题，丰富和发展了马克思主义文化理论，构成了习近平新时代中国特色社会主义思想的文化篇，形成了习近平文化思想，标志着我们党对中国特色社会主义文化建设规律的认识达到了新高度。我们党坚持把马克思主义基本原理同中国具体实际、同中华优秀传统文化相结合，造就了一个有机统一的新的文化生命体。"结合"巩固了文化主体性，创立习近平新时代中国特色社会主义思想就是这一文化主体性的最有力体现。新时代，"确立和坚持马克思主义在意识形态领域指导地位的根本制度"，"党的创新理论深入人心，社会主义核心价值观广泛传播，中华优秀传统文化得到创造性转化、创新性发展，文化事业日益繁荣，网络生态持续向好，意识形态领域形势发生全局性、根本性转变"，"全党全国各族人民文化自信明显增强、精神面貌更加奋发昂扬"，[1]中华民族凝聚力和向心力极大提升，为新时代开创党和国家事业新局面提供了坚强思想保证，为实现中华民族伟大复兴注入了更为主动的精神力量。

时代是思想之母，实践是理论之源。中国特色社会主义文化，源自于中华民族五千多年文明历史所孕育的中华优秀传统文化，凝聚着党带领人民进行革命、建设、改革的奋斗精神，反映了改革开放和社会主义现代化建设新时期的文化品格，植根于新时代中国特色社会主义伟大实践。党的理论创新过程，是一个提出新思想，并不断丰富和完善新思想的过程，习近平文化思想是一个不断展开的、开放式的思想体系，随着新时代中国特色社会主义文化建设实践的深入推进、不断拓展，必将进一步丰富、发展、完善，展现更为强大的真理力量和实践伟力。

因为新时代文化建设前所未有的理念创新与实践成就，引起了学术界对当代中国文化研究的普遍关注、多学科参与，而成为"显学"，不少专家学者发表了高质量的论著。本书以见证者、研究者的视角，记录、阐释党关于中国特色社会主义文化建设理论与实践探索的脉络、重大事件与理论创新，兼顾历史与现实、理论与实践、中国与世界、宏观与微观，特别关注新时代中国特色社会主义文化思想、政策、制度形成的背景、历史演进及实践成果，实证研究与理论思考相结合，勾勒新时代中国特色社会主义文化建设的演变图谱，习近平文化思想建构与新时代中国特色社会主义文化实践"守正创新"，突出中国共产党在大时代文化建构的努力及所展示的文化力量。

---

[1]《中国共产党第二十次全国代表大会文件汇编》，人民出版社2022年版，第9页。

目　录

第一部分　习近平文化思想与社会主义文化强国建设 / 001

习近平文化思想的理论品格、重大意义和实践要求 / 002

开辟马克思主义文化理论发展新境界 / 012

推动"两个文明"协调发展 / 019

坚定文化自信 / 025

坚持不懈地推进社会主义文化强国建设 / 032

大力发展社会主义先进文化　丰富人民精神世界 / 043

抓住机遇　乘势而上　推进社会主义文化强国建设 / 054

赓续文化血脉　建设现代文明 / 057

让中华民族精神的大厦巍然耸立

　　——对话中国社会科学院当代中国文化建设与发展史研究

　　中心主任欧阳雪梅 / 065

第二部分　中国特色社会主义文化建设路径及成就 / 071

中国共产党百年来文化建设的理论指引 / 072

学雷锋活动 60 年历史演进及其启示 / 084

新中国以科学家精神推进科技创新的历史考察 / 103

让红色基因代代相传

  ——深入学习领会习近平总书记关于传承红色基因的重要论述 / 124

中国共产党用好红色资源赓续红色血脉的历史考察 / 142

新时代中国共产党保护利用红色资源的理念及实践 / 158

用根本制度保障文化建设 / 173

略论新时代文化建设的历史性成就与历史性变革 / 176

略论十八大以来我国意识形态领域形势发生的全局性根本性转变 / 201

建设网络文明，共建网上美好精神家园 / 226

关于将续编《当代中国》丛书列入国家"十四五"规划的建议 / 247

以流域治理推动全流域高质量发展

  ——访中国社会科学院研究员欧阳雪梅 / 254

第三部分　中华优秀传统文化的传承创新与文明交流互鉴 / 265

呵护农耕文明根脉　促进乡村振兴 / 266

立足农耕文明的历史底蕴建设农业强国 / 270

中国共产党与中医药的百年传承创新 / 278

中国共产党传承创新发展中医药的历史贡献 / 299

"一带一路"上的敦煌文化及其时代底蕴 / 318

中国大健康产业如何塑造未来医养模式 / 328

第四部分　新中国人才工作思想与实践 / 337

从中国科学院成立看我国科技人才资源调配与使用 / 338
1952年院系调整：培养国家建设需要的专门人才 / 345
我国第一个科技发展规划的制定与实施 / 350
党在社会主义革命和建设时期的人才工作思想及实践 / 357
改革伊始，中国企业家的登场与企业家精神的凝聚 / 380

后　记 / 387

第一部分 习近平文化思想与社会主义文化强国建设

习近平文化思想的理论品格、重大意义和实践要求[*]

2023年10月7日至8日,全国宣传思想文化工作会议召开,会议最重要的成果就是首次提出和系统阐述了习近平文化思想,在党的宣传思想文化事业发展史上具有里程碑意义。会议用"明体达用、体用贯通"八个字对这一重要思想的重大意义作出总结。"体"指本体,即中华民族的民族精神、价值观念、优秀文化,亦指科学的思想理论;"用"指实践。这八个字明确了理论与实践的辩证统一关系,凸显了新时代文化理论的创新及习近平文化思想有力引领新时代中国特色社会主义文化建设的生动实践,推动我国宣传思想文化工作取得历史性成就,展示了文化思想的力量。

一、习近平文化思想丰富和发展了马克思主义文化理论

习近平文化思想的提出,体现了习近平新时代中国特色社会主义思想在实践中的不断丰富和发展,突出了文化建设在中华民族伟大复

---

* 本文原载于《重庆日报》2023年10月16日。原标题为《深刻领悟习近平文化思想的理论品格、重大意义和实践要求》。

兴中的重要地位。习近平总书记站在中华民族伟大复兴的战略全局和世界百年未有之大变局的历史方位，准确把握世界范围内思想文化相互激荡、我国社会思想观念深刻变化的趋势，以坚定的文化自觉、宏阔的历史视野、深远的战略考量，不断回答新时代的文化、文明之问，提出了一系列新时代文化建设的新思想新观点新论断，形成了习近平文化思想，标志着我们党对中国特色社会主义文化建设规律的认识达到了新高度，是新时代文化建设的科学指南，为中国特色社会主义事业发展提供了强大的价值引导力、文化凝聚力、精神推动力。

党的十八大提出坚定不移走中国特色社会主义文化发展道路，将扎实推进社会主义文化强国建设列为"五位一体"总体布局的有机组成部分，以习近平同志为核心的党中央在此基础上建构新时代的文化理论体系，重点在以下几个方面着力。

一是确立新时代的文化价值内核，明确文化是国家和民族之魂。"一个国家、一个民族的强盛，总是以文化兴盛为支撑的，中华民族伟大复兴需要以中华文化发展繁荣为条件。"[1]"当高楼大厦在我国大地上遍地林立时，中华民族精神的大厦也应该巍然耸立。"[2] 国家之魂，文以化之，文以铸之。面对改革发展稳定复杂局面和社会思想意识多元多样、媒体格局深刻变化，党的十八大提出倡导富强、民主、文明、和谐，倡导自由、平等、公正、法治，倡导爱国、敬业、诚信、友善的社会主义核心价值观，把涉及国家、社会、公民的价值要求融为一体，回答国家发展的目标、社会前进的方向、公民行为基本准则的问题，明确了中国特色社会主义的价值表达、全体人民共同的价值追求。

---

[1]《认真贯彻党的十八届三中全会精神 汇聚起全面深化改革的强大正能量》，《人民日报》2013年11月29日。

[2] 习近平：《在文艺工作座谈会上的讲话》，《人民日报》2015年10月15日。

新时代把培育和践行社会主义核心价值观作为凝魂聚气、强基固本的基础工程。强调意识形态工作是党的一项极端重要的工作，必须把意识形态工作的领导权、管理权、话语权牢牢掌握在手中，任何时候都不能旁落，否则就要犯无可挽回的历史性错误。强调文化建设要坚持以人民为中心。以人民为中心是新时代文化创新工作的立足点和落脚点，是新时代推进文化创新的根本价值追求。

二是坚定文化自信，坚守中华文化立场，巩固中华文化的主体性。文化的主体性是一个民族文化生命的根本维系。习近平总书记以大历史观建构文化自信的逻辑，指出中华优秀传统文化有"深刻的思想体系、丰富的科技文化艺术成果、独特的制度创造"[1]，这是文化自信的历史基础；"中华优秀传统文化是中华民族的文化根脉，其蕴含的思想观念、人文精神、道德规范，不仅是我们中国人思想和精神的内核，对解决人类问题也有重要价值。要把优秀传统文化的精神标识提炼出来、展示出来，把优秀传统文化中具有当代价值、世界意义的文化精髓提炼出来、展示出来"，"努力实现传统文化的创造性转化、创新性发展，使之与现实文化相融相通，共同服务以文化人的时代任务"，解决了"传统何以现代"的问题，文化自信与道路自信、理论自信、制度自信并列为中国特色社会主义"四个自信"；明确中华优秀传统文化、革命文化与社会主义先进文化内在贯通、相互融合，"中国特色社会主义文化，源自于中华民族五千多年文明历史所孕育的中华优秀传统文化，熔铸于党领导人民在革命、建设、改革中创造的革命文化和社会主义先进文化，植根于中国特色社会主义伟大实践"。提出了"两个结合"。习近平总书记指出，在五千多年中华文明深厚基础上开辟和

---

[1] 习近平：《建设中国特色中国风格中国气派的考古学 更好认识源远流长博大精深的中华文明》，《求是》2020 年第 23 期。

发展中国特色社会主义，把马克思主义基本原理同中国具体实际、同中华优秀传统文化相结合是必由之路。这是我们在探索中国特色社会主义道路中得出的规律性认识。"第二个结合"让马克思主义成为中国的，中华优秀传统文化成为现代的，让中华优秀传统文化焕发出新的生机活力，让经由"结合"而形成的新文化成为中国式现代化的文化形态。习近平总书记强调："'结合'巩固了文化主体性"，"创立新时代中国特色社会主义思想就是这一文化主体性的最有力体现"。[1]这一重大命题的提出，既科学回答了马克思主义中国化时代化的文化基础问题，也突出了中华优秀传统文化在走向现代化进程中的时代价值，在进一步凸显中华文明、中华文化主体性的同时，更为中华文明的赓续更新确立了新的理论指引和思想方法。

三是强调激发全民族文化创新创造活力。党的十八大报告明确指出："建设社会主义文化强国，关键是增强全民族文化创造活力。"[2]新时代，这一观点一以贯之地被强调。党的二十大报告再次明确："激发全民族文化创新创造活力，增强实现中华民族伟大复兴的精神力量"[3]，这是文化创新的关键所在。激发文化创新创造活力，必须坚定不移将文化体制改革引向深入。深化文化体制改革，需要进一步优化政府文化管理职能，进一步提升文化领域行政审批和行政执法工作效能，健全现代公共文化服务体系，提升服务能力和治理水平。为充分调动多元文化主体创新创造的积极性和主动性，需要营造良好的文化创新氛围，体现在"坚持百花齐放、百家争鸣的方针，发扬学术民主、

---

[1] 习近平：《在文化传承发展座谈会上的讲话》，《求是》2023年第17期。
[2] 《十八大以来重要文献选编》（上），中央文献出版社2014年版，第24页。
[3] 习近平：《高举中国特色社会主义伟大旗帜　为全面建设社会主义现代化国家而团结奋斗——在中国共产党第二十次全国代表大会上的报告》，人民出版社2022年版，第43页。

艺术民主，营造积极健康、宽松和谐的氛围，提倡不同观点和学派充分讨论，提倡体裁、题材、形式、手段充分发展，推动观念、内容、风格、流派切磋互鉴"[1]。技术赋能文化创新。互联网技术引发舆论生态、媒体格局、传播方式的深刻变革，互联网成为意识形态斗争的主战场、主阵地、最前沿。推进传统媒体和新兴媒体融合发展，推动文化的内容、表现形式、传播手段等方面的综合创新。

四是面对中外文明交流交融交锋，加强国际传播能力建设，促进文明交流互鉴。在个别国家固守"非此即彼""非黑即白"思维，炮制"文明冲突论""文明优越论"等论调，大搞意识形态对抗的背景下，阐明对全球文化、文明发展和交流互鉴的一系列中国立场、中国方案，特别是坚持平等、互鉴、对话、包容的文明观，坚持弘扬全人类共同价值，提出全球发展倡议、全球安全倡议、全球文明倡议，致力于打造人类命运共同体。

这些主张具有深厚的历史文化底蕴，彰显出中华文明的精神气韵，顺应了人类社会发展规律，引领着世界发展大势。新时代坚持和发展中国特色社会主义文化，在创新实践中不断丰富其内涵。在2018年8月全国宣传思想工作会议上，习近平总书记用"九个坚持"高度概括了我们党对宣传思想工作的规律性认识；在2023年6月文化传承发展座谈会上，习近平总书记明确了文化建设方面的"十四个强调"，鲜明提出坚持党的文化领导权、深刻理解"两个结合"、担负新的文化使命等重大创新观点；这次，习近平总书记的重要指示，对宣传思想文化工作提出"七个着力"的重大要求。习近平总书记在新时代文化建设方面的新思想新观点新论断，内涵十分丰富、论述极为深刻，是新时

---

[1] 习近平：《在文艺工作座谈会上的讲话》，《人民日报》2015年10月15日。

代党领导文化建设实践经验的理论总结，丰富和发展了马克思主义文化理论，构成了习近平新时代中国特色社会主义思想的文化篇，形成了习近平文化思想。

二、新时代文化建设取得历史性成就、发生历史性变革

习近平文化思想既有文化理论观点上的创新和突破，又有文化工作布局上的部署要求，举旗定向、谋篇布局，正本清源、守正创新，在新时代中国特色社会主义文化建设中展现出强大伟力。在习近平文化思想指引下，我国新时代宣传思想文化事业取得历史性成就，意识形态领域形势发生全局性、根本性转变，文化领域实现了系统性重塑、整体性重构，在增强人们文化自信、构筑人们精神力量、推动中华文明现代化转型等方面开辟新的气象、新的境界，在应对外来思想渗透、网络生态复杂、低俗文化蔓延等方面风险考验中展现新的作为、新的创造，为推进中国式现代化和中华民族伟大复兴提供了坚强的思想保证、精神力量和文化支撑。

新时代党的创新理论深入人心，马克思主义指导作用得以充分彰显。新时代宣传思想文化工作始终高举旗帜，用习近平新时代中国特色社会主义思想统领文化建设，更好构筑中国精神、中国价值、中国力量；努力把握习近平新时代中国特色社会主义思想的世界观与方法论，致力推动文化的思想观念创新、内容生产创新、表现形式创新、传播手段创新、体制机制创新等文化全过程，推动文艺创新、哲学社会科学创新、宣传思想工作创新、文化人才队伍建设创新等文化各领域的创新。

文化领域的制度创新前所未有。新时代，我们党坚持和巩固马克思主义在意识形态领域指导地位的根本制度，在繁荣发展社会主义先

进文化上建立健全重要制度、具体制度，在进一步健全人民文化权益保障制度、完善坚持正确导向的舆论引导工作机制等方面作出重大部署，进一步建立健全了把社会效益放在首位、社会效益和经济效益相统一的文化创作生产体制机制等，这些重大制度成果为文化繁荣兴盛提供了坚强有力的制度保障。

坚持弘扬主旋律、凝聚正能量、振奋精气神。新时代全党全社会自信心和自豪感、凝聚力和向心力极大增强，全面建成小康社会、全面建设社会主义现代化国家成为时代最强音。文化事业不断壮大，公共文化服务体系日益完善；文化与科技融合不断深化，文化数字化战略不断推进，新型文化业态发展势头强劲；文化产业迅速发展，文化市场竞争力不断提升；中华优秀传统文化实现创造性转化、创新性发展，更好融入日常生活、走进人民大众，成为人们追求美好生活的重要滋养。增强政治意识，确立和实施立破并举的原则遵循，在大是大非问题上强化斗争观念，切实加强对社会思潮的辨析引导，旗帜鲜明地反对和抵制各种错误思想观点，激浊扬清，有效扭转了一段时间以来主流思想主导地位遭受侵蚀的状况。

社会主义核心价值观广泛传播。人民有信仰，国家有力量，民族有希望。新时代把培育和践行社会主义核心价值观作为新时代中国特色社会主义建设的基本方略，纳入国家经济社会发展规划，为培育和弘扬社会主义核心价值观提供政策支撑和法律保障；广泛开展中国特色社会主义和中国梦的宣传教育，用共同理想凝聚共识、汇聚力量，画出实现中华民族伟大复兴的最大同心圆；要求党员领导干部这个"关键少数"必须带头做践行社会主义核心价值观的先锋模范；坚持以社会主义核心价值观引领先进文化建设，把社会主义核心价值观融入国民教育全过程，融入法治建设，用社会主义核心价值观铸魂育人，礼赞英雄楷模、厚植理想信念，依法管网治网、净化舆论环境，创新文明实践、培育时代新人。

文化自信更加坚定。大力弘扬中华优秀传统文化，坚守中华优秀传统文化根脉，积极推动马克思主义基本原理同中华优秀传统文化相结合，用马克思主义激活中华优秀传统文化中富有生命力的优秀因子，以此来坚定人们的历史自信、文化自信，建设中华民族现代文明，拓展中国道路发展的广阔空间，这是新时代文化工作取得历史性成就的显著标识。加强革命文物和红色文化保护、开发、利用，传承红色基因、赓续红色血脉，牢记初心使命，红色文化的思想教育功能得到彰显，确保红色江山永不变色。

文化繁荣，丰富了高品质精神食粮。为满足人民过上美好生活的新期待，新时代文化建设坚持"二为"方向、"双百"方针，坚持以人民为中心，创作推出了电影《我和我的祖国》《长津湖》，电视剧《觉醒年代》《山海情》等一批叫好又叫座的"中国大片"。文化惠民工程深入实施，城乡公共文化服务体系一体建设持续推进。新时代充分运用新技术创新传播方式，从媒体融合到深度融合，再到全媒体传播体系建设，"内容融合，移动优先"，建立主流融媒体矩阵，以优质内容提升引领力、增强吸引力，逐步占领信息传播制高点，开辟了宣传思想文化工作新阵地，有效引领互联网舆论，实现网上负能量与正能量的此消彼长，让"最大变量"变成"最大正能量"，极大地扩大和提升了主流思想的传播力、影响力和渗透力，云音乐会、云展览、云旅游、云观影等线上文化消费内容丰富了人们的精神食粮，极大提振了人民精神力量。

国家文化软实力和中华文明影响力显著提高。文明交流互鉴是推动人类文明进步和世界和平发展的重要动力。中国坚持弘扬全人类共同价值，共建各美其美、美美与共的文明交流互鉴之路，加强与世界各国人文交流、文化交融，积极构建多主体、立体式大外宣格局，推动文化交流互鉴，促进民心相通相融，积极向世界讲好中国故事、传播好中国声音，引领中国理念、中国智慧、中国方案走向世界，推动传播新安全观、新发展观、全球治理观等新理念，使之逐渐上升为国际共识，"一带一路""全过程人民民主""人类命运共同体""全人类共同价值""全球发展倡议""全球安全倡议""全球文明倡议"等话语逐渐为国际社会所熟知或认可。我国国际话语权和影响力显著提升，可信可爱可敬的中国形象更加鲜亮。

三、习近平文化思想为担负起新的文化使命提供了科学行动指南

新时代以来，中华优秀传统文化大显魅力，社会主义先进文化呈现繁盛气象，与新时代伟大实践融为一体，不断丰富世界文化百花园，为人类文明进步贡献力量。但文明生生不息，思想与时俱进，文化建设需要久久为功。习近平文化思想是一个不断展开的、开放式的思想体系，必将随着实践深入不断丰富发展。新时代新征程，世界百年未有之大变局加速演进，中华民族伟大复兴进入关键时期，战略机遇和风险挑战并存，宣传思想文化工作面临新形势新任务，必须要有新气象新作为。习近平总书记对宣传思想文化工作作出的重要指示，明确了新时代文化建设的路线图和任务书，为做好新时代新征程宣传思想文化工作、担负起新的文化使命提供了强大思想武器和科学行动指南。

循大道，至万里。我们要认真学习领会习近平文化思想，深刻把握习近平文化思想的重大意义、丰富内涵和实践要求，坚持学以致用，做到学思用贯通、知信行统一，持续加强对习近平文化思想的学

习、研究、阐释，并自觉贯彻落实到宣传思想文化工作各方面和全过程。要坚持以习近平新时代中国特色社会主义思想为指导，全面贯彻党的二十大精神，聚焦用党的创新理论武装全党、教育人民这个首要政治任务，围绕在新的历史起点上继续推动文化繁荣、建设文化强国、建设中华民族现代文明这一新的文化使命，坚定文化自信，秉持开放包容，坚持守正创新，着力加强党对宣传思想文化工作的领导，着力建设具有强大凝聚力和引领力的社会主义意识形态，着力培育和践行社会主义核心价值观，着力提升新闻舆论传播力引导力影响力公信力，着力赓续中华文脉、推动中华优秀传统文化创造性转化和创新性发展，着力推动文化事业和文化产业繁荣发展，着力加强国际传播能力建设、促进文明交流互鉴，充分激发全民族文化创新创造活力，不断巩固全党全国各族人民团结奋斗的共同思想基础，不断提升国家文化软实力和中华文化影响力，为全面建设社会主义现代化国家、全面推进中华民族伟大复兴提供坚强思想保证、强大精神力量、有利文化条件。

"根深叶茂，本固枝荣"。站在新时代的今天，在习近平文化思想指引下，中华儿女必将以高度的文化自信和历史自信凝聚民族复兴力量，共同创造属于我们这个时代的新文化，铸就中华文化新辉煌。

开辟马克思主义文化理论发展新境界[*]

文化是国家和民族之魂，文化兴国运兴，文化强民族强。党的十八大以来，以习近平同志为核心的党中央把文化建设摆在治国理政的突出位置，不断深化对文化建设的规律性认识，围绕新时代文化建设提出了一系列新思想新观点新论断，形成了习近平文化思想。习近平文化思想科学回答了新时代文化建设的重大课题，丰富和发展了马克思主义文化理论，开辟了马克思主义文化理论发展的新境界，为新时代的文化建设提供了强大思想武器和科学行动指南。

一、科学回答新时代文化建设的重大课题

新时代，中华民族伟大复兴进入关键时期。我国正以中国式现代化全面推进中华民族伟大复兴，改革发展稳定任务艰巨繁重，各种传统和非传统的、可预测和不可预测的风险挑战前所未有，需要为中国特色社会主义事业发展提供强大的价值引导力、文化凝聚力、精神推动力，需要鼓励人民同心同德、团结奋斗。世界百年未有之大变局加

---

[*] 本文原载于《新湘评论》2023 年第 23 期。

速演进，世界之变、时代之变、历史之变正以前所未有的方式展开，各种文化思潮相互激荡。一些西方政客煽动意识形态对立和阵营对抗，冷战思维阴魂不散，"文明冲突论""文明优越论"等论调沉渣泛起，不仅阻碍着各国文明交流互鉴，而且加重了和平赤字、发展赤字、安全赤字、治理赤字，使人类社会面临着前所未有的风险挑战。

  党的十八大以来，以习近平同志为核心的党中央着眼"两个大局"，强调文化的突出作用，指出，中国特色社会主义是全面发展、全面进步的伟大事业，没有社会主义文化繁荣发展，就没有社会主义现代化。要坚定文化自信，推动中华优秀传统文化创造性转化、创新性发展，继承革命文化，发展社会主义先进文化，不断铸就中华文化新辉煌，建设社会主义文化强国。统筹推进"五位一体"总体布局、协调推进"四个全面"战略布局，文化是重要内容；推动高质量发展，文化是重要支点；满足人民日益增长的美好生活需要，文化是重要因素；战胜前进道路上各种风险挑战，文化是重要力量源泉。强调中国式现代化是物质文明和精神文明相协调的现代化，要推动"两个文明"协调发展，为强国建设、民族复兴提供坚强思想保证、强大精神力量、有利文化条件。面对"世界怎么了、我们怎么办"的时代之问，站在人类历史发展进程的高度，以胸怀天下的宏阔视野，秉承中华优秀传统文化蕴含的"天下为公""世界大同""和而不同""协和万邦"等思想，主张不同文明包容共存、交流互鉴，倡导平等、互鉴、对话、包容的文明观，弘扬和平、发展、公平、正义、民主、自由的全人类共同价值，提出构建人类命运共同体思想、"一带一路"倡议、全球发展倡议、全球安全倡议、全球文明倡议等，为破解时代难题贡献了中国智慧、提供了中国方案。

二、从马克思主义经典作家和党的文化建设思想中汲取思想资源

习近平文化思想作为党的文化建设最新理论成果，是在继承的基础上发展的。文化是人类社会发展和精神进步的重要标志，文化发展是马克思主义关注的重要问题。马克思主义创始人以辩证唯物主义和历史唯物主义世界观和方法论来认识和分析文化现象，揭示了文化的本质和文化发展的一般规律，并对资本主义文化进行了批判性的考察，对社会主义文化发展提出了建设性的构想。马克思主义经典作家认为不论物质形态的文化还是观念形态的文化，都是劳动的创造物，人民群众是精神财富的创造者。一定的文化是一定社会的政治、经济在观念形态上的反映，社会政治经济决定文化的性质和方向；同时，文化对政治经济又具有反作用。文化作为一种社会历史现象，具有典型的阶级性、民族性、继承性和发展性等特征，还揭示了文化发展与人的全面发展的关系等。这是习近平文化思想形成与发展的思想理论基础。

中国共产党在领导人民进行革命、建设和改革的历程中，创造了中国化的马克思主义文化理论，为习近平文化思想的形成发展提供了直接的思想来源。比如，毛泽东在革命和建设时期提出的发展民族的、科学的、大众的文化，实行百花齐放、推陈出新、古为今用、洋为中用的方针。在领导推进改革开放和社会主义现代化建设过程中，邓小平指出"我们要建设的社会主义国家，不但要有高度的物质文明，而且要有高度的精神文明"[1]，确立了文化"为人民服务、为社会主义服

---

[1]《邓小平文选》第2卷，人民出版社1994年版，第367页。

务"[1]的"二为"方向。江泽民明确提出建设有中国特色社会主义的文化重要命题,把"代表中国先进文化的前进方向"作为党保持先进性的根本体现和根本要求。胡锦涛提出"建设社会主义核心价值体系",坚持走中国特色社会主义文化发展道路,"建设社会主义文化强国"的战略任务。

三、谱写马克思主义文化理论的新篇章

新时代,习近平总书记坚持把马克思主义基本原理同中国具体实际相结合、同中华优秀传统文化相结合,坚持把文化建设根植于中国特色社会主义实践,守正创新,推动文化观点、理念系统化、学理化,谱写了马克思主义文化理论发展的新篇章。这些观点、理念主要包括2018年8月全国宣传思想工作会议提出的"九个坚持"、2023年6月文化传承发展座谈会明确的"十四个强调"、2023年10月对宣传思想文化工作作出的"七个着力"重要指示。这些都是新时代文化建设思想体系化的梳理。

文化思想的创新和突破有:创造性地从中国特色社会主义文化中提炼出社会主义核心价值观这一精神内核,将培育和践行社会主义核心价值观作为新时代文化建设的重点,发挥核心价值观在国家发展和民族复兴之中的支撑和引领作用。坚定文化自信,并强调坚定文化自信的首要任务就是立足中华民族伟大历史实践和当代实践,用中国道理总结好中国经验,把中国经验提升为中国理论,实现精神上的独立自主。创造性地提出马克思主义基本原理同中华优秀传统文化相结合的重大命题,破解了近代以来文化领域的"古今中西之争"。坚持人民

---

[1]《文艺为人民服务、为社会主义服务》,《人民日报》1980年7月26日。

至上的原则,坚持以人民为中心的工作导向和创作导向,尊重人民主体地位,保障人民的文化权益,顺应人民群众对美好生活的向往,把人民欢迎、人民满意作为追求目标,丰富人民的精神世界、满足人民的精神需求、增强人民的精神力量。必须自觉承担起举旗帜、聚民心、兴文化、育新人、展形象的使命任务。

明确文化建设的主要任务:一是旗帜鲜明坚持党管宣传、党管意识形态。不断提高党领导社会主义文化建设的能力和水平,建设具有强大凝聚力和引领力的社会主义意识形态,巩固壮大奋进新时代的主流思想舆论,健全用党的创新理论武装全党、教育人民、指导实践工作体系;加强全媒体传播体系建设,塑造主流舆论新格局。二是广泛践行社会主义核心价值观。弘扬以伟大建党精神为源头的中国共产党人精神谱系,深化爱国主义、集体主义、社会主义教育,着力培养担当民族复兴大任的时代新人。用社会主义核心价值观铸魂育人,完善思想政治工作体系,推进大中小学思想政治教育一体化建设。三是提高全社会文明程度。实施公民道德建设工程,弘扬中华传统美德,加强家庭家教家风建设,加强和改进未成年人思想道德建设,推动明大德、守公德、严私德,提高人民道德水准和文明素养。在全社会弘扬劳动精神、奋斗精神、奉献精神、创造精神、勤俭节约精神,培育时代新风新貌。四是繁荣发展文化事业和文化产业。坚持把社会效益放在首位、社会效益和经济效益相统一,深化文化体制改革。健全现代公共文化服务体系,创新实施文化惠民工程。健全现代文化产业体系和市场体系。加大文物和文化遗产保护力度,加强历史文化保护传承,建好用好国家文化公园。五是加快构建中国话语和中国叙事体系。讲好中国故事,传播好中国声音,加强国际传播能力建设,全面提升国际传播效能,形成同我国综合国力和国际地位相匹配的国际话语权等。

四、建设中华民族现代文明

习近平文化思想是"一个不断展开的、开放式的思想体系"[1],随着实践的深入不断丰富发展。在文化传承发展座谈会上,习近平总书记明确在新的起点上,建设文化强国、建设中华民族现代文明,是我们在新时代新的文化使命。建设中华民族现代文明是中国式现代化的必然要求,全面推进中华民族伟大复兴的文明基础和文明目标,是社会主义先进文化的重要内容,丰富和发展了马克思主义文明观和文明形态论。习近平文化思想站在唯物史观和大历史观的高度,深入把握文化与文明、传统与现代、中国与世界的内在关系,阐释了中华文明具有的连续性、创新性、统一性、包容性、和平性的突出特性,强调坚定文化自信、秉持开放包容、坚持守正创新,为建设中华民族现代文明指明了方向。

中国式现代化赋予中华文明以现代力量,中华文明赋予中国式现代化以深厚底蕴。"中华文化独一无二的理念、智慧、气度、神韵,增添了中国人民和中华民族内心深处的自信和自豪。"[2]中华文明"向世界贡献了深刻的思想体系、丰富的科技文化艺术成果、独特的制度创造,深刻影响了世界文明进程"[3]。一方面,中国式现代化是赓续古老文明的现代化,是文明更新的结果,是旧邦新命;另一方面,中国式现代化要创新传统文化。"第二个结合"拓展了中国特色社会主义道路

---

[1]《坚定文化自信秉持开放包容坚持守正创新 为全面建设社会主义现代化国家 全面推进中华民族伟大复兴提供坚强思想保证强大精神力量有利文化条件》,《人民日报》2023年10月9日。
[2]《关于实施中华优秀传统文化传承发展工程的意见》,《人民日报》2017年1月26日。
[3] 习近平:《建设中国特色中国风格中国气派的考古学 更好认识源远流长博大精深的中华文明》,《求是》2020年第23期。

的文化根基，不断打开面向未来的理论创新和制度创新空间，不断巩固中华文化主体性，是建设中华民族现代文明的必由之路。

中华文明是在中国大地上产生的文明，也是在同其他文明不断交流互鉴过程中形成的文明。世界各国的优秀文化成果是人类共同的精神财富，中华民族现代文明在建设过程中要开放包容，既要凸显自身的优势和特色，保持中华文明特有的风采和魅力，又必须海纳百川，博采百家之长，以求各美其美、美人之美、美美与共。

文化是文明的灵魂，文化建设要守正创新。守正，守的是马克思主义在意识形态领域指导地位的根本制度、"两个结合"的根本要求、中国共产党的文化领导权和中华民族的文化主体性。创新，创的是新思路、新话语、新机制、新形式。新征程，以现代化实践为基础，以创造人类文明新形态、实现中华民族伟大复兴为目标，在推进物质文明、政治文明、精神文明、社会文明、生态文明协调发展过程中，推进中华民族现代文明的建设，丰富人的精神世界，促进人的全面发展。

推动"两个文明"协调发展[*]

中华人民共和国成立70多年来特别是改革开放40多年来,我们党领导人民成功开辟了一条中国式现代化道路,社会主义现代化建设取得了举世瞩目的伟大成就。中国式现代化是独具特色的社会主义现代化,强调物质文明和精神文明协调发展、物质力量和精神力量全面增强、人民群众物质生活和精神生活同步改善。

一、"两个文明"相协调是中国式现代化题中应有之义

中国式现代化是社会主义性质的现代化。邓小平指出:"我们搞的现代化,是中国式的现代化。我们建设的社会主义,是有中国特色的社会主义。"[1]社会主义方向是中国式现代化发展的决定性因素。"通向现代化的道路不止一条",我国要建设的现代化始终坚持社会主义目标与方向,是努力实现全面发展、全面进步的现代化,既要物质财富极大丰富,也要精神财富极大丰富,更要二者协调发展。中国式现代化

---

[*] 本文原载于《人民日报》2021年4月16日。
[1]《邓小平文选》第3卷,人民出版社1993年版,第29页。

强调"没有社会主义文化繁荣发展,就没有社会主义现代化"[1],克服了资本主义现代化的先天性弊病。党的十八大以来,以习近平同志为核心的党中央统筹推进"五位一体"总体布局、协调推进"四个全面"战略布局,文化是重要内容;推动高质量发展,文化是重要支点;满足人民日益增长的美好生活需要,文化是重要因素;战胜前进道路上各种风险挑战,文化是重要力量源泉。[2]增强文化自信、将精神文明建设推向更高水平,始终是中国式现代化的重要目标指向。

坚持以人民为中心、满足人民日益增长的美好生活需要,是中国式现代化的重要特征。习近平总书记指出:"人民对美好生活的向往,就是我们的奋斗目标。"[3]只有坚持以人民为中心的发展思想,才会有正确的现代化发展道路。当前,人民群众对美好生活的需要是全方位、多层次的,不仅对物质生活提出了更高要求,而且对民主、法治、公平、正义、安全、环境等方面的要求日益增长,这决定了只有物质文明与精神文明协调发展,才能满足人民对美好生活的向往。还应看到,在社会主义现代化建设中,人是最活跃、最具创造性的因素,提高人民综合素质、促进人的全面发展是中国式现代化的重要内容。在马克思主义看来,物质文明的发展与精神文明的发展应该是相互统一的,人的现代化与人的自由全面发展是相互统一的,两者相辅相成。这也是我们始终坚持发展为了人民、发展依靠人民、发展成果由人民共享的道理所在。

---

[1]《中共中央关于深化文化体制改革推动社会主义文化大发展大繁荣若干重大问题的决定》,《人民日报》2011年10月26日。
[2] 习近平:《在教育文化卫生体育领域专家代表座谈会上的讲话》,《人民日报》2020年9月23日。
[3]《十八大以来重要文献选编》(上),中央文献出版社2014年版,第70页。

回首过去，中国共产党领导中国人民找准中国式现代化前进方向，驰而不息走好自己的路；展望未来，我们要继续为全面建成社会主义现代化强国的历史宏愿而不懈奋斗。站在"两个一百年"奋斗目标历史交汇的关键节点，面对世纪疫情和百年变局交织，面对国内外发展环境发生深刻复杂变化，必须更加坚定、更加自觉地推动"两个文明"协调发展，推动国家硬实力与软实力建设齐头并进。特别要看到，在国际，保护主义、单边主义上升，世界经济增长低迷态势仍在延续，不稳定性不确定性明显增加，机遇和挑战之大都前所未有；在国内，社会思想意识多元多样多变，不同思想文化、不同道德观念、不同价值取向的碰撞交锋更加频繁，西方敌对势力一直在加紧对我实施西化分化。这些都要求我们从历史逻辑、理论逻辑、实践逻辑出发，继续深化对推动"两个文明"协调发展重要性的认识，不断增强"两手抓、两手都要硬"的行动自觉。

二、"两个文明"协调发展是中国共产党不懈奋斗的目标

我们党始终注重物质文明和精神文明协调发展。早在 1940 年，毛泽东就提出："我们不但要把一个政治上受压迫、经济上受剥削的中国，变为一个政治上自由和经济上繁荣的中国，而且要把一个被旧文化统治因而愚昧落后的中国，变为一个被新文化统治因而文明先进的中国。"[1]

新中国成立后，毛泽东指出："中国人民业已有了自己的中央政府。……它将领导全国人民克服一切困难，进行大规模的经济建设和文化建设，扫除旧中国所留下来的贫困和愚昧，逐步地改善人民的物

---

[1]《毛泽东选集》第 2 卷，人民出版社 1991 年版，第 663 页。

质生活和提高人民的文化生活。"[1] 社会主义建设时期，毛泽东指出："将我国建设成为一个具有现代工业、现代农业和现代科学文化的社会主义国家。"[2] 在现代化建设中把科学文化和工业、农业并提，使中国式现代化道路的内涵愈加丰富。

党的十一届三中全会后，党中央高度重视物质文明与精神文明协调发展。邓小平指出："我们要在建设高度物质文明的同时，提高全民族的科学文化水平，发展高尚的丰富多彩的文化生活，建设高度的社会主义精神文明。"[3] 强调物质文明和精神文明"两手抓、两手都要硬"[4]。江泽民指出："有中国特色社会主义，是物质文明和精神文明建设协调发展，经济、政治、文化全面推进的社会主义。"[5] 胡锦涛指出："必须把发展社会生产力同提高全民族文明素质结合起来，推动物质文明和精神文明协调发展，更加自觉、更加主动地推动文化大发展大繁荣。"[6]

党的十八大以来，习近平总书记高度重视物质文明和精神文明协调发展，强调"以辩证的、全面的、平衡的观点正确处理物质文明和精神文明的关系"[7]，"只有物质文明建设和精神文明建设都搞好，国家物质力量和精神力量都增强，全国各族人民物质生活和精神生活都改善，中国特色社会主义事业才能顺利向前推进"[8]。现在，全面建成小

---

[1]《毛泽东文集》第5卷，人民出版社1996年版，第348页。
[2]《毛泽东文集》第7卷，人民出版社1999年版，第207页。
[3]《邓小平文选》第2卷，人民出版社1994年版，第208页。
[4]《邓小平建设有中国特色社会主义论述专题摘编（新编本）》，中央文献出版社1995年版，第5页。
[5]《江泽民文选》第3卷，人民出版社2006年版，第85页。
[6]《胡锦涛文选》第3卷，人民出版社2016年版，第163页。
[7]《习近平谈治国理政》第2卷，外文出版社2017年版，第324页。
[8]《习近平谈治国理政》第1卷，外文出版社2018年版，第153页。

康社会取得伟大历史性成就，全体人民不仅物质生活水平显著提高，而且精神文化生活日益丰富。习近平总书记指出："实现中国梦，是物质文明和精神文明均衡发展、相互促进的结果"，"是物质文明和精神文明比翼双飞的发展过程"。[1] 这要求我们在为实现中华民族伟大复兴不懈奋斗的每个阶段、每个环节，都要推动物质文明与精神文明协调发展。

三、以更大决心、下更大力气推动"两个文明"相互促进、协调发展

到本世纪中叶，一个富强民主文明和谐美丽的社会主义现代化强国将屹立在世界东方，这势必深刻影响人类历史进程，为人类文明进步作出巨大贡献。党的十九届五中全会提出了"十四五"时期经济社会发展主要目标，其中社会文明程度得到新提高是重要内容，强调实现"社会主义核心价值观深入人心，人民思想道德素质、科学文化素质和身心健康素质明显提高，公共文化服务体系和文化产业体系更加健全，人民精神文化生活日益丰富，中华文化影响力进一步提升，中华民族凝聚力进一步增强"[2]。这充分表明，物质文明与精神文明协调发展是我们党领导中国式现代化建设始终不变的追求，推动"两个文明"协调发展是实现中华民族伟大复兴中国梦的重要支柱。

在新发展阶段推动"两个文明"协调发展，要充分认识二者协调发展的重要性和紧迫性，准确把握精神文明建设的基本要求，求真务实、真抓实干，贯彻落实社会主义精神文明建设的一系列重要方针原则，以更大的决心、下更大的力气，推动二者相互促进、协调发展。

---

[1] 习近平：《论党的宣传思想工作》，中央文献出版社2020年版，第68页。
[2]《十九大以来重要文献选编》（中），中央文献出版社2021年版，第792页。

要提高思想认识，既要看到物质文明高度发展是精神文明发展的基础，能够为精神文明建设提供物质条件和实践经验，也要看到更高水平的精神文明建设为物质文明建设提供精神动力和思想指引，还要看到二者互为因果、相得益彰的辩证关系。重在建设、以立为本，是精神文明建设的重要方针，也指明了推动"两个文明"协调发展的实践要求。坚持以推动高质量发展为主题，努力实现更高质量、更有效率、更加公平、更可持续、更为安全的发展，这尤其需要切实抓好精神文明建设的各项任务，坚持马克思主义在意识形态领域的指导地位，坚持以社会主义核心价值观引领文化建设，坚定文化自信，将精神文明建设推向更高水平。

坚定文化自信[*]

2022年5月27日，习近平总书记在主持中央政治局第三十九次集体学习时指出："安排这次学习，目的是深入了解中华文明五千多年发展史，推动把中国文明历史研究引向深入，推动全党全社会增强历史自觉、坚定文化自信，坚定不移走中国特色社会主义道路，为全面建设社会主义现代化国家、实现中华民族伟大复兴而团结奋斗。"[1]同年7月10日，习近平在同意大利总统马塔雷拉分别向"意大利之源——古罗马文明展"开幕式致贺信中指出："相互尊重、和衷共济、和合共生是人类文明发展的正确道路。中国愿同国际社会一道，坚持弘扬平等、互鉴、对话、包容的文明观，以文明交流超越文明隔阂，以文明互鉴超越文明冲突，以文明共存超越文明优越，推动构建人类命运共同体。"[2]党的十八大以来，习近平总书记高度重视文化在实现

---

[*] 本文原载于《红旗文稿》2022年第15期。

[1] 习近平：《把中国文明历史研究引向深入 增强历史自觉坚定文化自信》，《求是》2022年第14期。

[2]《习近平同意大利总统马塔雷拉分别向"意大利之源——古罗马文明展"开幕式致贺信》，《光明日报》2022年7月11日。

"两个一百年"奋斗目标中的重要作用,反复强调坚定文化自信,大力推进社会主义文化强国建设,为新时代党和国家事业取得历史性成就、发生历史性变革提供了坚强思想保证和强大精神力量。

一、坚持以人民为中心的发展思想,不断满足人民日益增长的美好生活需要

坚持以人民为中心的发展思想是新时代文化建设的鲜明特征。为了人民、依靠人民,让人民共享文化发展成果,不断满足人民群众多样化、多层次、多方面的精神文化需求,努力实现人的全面发展,是新时代文化建设的价值追求和重要任务。

以社会主义核心价值观引领文化建设。核心价值观是文化最深层的内核,承载着一个民族、一个国家的精神追求。社会主义核心价值观实际上回答了我们要建设什么样的国家、建设什么样的社会、培育什么样的公民的重大问题。培育和弘扬社会主义核心价值观成为新时代强基固本的基础工程。我们坚持以社会主义核心价值观引领文化建设,注重用中华优秀传统文化、革命文化和社会主义先进文化培根铸魂,广泛开展中国特色社会主义和中国梦宣传教育,推动理想信念教育常态化制度化,加强爱国主义、集体主义、社会主义教育,完善思想政治工作体系,建立健全党和国家功勋荣誉表彰制度,设立烈士纪念日,深化群众性精神文明创建,创建文明城市、文明村镇、文明单位、文明家庭、文明校园,建设新时代文明实践中心,实施公民道德建设工程,不断提高国民素质和社会文明程度,推动学习大国建设,等等,以社会主义核心价值观引领文化建设的作用不断凸显。

满足人民过上美好生活的新期待,提供丰富的精神食粮。习近平总书记指出:"衡量文化产业发展质量和水平,最重要的不是看经济效益,

而是看能不能提供更多既能满足人民文化需求、又能增强人民精神力量的文化产品。"[1]党的十八大以来,我们进一步推动基本公共文化服务标准化、均等化,建设现代公共文化服务体系,切实保障人民群众基本文化权益。为提高基层文化惠民工程覆盖面和实效性,重点促进城乡文化资源优化配置、科学整合和综合利用,形成城乡一体的公共文化服务网络,推行公共文化服务参与式管理模式,支持乡村民间文化团体,推动公共文化服务社会化发展。我们把握好文化产业的意识形态属性和产业属性、社会效益和经济效益的关系,坚持把社会效益放在首位、社会效益和经济效益相统一,推进文化体制改革,健全现代文化产业体系,推动文化产业高质量发展,完善文化产品创作生产传播的引导激励机制,全面繁荣新闻出版、广播影视、文学艺术、哲学社会科学事业,不断扩大优质文化产品供给,推出越来越多反映新时代新气象、讴歌人民新创造、人民群众喜闻乐见的精品力作,真正体现了以人民为中心的发展思想,不断满足人民日益增长的美好生活需要。

二、推动中华优秀传统文化创造性转化、创新性发展

中华文明源远流长、博大精深,是中华民族独特的精神标识,是当代中国文化的根基,是维系全世界华人的精神纽带,也是中国文化创新的宝藏。推动中华优秀传统文化创造性转化、创新性发展,是坚定文化自信,建设社会主义文化强国的必然要求。

习近平总书记坚持马克思主义文化观,对中华优秀传统文化秉持客观、科学的态度,强调中华优秀传统文化是我们民族的突出优势,中华优秀传统文化是中华文明的智慧结晶和精华所在,是中华民族的

---

[1] 习近平:《在教育文化卫生体育领域专家代表座谈会上的讲话》,《光明日报》2020年9月23日。

根和魂，是我们在世界文化激荡中站稳脚跟的根基。2014年9月，在纪念孔子诞辰2565周年国际学术研讨会暨国际儒学联合会第五届会员大会开幕会上，习近平指出："中国共产党人是马克思主义者，坚持马克思主义的科学学说，坚持和发展中国特色社会主义，但中国共产党人不是历史虚无主义者，也不是文化虚无主义者。我们从来认为，马克思主义基本原理必须同中国具体实际紧密结合起来，应该科学对待民族传统文化，科学对待世界各国文化，用人类创造的一切优秀思想文化成果武装自己"，"优秀传统文化是一个国家、一个民族传承和发展的根本，如果丢掉了，就割断了精神命脉。我们要善于把弘扬优秀传统文化和发展现实文化有机统一起来，紧密结合起来，在继承中发展，在发展中继承"，"要坚持古为今用、以古鉴今，坚持有鉴别的对待、有扬弃的继承，而不能搞厚古薄今、以古非今，努力实现传统文化的创造性转化、创新性发展，使之与现实文化相融相通，共同服务以文化人的时代任务"，[1]等等。党的十八大以来，习近平总书记就中华优秀传统文化创造性转化、创新性发展发表一系列重要论述，是推动中华优秀传统文化创造性转化、创新性发展的科学指南，也是党的文化建设理论的重大创新。

在推动中华优秀传统文化创造性转化、创新性发展过程中，我们坚持马克思主义的根本指导思想，传承弘扬革命文化，发展社会主义先进文化，从中华优秀传统文化中寻找源头活水。党的十八大以来，我们坚持守正创新，推动中华优秀传统文化同社会主义社会相适应，展示中华民族的独特精神标识，更好构筑中国精神、中国价值、中国力量。同时，积极推进文物保护利用和文化遗产保护传承，推动文物

---

［1］ 习近平：《在纪念孔子诞辰2565周年国际学术研讨会暨国际儒学联合会第五届会员大会开幕会上的讲话》，《人民日报》2014年9月25日。

保护由抢救性保护为主向抢救性与预防性保护并重转变，由注重文物本体保护向注重文物本体与周边环境、文化生态的整体保护转变，增强全社会的保护意识，通过中华文化资源普查工程、国家古籍保护工程、中国传统村落保护工程等重点计划项目，整理梳理我国传统文化资源，挖掘文物和文化遗产的多重价值，传播承载中华文化、中国精神的价值符号和文化产品，让收藏在博物馆里的文物、陈列在广阔大地上的遗产、书写在古籍里的文字都活起来。中华文明探源工程对中华文明的起源、形成、发展的历史脉络，对中华文明多元一体格局的形成和发展过程，对中华文明的特点及其形成原因等，都有了较为清晰的认识，为人类文明新形态建设提供理论支撑。上述种种举措努力实践着习近平总书记强调的"推动中华优秀传统文化创造性转化、创新性发展，为民族复兴立根铸魂"[1]的目标要求。

三、加强中外文明交流互鉴，坚守和弘扬全人类共同价值

文明多样性是世界的基本特征，也是人类进步的源泉。中华文明以开放包容闻名于世，在同其他文明的交流互鉴中不断焕发新的生命力。要以文明交流超越文明隔阂、文明互鉴超越文明冲突、文明共存超越文明优越，推动各国相互理解、相互尊重、相互信任。这是文化自信的体现。

推动中外文明交流互鉴，首先要讲好中国故事、传播好中国声音，展示真实、立体、全面的中国，促进中外民众相互了解和理解。党的十八大以来，我们着力于讲清楚中国是什么样的文明和什么样的国家，讲清楚中国人的宇宙观、天下观、社会观、道德观，展现中华文明的

---

[1] 习近平：《把中国文明历史研究引向深入 增强历史自觉坚定文化自信》，《求是》2022年第14期。

悠久历史和人文底蕴，促使世界读懂中国、读懂中国人民、读懂中国共产党、读懂中华民族。习近平总书记是中国故事第一讲解人，在双边、多边外交场合以中国话语向世界介绍中国，提出了"人类命运共同体""国家治理体系和治理能力现代化""以人民为中心""人与自然是生命共同体""绿水青山就是金山银山""人类文明新形态"等具有中国特色、中国风格、中国气派的话语体系，这是对马克思主义实践观、辩证法、自然观、政治观、群众观、文化观、生态观、国际观等的生动阐释，是讲好中国故事、传播好中国声音的典范。

弘扬全人类共同价值。面对"世界怎么了、我们怎么办"的时代之问，习近平总书记反复强调坚守和弘扬全人类共同价值，构建人类命运共同体。2015年9月28日，习近平在第70届联合国大会一般性辩论时的讲话中明确提出"和平、发展、公平、正义、民主、自由，是全人类的共同价值"[1]。2021年7月6日，习近平在出席中国共产党与世界政党领导人峰会时的主旨讲话中指出："我们要本着对人类前途命运高度负责的态度，做全人类共同价值的倡导者，以宽广胸怀理解不同文明对价值内涵的认识，尊重不同国家人民对价值实现路径的探索，把全人类共同价值具体地、现实地体现到实现本国人民利益的实践中去"，强调要"站在历史正确的一边，站在人类进步的一边，为推动构建人类命运共同体，建设更加美好的世界作出新的更大贡献！"[2]2022年7月21日，习近平在向世界青年发展论坛所致贺信中强调："各国青年要弘扬和平、发展、公平、正义、民主、自由的全人类共同价值，

---

[1] 习近平：《携手构建合作共赢新伙伴 同心打造人类命运共同体——在第七十届联合国大会一般性辩论时的讲话》，《人民日报》2015年9月29日。

[2] 习近平：《加强政党合作 共谋人民幸福——在中国共产党与世界政党领导人峰会上的主旨讲话》，《人民日报》2021年7月7日。

以实际行动推进全球发展倡议，助力落实联合国2030年可持续发展议程，共同谱写世界青年团结合作的时代新篇章。"[1]习近平总书记关于弘扬全人类共同价值的重要论述，体现了中华文化胸怀天下的世界情怀，是建设社会主义文化强国的题中应有之义。

---

[1]《习近平向世界青年发展论坛致贺信》，《人民日报》2022年7月22日。

坚持不懈地推进社会主义文化强国建设*

党的十九届五中全会高度重视文化建设，从全局和战略的高度做出了规划与设计。其中，最重要的就是明确提出到 2035 年建成文化强国。[1]这是党的十七届六中全会提出建设社会主义文化强国以来，中共中央首次明确了建成文化强国的具体时间表，标志着我们党对文化建设重要地位及其规律认识的深化，为进一步扎实推进社会主义文化强国建设提供了重要遵循。

一

建成文化强国是现代化强国建设的题中应有之义。中共中央把建成文化强国列入 2035 年基本实现社会主义现代化远景目标是由文化建设在中国特色社会主义事业和社会主义现代化进程中的重要地位与作用所决定的。习近平总书记指出："中国特色社会主义是全面发展、全

---

* 本文原载于《当代中国史研究》2021 年第 1 期。
[1]《中共中央关于制定国民经济和社会发展第十四个五年规划和二〇三五年远景目标的建议》，《人民日报》2020 年 11 月 4 日。文中凡涉及《建议》的内容均同此出处，不再一一注。

面进步的伟大事业，没有社会主义文化繁荣发展，就没有社会主义现代化。"[1]伟大的事业，需要伟大的精神。在决胜全面建成小康社会取得决定性成就，即将实现第一个百年奋斗目标之际，乘势而上开启全面建设社会主义现代化国家新征程、向第二个百年奋斗目标进军，需要不断增强历史自觉，去进行伟大斗争、建设伟大工程、推进伟大事业以实现伟大梦想，这些都离不开文化所激发的精神力量。"一个民族的复兴需要强大的物质力量，也需要强大的精神力量。没有先进文化的积极引领，没有人民精神世界的极大丰富，没有民族精神力量的不断增强，一个国家、一个民族不可能屹立于世界民族之林。"[2]从我国"十四五"时期和更长时期的经济社会发展来看，文化建设与文化繁荣发展非常重要："统筹推进'五位一体'总体布局、协调推进'四个全面'战略布局，文化是重要内容；推动高质量发展，文化是重要支点；满足人民日益增长的美好生活需要，文化是重要因素；战胜前进道路上各种风险挑战，文化是重要力量源泉"。[3]因此，推进文化强国建设是以习近平同志为核心的党中央基于历史和现实、着眼全局和长远做出的战略决策，把文化建设放在了全局工作的突出位置，切实抓紧抓好，以提高社会文明程度，推动社会主义核心价值观深入人心，进一步提高人民思想道德素质、科学文化素质和身心健康素质，使公共文化服务体系和文化产业体系更加健全、人民精神文化生活日益丰富、中华文化影响力进一步提升、中华民族凝聚力进一步增强。

---

[1] 习近平：《在教育文化卫生体育领域专家代表座谈会上的讲话》，《光明日报》2020年9月23日。

[2] 习近平：《在文艺工作座谈会上的讲话》，《人民日报》2015年10月15日。

[3] 习近平：《在教育文化卫生体育领域专家代表座谈会上的讲话》，《光明日报》2020年9月23日。

二

提出建成文化强国时间表是对社会主义文化建设的大力推进。新中国成立之际,《中国人民政治协商会议第一届全体会议宣言》即将"领导全国人民克服一切困难,进行大规模的经济建设和文化建设,扫除旧中国所留下来的贫困和愚昧,逐步地改善人民的物质生活和提高人民的文化生活"[1]列为人民政府的职责之一。党的八大明确指出,社会主义制度在我国基本建立后,国内的主要矛盾"已经是人民对于建立先进的工业国的要求同落后的农业国的现实之间的矛盾,已经是人民对于经济文化迅速发展的需要同当前经济文化不能满足人民需要的状况之间的矛盾"。"党和全国人民的当前的主要任务,就是要集中力量来解决这个矛盾"。[2]社会主义建设时期确立"四个现代化"的战略目标时,"科学文化现代化"与工业现代化、农业现代化和国防现代化一起成为社会主义强国的奋斗目标。"百花齐放""百家争鸣"是促进艺术发展、科学进步和社会主义文化繁荣的方针。这就确立了文化建设在社会主义建设总体布局中的战略地位。

改革开放后,中共中央提出要在建设高度物质文明的同时建设高度的社会主义精神文明[3],培养"有理想、有道德、有文化、有纪律"的"四有"新人。以邓小平同志为主要代表的中国共产党人提出"三步走"目标,第三步即到21世纪中叶人均国民生产总值达到中等发达国家水平,人民生活比较富裕,基本实现现代化;[4]以江泽民同志为主要代表

---

[1]《毛泽东文集》第5卷,人民出版社1996年版,第348页。
[2]《建国以来重要文献选编》第9册,中央文献出版社2011年版,第293页。
[3]《三中全会以来重要文献选编》(上),中央文献出版社 2011年版,第204页。
[4]《十三大以来重要文献选编》(上),中央文献出版社2011年版,第14页。

的中国共产党人把第三步细化为"基本实现现代化,建成富强民主文明的社会主义国家";[1]以胡锦涛同志为主要代表的中国共产党人把社会主义现代化的目标概括成"两个一百年"奋斗目标:"到我们党成立100年时建成惠及十几亿人口的更高水平的小康社会,到新中国成立100年时基本实现现代化,建成富强民主文明和谐的社会主义现代化国家"[2]。党的十七届六中全会正式提出了建设社会主义文化强国的目标。[3]党的十八大明确提出:"建设社会主义文化强国,必须走中国特色社会主义文化发展道路。"[4]建设社会主义文化强国,就是要着力推动社会主义先进文化更加深入人心,推动社会主义精神文明和物质文明全面发展,不断开创全民族文化创造活力持续迸发、社会文化生活更加丰富多彩、人民基本文化权益得到更好保障、人民思想道德素质和科学文化素质全面提高的新局面,建设中华民族共有精神家园,为人类文明进步作出更大贡献。[5]但没有提出明确时间表。党的十八大审议通过的《中国共产党章程(修正案)》,将建设社会主义文化强国写入党章。[6]

三

新中国成立以来特别是党的十八大以来,社会主义文化建设成就

---

[1]《十五大以来重要文献选编》(上),中央文献出版社2011年版,第4页。
[2] 胡锦涛:《在纪念党的十一届三中全会召开30周年大会上的讲话》,《人民日报》2008年12月19日。
[3]《十七大以来重要文献选编》(下),中央文献出版社2013年版,第584页。
[4]《十八大以来重要文献选编》(上),中央文献出版社2014年版,第24页。
[5]《中共中央关于深化文化体制改革推动社会主义文化大发展大繁荣若干重大问题的决定》,人民出版社2011年版,第8—9页。
[6]《中国共产党第十八次全国代表大会文件汇编》,人民出版社2012年版,第99页。

显著,为 2035 年建成文化强国目标的实现打下了坚实基础。以习近平同志为核心的党中央深化了对社会主义文化发展规律的认识,把文化自信和道路自信、理论自信、制度自信并列为中国特色社会主义"四个自信",把坚持马克思主义在意识形态领域指导地位的制度确立为中国特色社会主义制度体系的一项根本制度,把社会主义核心价值体系纳入新时代坚持和发展中国特色社会主义的基本方略。我国文化建设在正本清源、守正创新中取得历史性成就、发生历史性变革,文化自信得到彰显,理论创新全面推进,主旋律更加响亮,正能量更加强劲,时代楷模、英雄模范不断涌现,文化艺术日益繁荣,文化事业和文化产业蓬勃发展,"互联网 + 文化"新业态保持快速增长,文化影响力和质量在不断提升,人民的文化获得感、幸福感不断增强,为新时代坚持和发展中国特色社会主义、开创党和国家事业发展新局面提供了强大的正能量。

在文化发展的过程中,我国推出了许多质量上乘、脍炙人口的好作品。补齐文化发展短板弱项,迫切要求提升公共文化服务水平。推动文化事业和文化产业同发展、城乡区域文化共繁荣,是我国文化建设的实践要求和重要目标。在新时代,加快构建覆盖城乡、惠及全民的现代公共文化服务体系,促进基本公共文化服务标准化、均等化;文化惠民工程向革命老区、民族地区、边疆地区倾斜,向特殊群体倾斜。在脱贫攻坚战中,实施文化扶贫,发挥文化扶志、扶智作用,鼓励社会力量参与公共文化服务体系建设,公共文化服务整体水平明显提高。截至 2019 年底,全国共有博物馆 5132 个,公共图书馆 3189 个;近 50 万个行政村(社区)建成综合性文化服务中心;1649 个县(市、区)建成文化馆总分馆制,1711 个县(市、区)建成图书馆总分馆制。文化产品市场规模持续保持较快增长。2019 年,全国规模以上文化及相关产业企业实现营业收入86624亿元，按可比口径比2018年增长7%。[1]文化产品质量有很大提升。如2019年，全国电影票房642.66亿元，其中国产片份额达64.07%。全国票房前10名的影片中有8部为国产影片，票房过10亿元的15部影片中有10部为国产影片。[2]文化部门注重运用新技术、新手段提升文化服务水平和治理效能，为人民提供便捷服务。我国传统媒体和新兴媒体融合发展取得显著成效，体制机制、平台阵地、管理流程、人才技术等融合程度日益加深，并向基层下沉，全国县级融媒体中心已经建成2200多个[3]。这既建设了基层的主流舆论阵地，也成为综合服务平台和社区信息枢纽。

习近平总书记强调："文物承载灿烂文明，传承历史文化，维系民族精神，是老祖宗留给我们的宝贵遗产，是加强社会主义精神文明建设的深厚滋养。保护文物功在当代、利在千秋。""各级党委和政府要增强对历史文物的敬畏之心，树立保护文物也是政绩的科学理念。"[4]各级政府和有关部门统筹文物保护与经济社会发展，并探寻在遗产保护制度建设、遗产传承发展与创新利用、文化空间与文化生态整体性保护等方面的多样化路径，推动了文化遗产保护传承的实践创新。自1985年加入《世界遗产公约》以来，截至2020年6月，我国有世界遗产55项，非物质文化遗产（以下简称"非遗"）42项，均居世界第

---

[1]《中华人民共和国文化和旅游部2019年文化和旅游发展统计公报》，中央人民政府网，2020年6月22日，http://www.gov.cn/xinwen/2020-06/22/content_5520984.htm。
[2]《中国电影 稳健前行》，《人民日报》2020年1月2日。
[3] 王晓晖：《提升公共文化服务水平》，《人民日报》2020年12月30日。
[4]《习近平关于社会主义文化建设论述摘编》，中央文献出版社2017年版，第190页。

一。[1]文化遗产承载着几千年的记忆，是中华文脉的重要载体。例如，"非遗"的传承与发展一直受到党和政府的高度重视，近年来更是被提升到为中华民族培根铸魂的高度来认识。从顶层设计到基层实施，从设立专项传承经费到建立传习所，从政策倾斜到出台地方性法律法规，还有"非遗"进校园的常态化，"非遗"保护与传承已成为各级政府日常工作中的重要内容。以"非遗+"的形式发展当地经济、促进产业转型升级、帮助群众脱贫致富。截至2020年初，全国393个国家级贫困县和150个省级贫困县已开展"非遗"助力精准扶贫的工作，共设立"非遗"工坊2310个，带动46.38万人参与就业，让20万建档立卡贫困户实现脱贫。[2]上述举措为文化遗产的保护和利用提供了独特经验与重要借鉴。

四

为在2035年建成文化强国，以习近平同志为核心的党中央强调："十四五"时期繁荣发展文化事业和文化产业，提高国家文化软实力，必须坚持马克思主义在意识形态领域的指导地位。"马克思、恩格斯、列宁等都是通过思考和回答时代课题来推进理论创新"和实践创新的，[3]中国共产党不断回应时代的呼唤，及时总结党和人民在实践中的新经验、新认识，不断推进马克思主义理论创新，毛泽东思想、邓小平理论、"三个代表"重要思想、科学发展观有力地回答了现实生活提

---

[1]《中国世界遗产总数全球第一》，中央人民政府网，2020年6月15日，http://www.gov.cn/xinwen/2020-06/15/content_5519431.htm；《中国入选联合国教科文组织非物质文化遗产名录（名册）项目》，中国非物质文化遗产网，http://www.ihchina.cn/chinadirectory.html。

[2]《文化遗产活起来 百姓生活更精彩》，《光明日报》2020年10月28日。

[3] 习近平：《在经济社会领域专家座谈会上的讲话》，《人民日报》2020年8月25日。

出的、干部群众关心的重大思想理论问题，巩固全体人民团结奋斗的共同思想基础，凝聚奋斗力量。习近平新时代中国特色社会主义思想，为正在强起来的中国与"当今世界正经历百年未有之大变局"，回答了"时代怎么了，我们怎么办"的时代课题，是引领中国、影响世界的当代中国马克思主义、二十一世纪马克思主义，是实现中华民族伟大复兴的行动指南，使全体人民在理想信念、价值理念、道德观念上紧紧团结在一起，并从中国和世界的联系互动中探讨人类面临的共同课题，为构建人类命运共同体贡献了中国智慧和中国方案。

建设社会主义文化强国，要加强思想道德建设，提高社会文明水平。文明是现代化国家的显著标志之一。一个国家，人民的思想觉悟、文明素养、道德水准极大影响着其现代化建设的历史进程。"要深入研究中华文明、中华文化的内涵和特质，形成较为完整的中国文化基因的理念体系"，增强文化认同；深入推进公民道德、志愿服务、诚信社会、网络文明建设，提高人民道德水准和文明素养；弘扬民族精神和时代精神，提倡爱国奉献、勇于创新、艰苦奋斗，努力推动形成适应新时代要求的精神面貌、文明风尚、行为规范。[1]

建设社会主义文化强国，要坚持以社会主义核心价值观引领文化建设。社会主义核心价值观是当代中国精神的集中体现，是凝聚中国力量的思想道德基础。文化建设必须以社会主义核心价值观为引领，"围绕举旗帜、聚民心、育新人、兴文化、展形象的使命任务，加强社会主义精神文明建设，繁荣发展文化事业和文化产业，不断提高国家文化软实力，增强中华文化影响力，发挥文化引领风尚、教育人民、

---

[1] 习近平：《在教育文化卫生体育领域专家代表座谈会上的讲话》，《人民日报》2020年9月23日。

服务社会、推动发展的作用"[1]；坚守中华文化立场，推进中华优秀传统文化传承创新；推动理想信念教育常态化制度化，加强党史、新中国史、改革开放史、社会主义发展史教育，加强爱国主义、集体主义、社会主义教育，引导人们坚定"四个自信"[2]。

建设社会主义文化强国，要提升公共文化服务水平。必须坚持为人民服务、为社会主义服务的方向，坚持百花齐放、百家争鸣的方针，全面繁荣新闻出版、广播影视、文学艺术、哲学社会科学事业，着力提升公共文化服务水平，让人民享有更加充实、更为丰富、更高质量的精神文化生活。必须推进城乡公共文化服务体系一体建设，优化城乡文化资源配置，完善农村文化基础设施网络，增加农村公共文化服务总量供给，缩小城乡公共文化服务差距。[3] 必须保障全体人民群众基本文化权益，补短板，推动基层文化惠民工程扩大覆盖面、增强实效性，健全支持开展群众性文化活动机制，实现更充分的社会参与、群众参与，共建共享，让人民群众最大限度享受跟美好生活相适应的公共文化服务体系建设成果。

建设社会主义文化强国，要健全现代文化产业体系。文化产业是朝阳产业。在我国，文化产业作为战略性支柱产业，已成为经济实现高质量发展的重要内生动力。坚持从供给侧结构性改革入手，进一步深化文化体制改革，形成有利于激发文化创新创造活力的文化管理体制和文化产品生产经营机制，推动各类文化市场主体发展壮大，为人

---

[1]《不断铸就中华文化新辉煌》，《人民日报》2020年9月25日。
[2] 习近平：《在教育文化卫生体育领域专家代表座谈会上的讲话》，《人民日报》2020年9月23日。
[3] 习近平：《在教育文化卫生体育领域专家代表座谈会上的讲话》，《人民日报》2020年9月23日。

民提供更加丰富优质的文化产品。现代文化产业体系是以创意为动力，以内容为核心，以技术为手段，是高技术化和高文化化的统一体。文化科技融合，推动文化产业出现重大结构调整和优化，从3G到5G，从大设备到云技术，从自动化到人工智能，新技术的不断迭代、新场景的应用部署、新基建的全面铺开，使得供给和需求关系的有效匹配、精确对接成为可能。顺应数字产业化和产业数字化发展趋势，加快发展新型文化业态，改造提升传统文化业态，增强质量效益和核心竞争力。"要围绕国家重大区域发展战略，把握文化产业发展特点规律和资源要素条件，促进形成文化产业发展新格局。"[1]健全现代文化产业体系，推动文化产业结构由生产型向服务型转变，坚持把社会效益放在首位、社会效益和经济效益相统一，深化文化体制改革，完善文化产业规划和政策，不断扩大优质文化产品供给，更好满足人民群众个性化、多样化、品质化的文化消费需求，赢得更多受众，经过国内市场充分检验进而获得国际市场青睐，提升中国文化产业的国际影响力。

在实现中华民族伟大复兴的历史进程中，我们要坚持不懈地推进社会主义文化强国建设，以人民为中心，丰富人民的精神世界，增强人民的精神力量，培养担当民族复兴大任的时代新人，进一步提升国家文化软实力、中华文化影响力，为建成文化强国而不懈奋斗。这需要加强对外文化交流和多层次文明对话。中华文化既蕴含着协和万邦、天下大同的丰富思想，又具有开放包容、兼收并蓄的深厚传统。建设文化强国的过程，既是传承弘扬中华文化、增强其生命力和影响力的过程，又是吸纳外来文化文明精华、推动中华文化不断丰富和发展的过程。必须秉持开放包容、互学互鉴的理念，以更自信的心态、更宽

---

[1] 习近平：《在教育文化卫生体育领域专家代表座谈会上的讲话》，《人民日报》2020年9月23日。

广的胸怀，深入开展同各国的文化交流合作，广泛参与世界文明对话，促进对彼此文化文明的理解、欣赏和借鉴，让各国人民更好了解中国，让中国人民更好了解世界。

遵循党的十九届五中全会确定的时间表，落实到位，扎实推进，2035年建成文化强国的宏伟目标可期。

大力发展社会主义先进文化
丰富人民精神世界*

  党的二十大报告总结了过去五年的工作和新时代十年的伟大变革，指出：我们"积极发展社会主义先进文化"；"确立和坚持马克思主义在意识形态领域指导地位的根本制度，新时代党的创新理论深入人心，社会主义核心价值观广泛传播，中华优秀传统文化得到创造性转化、创新性发展，文化事业日益繁荣"；"全党全国各族人民文化自信明显增强、精神面貌更加奋发昂扬"。这是对新时代十年文化建设取得历史性成就、发生历史性变革的高度概括，突出了新时代文化建设培根铸魂的重要特征。报告还明确提出："从现在起，中国共产党的中心任务就是团结带领全国各族人民全面建成社会主义现代化强国、实现第二个百年奋斗目标，以中国式现代化全面推进中华民族伟大复兴。""中国式现代化是物质文明和精神文明相协调的现代化"，"丰富人民精神世界"是中国式现代化的本质要求之一。由此可见，文化建设在全面建设社会主义现代化国家、推进中华民族伟大复兴进程中所具有的重

---

* 本文原载于《当代中国史研究》2022年第6期。

要地位和作用。

一、实现中华民族伟大复兴必须增强人民的精神力量

中国特色社会主义进入新时代，我们比历史上任何时期都更接近、更有信心和能力实现中华民族伟大复兴的目标。2013年11月，习近平总书记在山东考察时强调："一个国家、一个民族的强盛，总是以文化兴盛为支撑的，中华民族伟大复兴需要以中华文化发展繁荣为条件。"[1] 发展面向现代化、面向世界、面向未来的，民族的科学的大众的社会主义文化，激发全民族文化创新创造活力，增强人民的精神力量，有助于推动全面建设社会主义现代化国家、推进中华民族伟大复兴。

党的二十大报告指出："十年前，我们面对的形势是，改革开放和社会主义现代化建设取得巨大成就，党的建设新的伟大工程取得显著成效，为我们继续前进奠定了坚实基础、创造了良好条件、提供了重要保障，同时一系列长期积累及新出现的突出矛盾和问题亟待解决。……一些人对中国特色社会主义政治制度自信不足……拜金主义、享乐主义、极端个人主义和历史虚无主义等错误思潮不时出现，网络舆论乱象丛生，严重影响人们思想和社会舆论环境。"这些突出问题迫切要求加强社会主义文化建设，增强文化自信，以凝聚中华民族的精神力量，实现中华民族伟大复兴。正如习近平总书记2014年10月在文艺工作座谈会上所强调的："一个民族的复兴需要强大的物质力量，也需要强大的精神力量。没有先进文化的积极引领，没有人民精神世界的极大丰富，没有民族精神力量的不断增强，一个国家、一个

---

[1]《认真贯彻党的十八届三中全会精神 汇聚起全面深化改革的强大正能量》，《人民日报》2013年11月29日。

民族不可能屹立于世界民族之林";"当高楼大厦在我国大地上遍地林立时,中华民族精神的大厦也应该巍然耸立"。[1]2016年10月,习近平总书记在纪念红军长征胜利80周年大会上也指出:"人无精神则不立,国无精神则不强。精神是一个民族赖以长久生存的灵魂,唯有精神上达到一定的高度,这个民族才能在历史的洪流中屹立不倒、奋勇向前。"[2]习近平总书记的一系列重要讲话为新时代的文化建设指明了方向,突出强调了精神的重要引领作用。

党的十八大以来,我国社会主要矛盾已经转化为人民日益增长的美好生活需要和不平衡不充分的发展之间的矛盾。为此,党中央把握发展阶段新变化,把逐步实现全体人民共同富裕摆在更加重要的位置上,推动区域协调发展,采取有力措施保障和改善民生,打赢脱贫攻坚战,全面建成小康社会,为促进共同富裕创造了良好条件。正如习近平总书记2021年8月17日在中央财经委员会第十次会议上所提出的:"现在,已经到了扎实推动共同富裕的历史阶段。"他同时指出,要"促进人民精神生活共同富裕","要强化社会主义核心价值观引领,加强爱国主义、集体主义、社会主义教育,发展公共文化事业,完善公共文化服务体系,不断满足人民群众多样化、多层次、多方面的精神文化需求"。[3]可见,满足人民日益增长的美好生活需要,既要满足物质生活需求又要满足精神文化需求,党中央已将促进人民精神生活作为实现共同富裕的题中应有之义。

党的十八大以来,我国积极发展社会主义先进文化,强化文化建设培根铸魂的时代使命,增强人民的精神力量成为习近平新时代中国

---

[1] 习近平:《在文艺工作座谈会上的讲话》,《人民日报》2015年10月15日。
[2] 《习近平谈治国理政》第2卷,外文出版社2017年版,第47—48页。
[3] 习近平:《扎实推动共同富裕》,《求是》2021年第20期。

特色社会主义思想要解决和回答的重大时代课题之一：在思想上，以习近平同志为核心的党中央反复强调要发挥文化的价值引领和精神动力作用，以最深层次的认同、最根本的自信等定位文化认同、文化自信，不断强调文化是民族生存和发展的重要力量。在顶层战略设计方面，党的十八大报告把文化建设放在"五位一体"总体布局和"四个全面"战略布局中推进，提出"扎实推进社会主义文化强国建设"[1]，对文化强国建设做出了战略规划；党的十八届三中全会以"推进文化体制机制创新"[2]为着力点，全面深化文化领域的改革；党的十九大报告提出在2035年基本实现社会主义现代化，首次明确了建设社会主义文化强国的具体时间表；党的十九届四中全会就坚持和完善繁荣发展社会主义先进文化的制度做出了新的规定；党的十九届五中全会站在党和国家事业发展全局高度，明确提出到2035年建成文化强国。

党的十八大以来，习近平总书记全力推进文化实践，主持召开宣传思想工作会议，文艺工作、党的新闻舆论工作、网络安全和信息化工作、哲学社会科学工作座谈会，全国高校思想政治工作会议，等等，举旗定向，动员部署，廓清了理论是非，校正了工作导向；深化文化体制改革，举旗帜、聚民心、育新人、兴文化、展形象成为新时代思想文化领域的主旋律。

二、新时代积极发展社会主义先进文化

进入新时代，中国共产党团结带领全国各族人民积极推动社会主义先进文化建设，凸显了以文"化人"的本质属性，着力于构筑中国精神、中国价值、中国力量，取得了历史性成就，发生了历史性变革，

---

[1]《十八大以来重要文献选编》（上），中央文献出版社2014年版，第24页。
[2]《中共十八届三中全会在京举行》，《人民日报》2013年11月13日。

使文化思想领域出现了崭新的样貌。

　　坚定文化自信与历史自信。文化自信是一个国家、一个民族、一个政党推进文化繁荣兴盛的重要前提，只有对自身文化理想、文化价值充满信心，对自身文化生命力、创造力充满信心，才有坚持坚守的定力、奋起奋发的勇气、创新创造的活力。2014年2月，习近平总书记在中央政治局第十三次集体学习时明确提出，要"增强文化自信和价值观自信"〔1〕。2016年5月，他在哲学社会科学工作座谈会上强调："要坚定中国特色社会主义道路自信、理论自信、制度自信，说到底是要坚定文化自信。文化自信是更基本、更深沉、更持久的力量。"〔2〕6月，他在中央政治局第三十三次集体学习时再次强调，要"坚定中国特色社会主义道路自信、理论自信、制度自信、文化自信"〔3〕。可见文化自信对于党和国家事业的重要性。党的十九大报告指出："中国特色社会主义文化，源自于中华民族五千多年文明历史所孕育的中华优秀传统文化，熔铸于党领导人民在革命、建设、改革中创造的革命文化和社会主义先进文化，植根于中国特色社会主义伟大实践。"〔4〕这个论断深刻揭示了中国特色社会主义文化的内容、根脉、本源及发展的历史逻辑，明确了传统文化、革命文化和社会主义先进文化一脉相承的关系。新时代坚定文化自信，坚守中华文化立场，强化了中华文化的主体意识，为构筑中国精神、中国价值、中国力量奠定了坚实的思想基石和深厚的文化历史底蕴，也激发了中国人民的文化自豪感，增强

---

〔1〕《把培育和弘扬社会主义核心价值观作为凝魂聚气强基固本的基础工程》，《人民日报》2014年2月26日。
〔2〕 习近平：《在哲学社会科学工作座谈会上的讲话》，《人民日报》2016年5月19日。
〔3〕《严肃党内政治生活净化党内政治生态 为全面从严治党打下重要政治基础》，《人民日报》2016年6月30日。
〔4〕《十九大以来重要文献选编》（上），中央文献出版社2019年版，第29页。

了文化发展与创新的时代感、责任感。

建设具有强大凝聚力和引领力的社会主义意识形态。新时代十年,习近平总书记反复强调意识形态工作是为国家立心、为民族立魂的工作,把坚持马克思主义在意识形态领域指导地位确立为一项根本制度,立破并举、激浊扬清,就意识形态领域许多方向性、战略性问题做出部署,健全意识形态工作责任制,旗帜鲜明反对和抵制各种错误观点。习近平总书记明确指出:"马克思主义是我们立党立国的根本指导思想,是我们党的灵魂和旗帜。"[1]以习近平同志为核心的党中央既坚持马克思主义基本原理,同时又不墨守成规,以马克思主义思想家的理论创新和理论创造勇气,贯通马克思主义哲学、政治经济学、科学社会主义,融通中华优秀传统文化和人类优秀文明成果,推动马克思主义中国化时代化,深化对共产党执政规律、社会主义建设规律、人类社会发展规律的认识,科学回答中国之问、世界之问、人民之问、时代之问,为凝聚共识奠定了思想基础。新时代把学习贯彻党的创新理论作为思想武装的重中之重,并同学习马克思主义基本原理贯通起来,同新时代的丰富实践联系起来,在学懂弄通做实上下苦功夫,在解放思想中统一思想,在深化认识中提高认识,切实增强了贯彻落实的思想自觉和行动自觉。据全球知名公关咨询公司爱德曼发布的"爱德曼信任度晴雨表"显示:2021年中国民众对政府信任度高达91%,同比上升9个百分点,蝉联全球第一。[2]为加强制度保障,党的十八大以来,党和国家持续深化宣传思想文化领域机构改革、健全互联网领导和管理体制等,坚持发展和治理相统一、网上和网下相融合,广泛汇聚向

---

[1] 习近平:《在庆祝中国共产党成立100周年大会上的讲话》,《人民日报》2021年7月2日。

[2]《"让我们的制度成熟而持久"》,《人民日报》2022年2月18日。

上向善力量。

践行社会主义核心价值观。2014年5月,习近平总书记在北京大学师生座谈会上指出:"在当代中国,我们的民族、我们的国家应该坚守什么样的核心价值观?这个问题,是一个理论问题,也是一个实践问题。经过反复征求意见,综合各方面认识,我们提出要倡导富强、民主、文明、和谐,倡导自由、平等、公正、法治,倡导爱国、敬业、诚信、友善,积极培育和践行社会主义核心价值观。"[1]新时代把培育和弘扬社会主义核心价值观作为凝魂聚气、强基固本的基础工程,通过教育引导、理论宣传、文化熏陶、实践养成、制度保障等,将社会主义核心价值观贯穿于国民教育,融入社会生活,融入法治建设与社会治理,转化为人民群众的情感认同和行为习惯。进入新时代,践行社会主义核心价值观取得明显成效:全面贯彻习近平新时代中国特色社会主义思想,大力弘扬以爱国主义为核心的民族精神和以改革创新为核心的时代精神,推动理想信念教育常态化制度化,建立健全党和国家功勋荣誉表彰制度,建立了党、国家、军队功勋簿,设立烈士纪念日,推动全社会形成见贤思齐、崇尚英雄、争做先锋的良好氛围;深化群众性精神文明创建活动,建设新时代文明实践中心,把培育践行核心价值观作为文明城市、文明村镇、文明单位、文明家庭、文明校园创建的根本任务,推动形成适应新时代要求的思想观念、精神面貌、文明风尚、行为规范;完善思想政治工作体系,推动学习大国建设,彰显了党心民心、国威军威,在全社会唱响了主旋律、弘扬了正能量。

推动中华优秀传统文化创造性转化、创新性发展。"中华文明源远

---

[1]《十八大以来重要文献选编》(中),中央文献出版社2016年版,第3页。

流长、博大精深，是中华民族独特的精神标识，是当代中国文化的根基，是维系全世界华人的精神纽带，也是中国文化创新的宝藏。"[1]习近平总书记坚持辩证唯物主义和历史唯物主义，对中华优秀传统文化秉持客观、科学、礼敬的态度，强调中华优秀传统文化是我们民族的突出优势，是中华文明的智慧结晶和精华所在，是中华民族的根和魂，是我们在世界文化激荡中站稳脚跟的根基。2014年9月，他在纪念孔子诞辰2565周年国际学术研讨会暨国际儒学联合会第五届会员大会开幕会上强调："我们要善于把弘扬优秀传统文化和发展现实文化有机统一起来，紧密结合起来，在继承中发展，在发展中继承"；"努力实现传统文化的创造性转化、创新性发展，使之与现实文化相融相通，共同服务以文化人的时代任务"。[2]2017年1月，中共中央办公厅、国务院办公厅印发《关于实施中华优秀传统文化传承发展工程的意见》，第一次以中央文件的形式专题阐述了中华优秀传统文化的传承发展工作。进入新时代，习近平总书记高度重视运用马克思主义基本原理加强对中华优秀传统文化的挖掘和阐发，构建了当代中国文化理念，谱写了马克思主义与中华传统文化相结合的新篇章，推动了中华优秀传统文化的创造性转化与创新性发展，赓续了中华文化，使习近平新时代中国特色社会主义思想带有鲜明的中华文化印记，习近平新时代中国特色社会主义思想是"中华文化和中国精神的时代精华"[3]。

推进文化事业和文化产业全面发展。习近平总书记强调："发展文

---

[1] 习近平：《把中国文明历史研究引向深入 增强历史自觉坚定文化自信》，《求是》2022年第14期。
[2] 习近平：《在纪念孔子诞辰2565周年国际学术研讨会暨国际儒学联合会第五届会员大会开幕会上的讲话》，《人民日报》2014年9月25日。
[3]《中共十九届六中全会在京举行》，《人民日报》2021年11月12日。

化事业是满足人民精神文化需求、保障人民文化权益的基本途径。"[1]新时代十年，党和国家不断完善公共文化服务体系，推动公共文化服务标准化、均等化，坚持政府主导、社会参与、重心下移、共建共享。我国已基本形成从国家到村（社区）的六级公共文化服务网络体系。截至2021年底，我国共有广播电视播出机构2542个，公共图书馆3215个，文化馆3316个，博物馆6183个，乡镇（街道）文化站4万多个，村级综合性文化服务中心57万个，农家书屋58万家；[2]互联网上网人数10.32亿人，其中手机上网人数10.29亿人，互联网普及率为73.0%，其中农村地区互联网普及率为57.6%。[3]新时代十年，党和国家不断完善文化产品创作生产传播的引导激励机制，全面繁荣新闻出版、广播影视、文学艺术、哲学社会科学事业，不断扩大优质文化产品供给，实现满足人民文化需求和增强人民精神力量相统一。随着互联网、数字技术的飞速发展，文化产品和服务的生产、传播、消费加快了数字化、网络化的进程，新兴文化业态异军突起，成为文化产业发展的新动能和新增长点。总之，文化市场为人民群众提供了多样化文化产品和服务，丰富的文化供给增强了人民群众的文化获得感、幸福感。

三、建设文化强国，不断丰富人民精神世界

党的十八大以来，以习近平同志为核心的党中央以坚定的文化自

---

[1] 习近平：《在教育文化卫生体育领域专家代表座谈会上的讲话》，《人民日报》2020年9月23日。
[2] 《社会主义文化强国建设扎实推进》，《人民日报》2022年8月19日。
[3] 《中华人民共和国2021年国民经济和社会发展统计公报》，《人民日报》2022年3月1日。

信为基础，致力于推动全体人民在理想信念、价值理念、道德观念上更加紧密地团结在一起，对中国精神、中国价值、中国力量的认同不断加深，对中国特色社会主义共同理想更加牢固树立，全社会凝聚力和向心力极大提升，为新时代开创党和国家事业新局面提供了思想保证和强大精神力量。

党的二十大报告提出："从现在起，中国共产党的中心任务就是团结带领全国各族人民全面建成社会主义现代化强国、实现第二个百年奋斗目标，以中国式现代化全面推进中华民族伟大复兴。"报告重申到2035年把我国建成文化强国的目标，并全面阐释了"中国式现代化是物质文明和精神文明相协调的现代化"，即："物质富足、精神富有是社会主义现代化的根本要求。物质贫困不是社会主义，精神贫乏也不是社会主义。我们不断厚植现代化的物质基础，不断夯实人民幸福生活的物质条件，同时大力发展社会主义先进文化，加强理想信念教育，传承中华文明，促进物的全面丰富和人的全面发展"。此外，报告还明确指出，"丰富人民精神世界"是中国式现代化的本质要求之一。

人民精神世界需要通过文化建设来构造。党的二十大报告提出，要"推进文化自信自强，铸就社会主义文化新辉煌"。"全面建设社会主义现代化国家，必须坚持中国特色社会主义文化发展道路，增强文化自信，围绕举旗帜、聚民心、育新人、兴文化、展形象建设社会主义文化强国，发展面向现代化、面向世界、面向未来的，民族的科学的大众的社会主义文化，激发全民族文化创新创造活力，增强实现中华民族伟大复兴的精神力量。"从党的十九大提出"坚定文化自信"到党的二十大提出"推进文化自信自强"，体现了文化自信的演进逻辑；从"不断铸就中华文化新辉煌"到"铸就社会主义文化新辉煌"，在本质上相同，但是更加强调文化的先进性、人民性。党的二十大报告指出，未来五年是全面建设社会主义现代化国家开局起步的关键时期，文化建设主要目标任务是："人民精神文化生活更加丰富，中华民族凝聚力和中华文化影响力不断增强"。文化建设战略部署是，"坚持马克思主义在意识形态领域指导地位的根本制度，坚持为人民服务、为社会主义服务，坚持百花齐放、百家争鸣，坚持创造性转化、创新性发展，以社会主义核心价值观为引领，发展社会主义先进文化，弘扬革命文化，传承中华优秀传统文化，满足人民日益增长的精神文化需求，巩固全党全国各族人民团结奋斗的共同思想基础，不断提升国家文化软实力和中华文化影响力"。这表明，在新的历史起点上，文化建设必须高扬思想旗帜、强化价值引领、激发奋斗精神，建设中华民族共有精神家园，推进文化铸魂，增强中华民族的凝聚力、向心力、创造力，以中华文化繁荣兴盛为全面建成社会主义现代化强国、推进中华民族伟大复兴提供更为主动、更为强大的精神力量。

抓住机遇　乘势而上
推进社会主义文化强国建设[*]

文化兴国运兴，文化强民族强。党的十九届五中全会明确提出到 2035 年建成文化强国，吹响了推进社会主义文化强国建设的号角，标志着我们党对文化建设重要地位及其规律认识的进一步深化，为我们继续推进社会主义文化强国建设提供了重要遵循。

党的十九届五中全会将"建成文化强国"列入 2035 年基本实现社会主义现代化远景目标，这是由文化建设在中国特色社会主义事业和社会主义现代化进程中的重要地位和作用决定的。习近平总书记强调："中国特色社会主义是全面发展、全面进步的伟大事业，没有社会主义文化繁荣发展，就没有社会主义现代化。"[1] 从"十四五"时期和更长时期我国经济社会发展的需要来看，文化建设与文化繁荣发展非常重要：统筹推进"五位一体"总体布局、协调推进"四个全面"战略布局，文化是重要内容；推动高质量发展，文化是重要支点；满足人民日益

---

[*] 本文原载于《人民日报》2021 年 1 月 26 日。

[1] 习近平：《在教育文化卫生体育领域专家代表座谈会上的讲话》，《人民日报》2020 年 9 月 23 日。

增长的美好生活需要，文化是重要因素；战胜前进道路上各种风险挑战，文化是重要力量源泉。[1]

我们党一贯高度重视文化建设，结合时代变化和实践发展，与时俱进提出文化纲领、文化目标、文化政策，引领文化建设不断取得新成就。新中国成立前夕，毛泽东就提出："在革命胜利以后，我们的任务主要地就是发展生产和发展文化教育。"[2]改革开放后，邓小平强调："我们要在建设高度物质文明的同时，提高全民族的科学文化水平，发展高尚的丰富多彩的文化生活，建设高度的社会主义精神文明。"[3]在长期实践探索和理论探索基础上，党的十七届六中全会明确提出"建设社会主义文化强国"的奋斗目标，党的十八大进一步提出"扎实推进社会主义文化强国建设"。习近平总书记高度重视文化建设，强调文运同国运相牵，文脉同国脉相连，就文化改革发展的一系列重大问题做出深刻阐述。党的十九届五中全会明确建成文化强国的具体时间表，表明我们党对文化建设规律和重要作用的认识达到了新高度。

党的十八大以来，社会主义文化强国建设成就显著，为2035年建成文化强国提供了坚实基础。以习近平同志为核心的党中央把文化建设提升到一个新的历史高度，把坚持马克思主义在意识形态领域指导地位的制度确立为中国特色社会主义制度体系的一项根本制度，把坚持社会主义核心价值体系纳入新时代坚持和发展中国特色社会主义的基本方略。我国文化建设在正本清源、守正创新中取得历史性成就、发生历史性变革。文化事业和文化产业繁荣发展，公共文化服务设施

---

[1] 习近平：《在教育文化卫生体育领域专家代表座谈会上的讲话》，《人民日报》2020年9月23日。
[2] 《毛泽东著作专题摘编》（下），中央文献出版社2003年版，第1570页。
[3] 《邓小平文选》第2卷，人民出版社1994年版，第208页。

加快普及，文化软实力日益增强；社会主义核心价值观深入人心，中华文化影响力持续扩大。广大人民群众的文化获得感、满足感不断增强。"十三五"时期文化建设的重大成就，为决胜全面建成小康社会提供了有力支撑，为开启全面建设社会主义现代化国家新征程奠定了坚实基础，为推进社会主义文化强国建设提供了强大底气。我们要抓住机遇、乘势而上，锚定"十四五"时期文化建设的主要目标和 2035 年建成文化强国的远景目标，制定明确的路线图、时间表，扎实推进社会主义文化强国建设。

赓续文化血脉　建设现代文明[*]

2023年6月2日，习近平总书记在文化传承发展座谈会上的重要讲话，从党和国家事业发展全局的战略高度，对中华文化传承发展的一系列重大理论和现实问题作了全面系统深入阐述，运用大历史观，深刻总结了中华文明的五大突出特性，精辟阐释了"两个结合"尤其是"第二个结合"的重大意义，深刻回答了关于"第二个结合"的一系列基本问题，号召全党全国各族人民坚定文化自信、担当使命、奋发有为，共同努力创造属于我们这个时代的新文化，建设中华民族现代文明。习近平总书记的重要讲话，是一篇闪耀着马克思主义真理光芒、充盈着中华文化独特气韵的光辉文献，讲话提出的一系列新思想新观点新论断，把我们党对文化建设的规律性认识提升到新高度，是新时代由文化自觉、文化自信走向文化自强，建设社会主义文化强国的行动纲领。

一、古为今用，为更好建设社会主义文化强国提供借鉴

"求木之长者，必固其根本；欲流之远者，必浚其泉源。"[1]"古"

---

[*] 本文原载于《红旗文稿》2023年第17期。
[1]（唐）魏征：《谏太宗十思疏》。

与"今"、"传统"与"现代",一直是文化发展中的一个关键问题。毛泽东早就提出了"古为今用""推陈出新"的文化传承原则。党的十八大以来,以习近平同志为核心的党中央站在中华民族伟大复兴的战略高度,深刻洞察中华优秀传统文化与中华民族发展的内在关系,对中华优秀传统文化作出新的判断、新的概括和新的定义,赋予其崭新的时代内涵。习近平总书记指出,中国特色社会主义文化,源自于中华民族五千多年文明历史所孕育的中华优秀传统文化;中华优秀传统文化是中华文明的智慧结晶和精华所在,是中华民族的根和魂,是中华民族的精神命脉。

中华优秀传统文化有诸多重要元素,如天下为公、天下大同的社会理想,民为邦本、为政以德的治理思想,九州共贯、多元一体的大一统传统,修齐治平、兴亡有责的家国情怀,厚德载物、明德弘道的精神追求,富民厚生、义利兼顾的经济伦理,天人合一、万物并育的生态理念,实事求是、知行合一的哲学思想,执两用中、守中致和的思维方法,讲信修睦、亲仁善邻的交往之道等。[1]这些重要元素共同塑造出中华文明连续性、创新性、统一性、包容性、和平性的突出特性。这是中华民族生生不息、长盛不衰的文化基因,是中华文明为什么能够成为世界上唯一绵延不断并以国家形态发展至今的伟大文明的原因,也是我们在世界文化激荡中站稳脚跟的根基。

习近平总书记指出:"不忘本来才能开辟未来,善于继承才能更好创新。"[2]推动文化繁荣,建设文化强国,必须客观、科学、正确地认识和理解中华文明,在延续民族文化血脉中开拓前进。只有全面地继承中华文明的优秀遗产,了解中华古代文明,古为今用,才能为更好

---

[1] 习近平:《在文化传承发展座谈会上的讲话》,《求是》2023年第17期。
[2]《习近平谈治国理政》第1卷,外文出版社2018年版,第164页。

建设社会主义文化强国提供借鉴。只有全面深入了解中华文明的历史，才能更有效地推动中华优秀传统文化创造性转化、创新性发展，更有力地推进中国特色社会主义文化建设，铸就中华文化新辉煌。

二、在"两个结合"中铸就中国式现代化的文化形态

习近平总书记指出，"结合"的结果是互相成就，强调"第二个结合"让马克思主义成为中国的，中华优秀传统文化成为现代的，让经由"结合"而形成的新文化成为中国式现代化的文化形态。[1]习近平总书记作出的这个重大判断，是对中华优秀传统文化是党创新理论的"根"的观点的进一步发展。在漫长的发展历史中，中华文明显现出强盛的生命力与创造力，在交流互鉴、博采众长中不断发展丰富自身、馈赠他者，向世界贡献了深刻的思想体系、丰富的科技文化艺术成果、独特的制度创造，对人类文明进步作出了巨大贡献，中国因此被尊称为"礼义之邦""文明国度"。但随着工业革命在欧洲发生，现代化进程也先从西方国家发轫，形塑了世界格局，发展了西方文明。在西方的坚船利炮下，中华民族遭遇"数千年未有之大变局"，国家蒙辱、人民蒙难、文明蒙尘，中华文化遭到蔑视和否定，汉代以来所形成的东学西渐的文明传播和文化影响被强劲的欧风美雨所遮蔽和掩盖。中华古代文明必须实现现代转型才能够适应时代发展要求。在近代中国最危急的时刻，中国共产党人找到了马克思列宁主义，并坚持把马克思列宁主义同中国实际相结合，用马克思主义真理的力量激活了中华民族历经几千年创造的伟大文明，使中华文明再次迸发出强大精神力量。

习近平总书记在文化传承发展座谈会上的重要讲话，深刻揭示了

---

[1] 习近平：《在文化传承发展座谈会上的讲话》，《求是》2023年第17期。

马克思主义基本原理同中华优秀传统文化相结合的逻辑必然。在五千多年中华文明深厚基础上开辟和发展中国特色社会主义，把马克思主义基本原理同中国具体实际、同中华优秀传统文化相结合是必由之路。"结合"的前提是彼此契合。马克思主义和中华优秀传统文化存在高度的契合性。比如，天下为公、讲信修睦的社会追求与共产主义、社会主义的理想信念相通，民为邦本、为政以德的治理思想与人民至上的政治观念相融，革故鼎新、自强不息的担当与共产党人的革命精神相合。"结合"的结果是互相成就，造就了一个有机统一的新的文化生命体，成为中国式现代化的文化形态。"结合"筑牢了道路根基，让中国特色社会主义道路有了更加宏阔深远的历史纵深，拓展了中国特色社会主义道路的文化根基；"结合"打开了创新空间，让我们掌握了思想和文化主动，并有力地作用于道路、理论和制度。"第二个结合"是又一次的思想解放，让我们能够在更广阔的文化空间中，充分运用中华优秀传统文化的宝贵资源，探索面向未来的理论和制度创新。[1]这是重大的理论创新，科学回答了马克思主义中国化时代化的文化基础问题，丰富、拓展了马克思主义中国化时代化的基本内涵和实践途径，突出了中华优秀传统文化在走向现代化进程中的主体地位和时代价值，对于推进马克思主义中国化时代化和中国式现代化进程中的文化建设具有重要指导意义。这表明我们党在传承中华优秀传统文化中推进文化创新的自觉性达到了新高度。

"结合"巩固了中华文化主体性。[2]在中国化时代化的马克思主义的演进中，从赋予"实事求是"以新内涵，阐明辩证唯物主义的根本观点和方法；到用"小康社会"描述改革开放和社会主义现代化建设新

---

[1] 习近平：《在文化传承发展座谈会上的讲话》，《求是》2023年第17期。
[2] 习近平：《在文化传承发展座谈会上的讲话》，《求是》2023年第17期。

时期的目标；再到新时代中华文化和中国精神的时代精华——习近平新时代中国特色社会主义思想的创立，无不凸显马克思主义与中华优秀传统文化相结合创造的文化创新形态。从"苟日新，日日新，又日新"到将改革进行到底，从"民为邦本"到"以人民为中心"，从"万物并育""天人合一"到人与自然和谐共生的美丽中国，从"富民厚生"到共同富裕，从"天下情怀"到推动构建人类命运共同体，"以古人之规矩，开自己之生面"，习近平新时代中国特色社会主义思想成为中华文化主体性的最有力体现，昭示出马克思主义和中华优秀传统文化的互相成就。一方面，让诞生于欧洲、体现西方文明思维与风格的马克思主义彰显中国精气神，夯实了马克思主义中国化时代化的历史基础和群众基础，让马克思主义在中国牢牢扎根；另一方面，马克思主义真理激活了中华文明基因，为中华文明注入新的活力，使之实现生命更新和现代转型。中国特色社会主义道路，是在马克思主义指导下走出来的，也是从五千多年中华文明史中走出来的。

三、坚定文化自信，铸就社会主义文化新辉煌

在新的历史起点上继续推动文化繁荣，建设文化强国，建设中华民族现代文明，是中华文明发展进步的历史必然。国家之魂，文以化之，文以铸之。党的二十大提出以中国式现代化全面推进中华民族伟大复兴。中国式现代化是人口规模巨大的现代化、全体人民共同富裕的现代化、物质文明和精神文明相协调的现代化、人与自然和谐共生的现代化、走和平发展道路的现代化，创造全新的人类文明形态。中国式现代化，深深植根于中华优秀传统文化，体现科学社会主义的先进本质，借鉴吸收一切人类优秀文明成果，代表人类文明进步的发展方向，反映了中华文化追求人与自然、人与社会、人与人之间的和谐

的特征,展现了不同于西方现代化模式的新图景。

习近平总书记强调,我们要建设的社会主义现代化强国,不仅要在物质上强,更要在精神上强。推进中国式现代化,推进前无古人的伟大事业,要增强历史自觉、坚定文化自信,担当使命、奋发有为,善于从中华民族世世代代形成和积累的优秀传统文化中汲取营养和智慧,延续文化基因,萃取思想精华,展现精神魅力,在中国式现代化建设的伟大实践中提炼升华,让中华文明焕发出新的生机与活力,为强国建设、民族复兴注入强大的文明滋养和精神力量。

坚定文化自信。坚持走自己的路,立足中华民族伟大历史实践和当代实践,用中国道理总结好中国经验,把中国经验提升为中国理论,实现精神上的独立自主,把中国发展进步的命运牢牢掌握在自己的手中。文化是一个时代的精神印记,经济社会发展根本上决定着人们的精神文化生活样态。人们在文化上的自信不仅来自文化自身的力量,更来自以中国特色社会主义道路迎来民族复兴光明前景的现实感召。习近平总书记强调:"当今世界,要说哪个政党、哪个国家、哪个民族能够自信的话,那中国共产党、中华人民共和国、中华民族是最有理由自信的。"[1]我们坚持走自己的路,具有无比广阔的舞台,具有无比深厚的历史底蕴,具有无比强大的前进定力。文化自信所强烈传递出来的,一方面是对中国在近代以来历经西方列强百年侵略、压迫所残存的民族自卑、文化自卑情结的"解扣",强化民族精神独立性,增强民族自信心自豪感,增强作为中国人的骨气底气;另一方面也凸显了中国式现代化道路内在价值信念的坚定性,以及社会主义核心价值观引领的自觉意识。文化自信反映了中华民族从站起来、富起来到强起

---

[1]《十八大以来重要文献选编》(下),中央文献出版社2018年版,第348页。

来的伟大飞跃历史进程中积极进取的精神气质。精神上的独立与自主是任何民族与国家走向强盛与繁荣的应有之义。正如习近平总书记深刻指出的，如果没有自己的精神独立性，那政治、思想、文化、制度等方面的独立性就会被釜底抽薪。

秉持开放包容。坚持马克思主义中国化时代化，传承发展中华优秀传统文化，学习借鉴人类创造的一切优秀文明成果，促进外来文化本土化，熔铸古今、汇通中西，不断培养和创造新时代中国特色社会主义文化，在深化文明交流互鉴中更好地推动中华文化走向世界。开放包容既表达了中国在人类文明进程中的开放胸怀，也传递了中国在世界文化交流交融时的积极姿态。习近平总书记指出："中华文明自古就以开放包容闻名于世，在同其他文明的交流互鉴中不断焕发新的生命力。"[1]中华文明历经五千年的历史沧桑而生生不息、绵延不绝，一大原因就在于其始终秉持开放包容的精神，始终以广阔胸怀接纳外来文化的精华，并将之融入自身，不断进行消化、融合与创新。今天，世界之变、时代之变、历史之变正在以前所未有的方式展开，我们要以世界眼光，以海纳百川的胸怀汲取人类文明中的一切有益成果，创造出凝聚中华文化精髓、映照中国人审美旨趣、传播当代中国价值观念、与世界进步潮流相融合的社会主义先进文化。面对西方"文明优越论""文明冲突论"的滥调和热衷于以文化价值观划线站队，我们要不断拓宽中国人民同世界人民交流互鉴的多元渠道，加强不同文明交流对话，加深相互理解和彼此认同，让各国人民相知相亲、互信互敬，在携手共建人类命运共同体的伟大历程中奏响世界文明更加绚烂的华美乐章。

---

[1] 习近平：《把中国文明历史研究引向深入 增强历史自觉坚定文化自信》，《求是》2022年第14期。

坚持守正创新。习近平总书记指出，"每一种文明都延续着一个国家和民族的精神血脉，既需要薪火相传、代代守护，更需要与时俱进、勇于创新"，强调"守正才能不迷失方向、不犯颠覆性错误，创新才能把握时代、引领时代"。以守正创新的正气和锐气，守住马克思主义在意识形态领域指导地位的根本制度、"两个结合"的根本要求、中国共产党的文化领导权和中华民族的文化主体性，创新思路、话语、机制、形式，守正不守旧、尊古不复古，赓续中华文脉、谱写当代华章，创造属于我们这个时代的新文化，为实现中华民族伟大复兴确立了文化坐标、精神旗帜，推动中华文明重焕荣光。中华民族现代文明本质上是中国式现代化道路的文化生成，是中国式现代化实践塑造的中华民族精神风貌、道德伦理与思想价值的综合呈现。中国式现代化是中国共产党领导的社会主义现代化，在文化价值和文明理念上超越了西方现代化道路，树立的是社会主义文化旗帜，弘扬的是社会主义文明，开创了人类文明新形态。

让中华民族精神的大厦巍然耸立

——对话中国社会科学院当代中国文化建设与
发展史研究中心主任欧阳雪梅[*]

一、实现"两个一百年"奋斗目标的重要保证

记者：新时代十年，我们如何推进社会主义精神文明建设，取得了哪些历史性成就？

欧阳雪梅：习近平总书记强调："当高楼大厦在我国大地上遍地林立时，中华民族精神的大厦也应该巍然耸立。"只有物质文明建设和精神文明建设都搞好，国家物质力量和精神力量都增强，全国各族人民物质生活和精神生活都改善，中国特色社会主义事业才能顺利向前推进。社会主义精神文明是实现"两个一百年"奋斗目标、实现社会主义现代化和中华民族伟大复兴的重要内容和重要保证。

同时，精神文明建设面临新形势新课题，主要是马克思主义指导思想面临多样化社会思潮的挑战，社会主义核心价值观面临市场逐利性的挑战，传统教育引导方式面临网络新媒体的挑战等。

新时代，精神文明建设地位更加重要、任务更加繁重。党中央准

---

[*] 本文原载于《解放军报》2022年12月1日，记者佟欣雨。

确把握世界范围内思想文化相互激荡、我国社会思想观念深刻变化的趋势，高度重视精神文明建设，提出一系列新思想新观点新要求，作出一系列重要部署，强调坚定"四个自信"，坚持以人民为中心的发展思想，以培育和践行社会主义核心价值观为根本，加强思想道德建设，弘扬中华优秀传统文化和传统美德，弘扬革命文化和社会主义先进文化，深化群众性精神文明创建活动，培育社会文明新风，全面提高国民素质和社会文明程度，着力构筑中国精神、中国价值、中国力量，巩固马克思主义在意识形态领域的指导地位，巩固全党全国各族人民团结奋斗的共同思想基础，为实现"两个一百年"奋斗目标、实现中华民族伟大复兴的中国梦，提供坚强思想保证、强大精神动力、丰润道德滋养、良好文化条件。这有力推动了"两个文明"协调发展，青年一代更加积极向上，全党全国各族人民文化自信明显增强，精神面貌更加奋发昂扬。

记者：把我国建成富强民主文明和谐美丽的社会主义现代化强国，对精神文明建设提出哪些新的更高要求？

欧阳雪梅：党领导人民经过不懈努力，实现中华民族伟大复兴进入了不可逆转的历史进程。越是接近目标，越需要准备付出更为艰巨、更为艰苦的努力，越需要增强人民力量、振奋民族精神。

以中国式现代化全面推进中华民族伟大复兴，物质富足、精神富有是社会主义现代化的根本要求。物质贫困不是社会主义，精神贫乏也不是社会主义。丰富人民精神世界，是中国式现代化的本质要求。大力发展社会主义先进文化，加强理想信念教育，传承中华文明，是建设社会主义现代化强国的要求。

理想信念是精神世界的支柱。我们应坚持对马克思主义的坚定信仰、对中国特色社会主义的坚定信念，坚持不懈用习近平新时代中国特色社会主义思想凝心铸魂，广泛践行社会主义核心价值观，使之成为全体人民的共同价值追求、日用而不觉的行为准则。

中华优秀传统文化源远流长、博大精深，是中华文明的智慧结晶。我们必须坚定历史自信、文化自信，坚持把马克思主义基本原理同中华优秀传统文化相结合，坚持创造性转化、创新性发展，把中华民族的独特精神标识，把跨越时空、超越国界、富有永恒魅力、具有当代价值的文化精神弘扬起来。

文明因多样而交流，因交流而互鉴，因互鉴而发展。我们应"立足中国、借鉴国外，挖掘历史、把握当代，关怀人类、面向未来"，创造中华新文化，也把在文化创新创造中取得的成果奉献给世界。

在现代化建设中，人是最活跃、最具创造性的因素。中国式现代化的主体是中国人民，实现人的现代化与人的自由全面发展是相互统一的。我们应促进全体人民思想道德素质、科学文化素质和身心健康素质普遍提高，为实现人的全面发展创造更好条件，为实现中国式现代化提供源源不断的内生动力。

二、"两手抓，两手都要硬"

记者： 实现中国式现代化的过程中，物质文明与精神文明的协调发展是自然而然的过程，还是需要主动实践？

欧阳雪梅： 文明是现代化国家的显著标志。恩格斯指出："文明是实践的事情，是社会的素质。"因此，文明的产生和发展不是一个自然而然的过程，也不是人们在头脑中进行的主观臆断或纯粹想象活动，而是人类改造世界的物质成果和精神成果的总和。

物质文明和精神文明的协调发展不可能自然而然实现，这在各国现代化实践中得以证明。现代化肇始于西方，资本主导下的工业化将资本增殖作为根本追求，在国内残酷剥削工人，造成严重的经济危机和社会两极分化；在国外推行殖民主义和帝国主义，给世界人民带来深重灾难。资产阶级还常常打着"文明"的旗号，强力推行其反动政策和价值观念，被马克思、恩格斯痛斥为"文明贩子"。西方国家虽然因此创造了丰富的物质财富，但是偏重个人享受，物质享乐主义思潮盛行，不仅加剧社会分歧与冲突，还使一些人由价值虚无走向精神空虚。除西方国家外，一些后发国家在现代化进程中也深陷两极分化、政治动荡，失落了精神家园，呈现出物质文明与精神文明发展的不平衡、不协调问题。

由此可见，物质文明与精神文明的协调发展不是自发的，而需要自觉。马克思、恩格斯主张扬弃资本主义文明，实现物质和精神生活的健康发展，彻底破除经济社会发展的资本逻辑，建立人与人之间的真正平等、合作的关系，逐步建立起以实现每个人的自由而全面的发展为目标的联合体。

记者： 为何说注重物质文明和精神文明协调发展体现了中国特色？

欧阳雪梅： 中国是一个历史悠久的文明古国，中华文明历来将人的精神生活纳入人生和社会理想之中，《周易》中就有"内文明而外柔顺""天下文明""君子以厚德载物"等记载。中华优秀传统文化将德行修养、文教昌明与"文明"紧密联系在一起，无论选人用人之道还是家教家风，强调立德为本、以德为先；德主刑辅、以德化人的德治主张，一直是国家制度和国家治理的鲜明特色和重要内容。

中国共产党是中华优秀传统文化的忠实传承者和弘扬者，总结、继承中华优秀传统文化珍贵遗产，以马克思主义真理力量激活几千年历史的中华文明，坚持"以文化人"的使命，通过教育、宣传和实践养成，提高人民科学文化素质，致力于把旧中国"变为一个被新文化统治因而文明先进的中国"。

1954年，毛泽东在一届全国人大一次会议上致开幕词时说："准备在几个五年计划之内，将我们现在这样一个经济上文化上落后的国家，建设成为一个工业化的具有高度现代文化程度的伟大的国家。"改革开放和社会主义现代化建设新时期，邓小平指出："我们搞的现代化，是中国式的现代化。"既建设高度的物质文明，又"建设高度的社会主义精神文明"，坚持物质文明建设和精神文明建设"两手抓、两手都要硬"。社会主义精神文明是中国特色社会主义的重要特征，决定着我们建设什么样的国家和社会、培育什么样的公民。

三、"两个文明"比翼双飞

记者："实现中国梦，是物质文明和精神文明比翼双飞的发展过程。"如何理解"两个文明"的辩证关系？

欧阳雪梅：马克思说，"物质生活的生产方式制约着整个社会生活、政治生活和精神生活的过程"。物质文明对精神文明起到基础性作用，为精神文明提供必要的物质前提和条件。同时，物质生存方式虽然是始因，但精神文明对物质文明具有反作用。精神文明能够为物质文明建设提供有力的思想指导、精神支撑和智力支持，在很大程度上影响物质文明的发展方向。

一个民族的复兴需要强大的物质力量，也需要强大的精神力量。没有先进文化的积极引领，没有人民精神世界的极大丰富，没有民族精神力量的不断增强，一个国家、一个民族不可能屹立于世界民族之林。实现中华民族伟大复兴的中国梦，是物质文明和精神文明均衡发展、相互促进的结果。在中华民族伟大复兴的历史进程中，物质文明和精神文明相辅相成、协同发力，才能推动中国社会整体跃升、行稳致远。

记者：环顾当下，从个人发展到社会变迁，物质生活的改善显得更加具体、真实可见。那么，精神文明建设发展主要体现在哪些方面？

欧阳雪梅：的确，物质文明是显性的，可以用统计数据说明，也可以直观感受。关系思想和文化的社会主义精神文明建设，则承担整个社会主义社会的精神生产，是我国发展的一个重要向度和侧面。

改革开放以来，我们党创造性地提出建设社会主义精神文明的战略任务，将精神文明建设贯穿改革开放全过程，纳入社会主义现代化建设总体布局。精神文明建设主要体现在"思想道德建设和教育科学文化建设"方面。1986年9月，党的十二届六中全会通过《中共中央关于社会主义精神文明建设指导方针的决议》，明确社会主义精神文明建设的根本任务，是适应社会主义现代化建设的需要，培育有理想、有道德、有文化、有纪律的社会主义公民，提高整个中华民族的思想道德素质和科学文化素质。

实施广播电视村村通、农家书屋等文化惠民工程，公共博物馆、公共图书馆等文化设施免费开放，广泛开展群众性精神文明创建活动，评选表彰全国道德模范……我国社会主义精神文明建设与改革开放以来的中国特色社会主义建设基本同步，为社会主义物质文明建设提供有力的思想指导、精神支撑和智力支持，激发了中国人民创新创造的活力。

第二部分
中国特色社会主义文化建设路径及成就

中国共产党百年来文化建设的理论指引[*]

文化是一个国家、一个民族的灵魂。没有先进文化的积极引领，没有民族精神力量的不断增强，没有中华文化的繁荣兴盛，就没有中华民族的伟大复兴。中国式的现代化是集物质富裕和精神富有于一体的现代化，是社会物质文明和精神文明协调发展的现代化。这就需要我们在吸取既往经验的基础上，以高度的文化自信和文化自觉，更好地推进社会主义文化强国建设，使文化担负起举旗帜、聚民心、育新人、兴文化、展形象的使命，夺取全面建设社会主义现代化国家新胜利。

一、坚持以马克思主义为指导引领中国文化的前进方向

马克思主义是人类思想史上最重要的科学认识成果，是在批判地继承德国古典哲学、英国政治经济学和法国空想社会主义等诸多人类优秀成果的基础上发展起来的，主要由哲学、政治经济学、科学社会主义三大部分构成。马克思主义既是科学的世界观，也是科学的方法

---

[*] 本文原载于《人民论坛》2021年第17期。

论，既是人们观察世界、分析问题的有力思想武器，也是致力于改变世界，指引人民推动社会进步、创造美好生活的科学理论。最初，马克思主义学说只是被当作一种西方的救国思潮译介到中国。为救亡图存，一批先进的知识分子，从俄国十月革命的胜利中看到了马克思主义的伟大力量，看到了中华民族的前途和希望，从而自觉接受马克思主义，积极传播马克思主义，促进马克思主义同中国工人运动结合，创立了中国共产党。自此以后，马克思主义成为中国无产阶级和广大人民认识世界、改造世界的思想武器，指引中国思想文化发展、社会不断前进。一百年来，中国共产党高举马克思主义思想旗帜，立足中国具体实际，不断回应时代的呼唤，及时总结党和人民在实践创造中的新经验、新认识，不断推进马克思主义理论创新，形成体现中国作风与中国气派的马克思主义——毛泽东思想、邓小平理论、"三个代表"重要思想、科学发展观、习近平新时代中国特色社会主义思想，有力地回答了中国发展和现实提出的、干部群众关心的重大思想理论问题，巩固全体人民团结奋斗的共同思想基础，凝聚奋斗力量。

党的早期组织一经成立，其创始者便推动马克思主义大众化的进程；中国共产党成立后，通过演讲、口号、标语、图画、刊物、纪念集会以及开办劳动补习学校、工人农民夜校、农民运动讲习所等，把马克思主义转化为广大人民群众能够并乐于接受的形态，通俗地向大众传播马克思主义真理，让工农群众接受马克思主义思想的洗礼。中国共产党的理论创新每前进一步，理论武装就跟进一步，不断开展马克思主义理论学习教育，使之在党内形成共识、得以普及，转化为国家意识形态和人民大众信念、行动意志，形成强大的群众实践力量。

正是在马克思主义的指导下，"在'五四'以后，中国产生了完全崭新的文化生力军，这就是中国共产党人所领导的共产主义的文化思想,即共产主义的宇宙观和社会革命论"[1]。"这个文化生力军,就以新的装束和新的武器,联合一切可能的同盟军,摆开了自己的阵势,向着帝国主义文化和封建文化展开了英勇的进攻。"[2]在马克思主义伟大旗帜和科学真理的指导下,中国人民取得革命、建设、改革事业的伟大胜利,在实现民族独立、国家富强、民族振兴的辉煌进程中,创造了感天动地的革命文化、昂扬奋进的先进文化。

具有科学性和真理性、人民性和实践性、开放性和时代性的中国化马克思主义,不仅是我们党和国家的指导思想,也保障了中国文化的先进性。在为实现中华民族伟大复兴的中国梦而奋斗的过程中,坚持马克思主义就是全面贯彻落实习近平新时代中国特色社会主义思想,用党的最新理论武装全党、教育人民,从而为共同的理想信念、价值理念、道德观念打下思想基础。

二、依据中国国情及发展需要,制定文化发展战略,实现文化发展使命

中国共产党始终把文化建设置于党和人民事业发展战略的高度来谋划。在争取民族独立、人民解放的革命斗争中,中国共产党有文武两条战线。我们要战胜强大的敌人,"首先要依靠手里拿枪的军队。但是仅仅有这种军队是不够的,我们还要有文化的军队,这是团结自己、战胜敌人必不可少的一支军队"[3]。文化是"团结人民、教育人民、打击敌人、消灭敌人的有力的武器,帮助人民同心同德地和敌人作斗

---

[1]《毛泽东选集》第2卷,人民出版社1991年版,第697页。
[2]《毛泽东选集》第2卷,人民出版社1991年版,第697页。
[3]《毛泽东选集》第3卷,人民出版社1991年版,第847页。

争"[1]。"我们共产党人，多年以来，不但为中国的政治革命和经济革命而奋斗，而且为中国的文化革命而奋斗。"因此，"建立中华民族的新文化，这就是我们在文化领域中的目的"[2]，即建设民族的、科学的、大众的反帝反封建的新民主主义文化。

新中国成立之初，我们面对的是一个千疮百孔的"烂摊子"，党和人民政府的任务是"领导全国人民克服一切困难，进行大规模的经济建设和文化建设，扫除旧中国所留下来的贫困和愚昧，逐步地改善人民的物质生活和提高人民的文化生活"[3]。1954年9月，毛泽东在一届全国人大一次会议上致开幕词时宣布：准备在几个五年计划之内，将我国"建设成为一个工业化的具有高度现代文化程度的伟大的国家"[4]。改革开放后，以经济建设为中心实行对外开放政策，大量西方思潮涌入国内，社会的世俗化和功利化倾向日益明显，个人主义大行其道，甚至漠视集体、社会、国家的极端行为也不鲜见。因此，中共中央提出"要在建设高度物质文明的同时，提高全民族的教育科学文化水平和健康水平，树立崇高的革命理想和革命道德风尚，发展高尚的丰富多彩的文化生活，建设高度的社会主义精神文明"[5]。邓小平强调，"不加强精神文明的建设，物质文明的建设也要受破坏，走弯路"[6]。党的十二届六中全会和十四届六中全会，均以社会主义精神文明建设为专门议题并形成了决议。

20世纪80年代末90年代初，苏东剧变，社会主义风云激荡，国

---

[1]《毛泽东选集》第3卷，人民出版社1991年版，第848页。
[2]《毛泽东选集》第2卷，人民出版社1991年版，第663页。
[3]《毛泽东文集》第5卷，人民出版社1996年版，第348页。
[4]《毛泽东文集》第6卷，人民出版社1999年版，第350页。
[5]《三中全会以来重要文献选编》(上)，中央文献出版社2011年版，第204页。
[6]《邓小平文选》第3卷，人民出版社1993年版，第144页。

内各种资产阶级自由化思潮泛滥并出现政治风波，以江泽民同志为主要代表的中国共产党人强调"对所处社会主义初级阶段的基本国情要有统一认识和准确把握"[1]，精神文明建设以立为主。1991年，江泽民提出要建设有中国特色社会主义的文化。1997年，党的十五大把建设有中国特色的社会主义文化作为党在社会主义初级阶段基本纲领的重要组成部分，强调以马克思主义为指导，"在全社会形成共同理想和精神支柱，是有中国特色社会主义文化建设的根本"[2]。2000年，江泽民提出了"三个代表"重要思想，把"始终代表中国先进文化的前进方向"作为党的先进性要求之一。

21世纪初，中国进入全面建设小康社会的发展新阶段，人民群众的精神文化需求逐渐增加，国际上综合国力竞争日趋激烈，各种文化思潮相互激荡。党的十六大提出文化建设要"牢牢把握先进文化的前进方向"，"积极发展文化事业和文化产业"[3]，将经营性文化产业和公益性文化事业分离。中华文化"走出去"成为这一时期国家文化软实力建设的重要内容。2011年10月，党的十七届六中全会专题研究文化问题，通过《中共中央关于深化文化体制改革推动社会主义文化大发展大繁荣若干重大问题的决定》，提出建设社会主义文化强国的战略目标。

2010年，中国跃升为世界第二大经济体。在世界多极化、经济全球化、文化多样化、社会信息化深入发展的时代，以习近平同志为核心的党中央及时研判世界文明走向、文化交流交锋的新特点、文化与经济社会及科技关系的新动态、意识形态与文化价值观竞争的新格局，

---

[1]《江泽民文选》第2卷，人民出版社2006年版，第13页。
[2]《十五大以来重要文献选编》（上），中央文献出版社2011年版，第31页。
[3]《十六大以来重要文献选编》（上），中央文献出版社2011年版，第29、31页。

将扎实推进社会主义文化强国建设列为"五位一体"总体布局的有机组成部分，并根据新时代我国社会主要矛盾的变化，突出文化在实现民族复兴伟大事业和建设美好生活中的重要地位和关键作用，提出要"坚定文化自信，推动社会主义文化繁荣兴盛"[1]的任务。习近平总书记强调，"统筹推进'五位一体'总体布局、协调推进'四个全面'战略布局，文化是重要内容；推动高质量发展，文化是重要支点；满足人民日益增长的美好生活需要，文化是重要因素；战胜前进道路上各种风险挑战，文化是重要力量源泉"[2]。文化发展的战略目标依次推进，推动了中华文化的繁荣发展。

三、文化建设要坚持以人民为中心的根本立场

人民利益高于一切，全心全意为人民服务，是马克思主义政党的立党宗旨。坚持人民性是中国共产党领导文化建设的根本遵循，确立和坚持文化发展为了人民，文化发展依靠人民，文化发展成果由人民共享，文化建设要全面提高人的素质，解决了文化发展的根本问题，坚持和发展了马克思主义文化发展理念。文学是文化的重要内容，陈独秀提出"建设平易的抒情的国民文学"，毛泽东将之表述为"平民文艺"。早期共产党人开始接触到并试图解决文艺与群众相结合的问题。郭沫若提出了革命的文学家应"到兵间去，到民间去，到工厂间去，到革命的漩涡中去"[3]的口号，试图让文艺工作者走出象牙塔，觉悟到艺术的伟大使命。中国左翼作家联盟倡导"普罗大众文艺"。新民主主

---

[1]《十九大以来重要文献选编》（上），中央文献出版社2019年版，第29页。
[2] 习近平：《在教育文化卫生体育领域专家代表座谈会上的讲话》，《人民日报》2020年9月23日。
[3] 郭沫若：《革命与文学》，《创造月刊》第1卷第3期，1926年5月16日。

义文化理论发扬光大了左联文艺大众化理念，明确新民主主义的文化"应为全民族中百分之九十以上的工农劳苦民众服务，并逐渐成为他们的文化"[1]。1942年5月，毛泽东在延安文艺座谈会上的讲话开宗明义："我们的文学艺术都是为人民大众的，首先是为工农兵的。"如何实现文艺为人民大众？毛泽东认为，广大文艺工作者要有为人民大众的立场、态度和工作方式；人民的社会生活实践是文艺创作的源泉；由人民群众做文艺作品的评判者；文艺要起到提高人民大众、凝聚奋斗力量的作用。人民作为文化的主体地位得到了确认，中国共产党领导的文化建设在"为人民"的旗帜下开展。

新中国成立后，建立了人民当家作主的制度体系，"人民既是历史的创造者、也是历史的见证者，既是历史的'剧中人'、也是历史的'剧作者'"[2]。因此，我国文化建设始终以为人民服务为导向，从新中国成立初期满足人民日益增长的物质文化生活需要，到改革开放后文化"为人民服务、为社会主义服务"的方向，再到新时代"人民对美好生活的向往，就是我们的奋斗目标"，社会主义文化坚持人民的主体性，把满足人民精神文化需求作为出发点和落脚点，面向基层、面向群众，关心人民命运、体察人民愿望、反映人民心声，在人民伟大创造中汲取营养，创作生产更多受群众欢迎的文化产品，把最好的精神食粮奉献给人民，提高文化发展质量，让文化发展成果惠及全体人民。党的十九届五中全会强调，"人民精神文化生活日益丰富"，是"十四五"时期经济社会发展的主要目标之一。

坚持以人民为中心的导向，是把服务群众同教育引导群众结合起来，把满足需求同提高素养结合起来，以促进人的全面发展为根本目

---

[1]《毛泽东选集》第2卷，人民出版社1991年，第708页。
[2] 习近平：《在文艺工作座谈会上的讲话》，《人民日报》2015年10月15日。

的。革命战争年代，工农整体文化素质偏低，中国共产党领导建设群众性的革命文化，把识字、娱乐与思想教育结合起来，极大地提高了工农大众的文化水平与政治素质。社会主义精神文明强调精神文明建设的根本任务是"用共同理想动员和团结全国各族人民"[1]，提高整个中华民族的思想道德素质和科学文化素质。新时代的文化建设强调，以立德树人为根本，不断提高人民的思想觉悟、道德水平、文明素养，丰富人民的精神世界，增强人民的精神力量，满足人民群众过上美好生活的新期待，培养担当民族复兴大任的时代新人。

四、文化建设应以社会主义核心价值观为核心

"核心价值体系和核心价值观，是决定文化性质和方向的最深层次要素，是一个国家的重要稳定器。"[2]国家之魂，文以化之，文以铸之。构建符合时代要求的共同理想、价值观念和道德规范始终是中国共产党领导开展文化建设的核心。革命年代，中国共产党在血雨腥风中进行艰苦卓绝的斗争，高扬革命理想主义和革命英雄主义，爱国、奋斗、牺牲等是革命者的主流价值。新中国成立初期，为改变国家贫穷落后的面貌，提倡"爱祖国、爱人民、爱劳动、爱科学、爱护公共财物"[3]为全体国民的公德，表彰劳动模范，讴歌艰苦奋斗、无私奉献的集体主义和革命英雄主义精神，艰苦创业、奋发图强成为时代的最强音。中国特色社会主义建设时期，"马克思主义指导思想，中国特色社会主义共同理想，以爱国主义为核心的民族精神和以改革创新为核心的时代精神，社会主义荣辱观，构成了社会主义核心价值体系的基本

---

[1]《十二大以来重要文献选编》（下），中央文献出版社2011年版，第125页。
[2]《习近平总书记系列重要讲话读本》，学习出版社、人民出版社2014年版，第92页。
[3]《建国以来重要文献选编》第1册，中央文献出版社2011年版，第9页。

内容"。

党的十八大提出，要"倡导富强、民主、文明、和谐，倡导自由、平等、公正、法治，倡导爱国、敬业、诚信、友善"的社会主义核心价值观，从整体上回答了国家发展目标、社会前进方向、公民行为基本准则等方面的问题。社会主义核心价值观既凝结着全体人民共同的价值追求，又蕴含着社会主义现代化建设的价值目标，是当代中国精神的集中体现。同时，以中华民族伟大复兴的中国梦为号召，力求引导每一个中国人自觉地将个人理想幸福与国家富强、民族复兴结合起来，凝聚共识、汇聚力量，实现中国价值观的重塑。社会主义核心价值观的培育和践行，体现到国民教育、精神文明创建、精神文化产品创作生产传播的全过程，贯穿到国家治理体系和治理能力现代化建设的各领域，使之融入经济社会发展和人们生产生活的方方面面，内化为人们的精神追求，外化为人们的自觉行动，夯实全民族全社会休戚与共、团结奋进的思想道德基础。

在中国共产党一百年来的非凡奋斗历程中，爱国主义、集体主义、社会主义精神广为弘扬，始终保持了为"国家富强、民族振兴、人民幸福"而团结奋斗、改革创新的文化主旋律，把个人理想融入民族复兴伟业的时代楷模、英雄模范不断涌现，其中，优秀中国共产党人是中华民族最闪亮的精神坐标。习近平总书记指出："在一百年的非凡奋斗历程中，一代又一代中国共产党人顽强拼搏、不懈奋斗，涌现了一大批视死如归的革命烈士、一大批顽强奋斗的英雄人物、一大批忘我奉献的先进模范，形成了井冈山精神、长征精神、遵义会议精神、延安精神、西柏坡精神、红岩精神、抗美援朝精神、'两弹一星'精神、特区精神、抗洪精神、抗震救灾精神、抗疫精神等伟大精神，构筑起了中国共产党人的精神谱系。"[1]这些伟大精神是不同历史时期所形成的，各有其独特内涵，但又一脉相承，伴随着中国共产党百年光辉历程，共同构成在前进道路上战胜各种困难和风险、不断夺取新胜利的强大精神力量和宝贵精神财富，彰显了初心使命的力量、信仰的力量和团结奋斗的力量，是中国共产党坚定文化自信的底气，对于培育和践行社会主义核心价值观具有示范作用。

五、遵循文化发展规律，推动文化创新发展

文化是在积累、传承中推陈出新。列宁指出，马克思主义这一革命无产阶级的思想体系赢得了世界历史性的意义，就在于其"吸收和改造了两千多年来人类思想和文化发展中一切有价值的东西"[2]；"共产主义是从人类知识的总和中产生出来的，马克思主义就是这方面的典范"[3]。以马克思主义为指导，坚持"不忘本来、吸收外来、面向未来"，在继承中转化、在借鉴中超越是中国共产党领导文化发展的基本路径。"不忘本来"，是文化的变革与发展要坚守中华民族的主体性，坚守中华文化立场，这事关文化安全、事关民族精神独立性。

中华优秀传统文化博大精深、源远流长，为中华民族生生不息、薪火相传提供了丰富的精神滋养，是中华民族的根和魂，最核心的内容已成为中华民族最基本的文化基因。"中国共产党从成立之日起，既是中国先进文化的积极引领者和践行者，又是中华优秀传统文化的忠实传承者和弘扬者。"[4]从初期的坚持推陈出新、"古为今用，洋为中

---

[1] 习近平：《在党史学习教育动员大会上的讲话》，《求是》2021年第7期。
[2] 《列宁专题文集·论社会主义》，人民出版社2009年版，第167页。
[3] 《列宁选集》第4卷，人民出版社2012年版，第284页。
[4] 《十九大以来重要文献选编》（上），中央文献出版社2019年版，第31页。

用",到21世纪初"全面认识祖国传统文化,取其精华,去其糟粕",再到新时代强调深入挖掘中华优秀传统文化蕴含的核心思想理念、传统美德、人文精神,推动中华优秀传统文化实现创造性转化与创新性发展,传承发展中华优秀传统文化已经成为国家战略,致力于推动马克思主义同中华优秀传统文化的有机结合。例如,毛泽东给传统文化中的"实事求是"赋予马克思主义的内涵,创造了实事求是思想路线,并使其成为党的基本思想方法、工作方法、领导方法。又如,邓小平用"小康"这个富有中国传统文化意味的概念来表述中国式现代化的重要思想。中华文明历来崇尚"以和邦国""和而不同""以和为贵",习近平总书记以此构建人类命运共同体的文化底蕴,为国际社会贡献了中国智慧与中国方案。

中国共产党领导的文化建设是面向世界、吸收各国文明精华的结果。"吸收外来",就是放眼世界,吸收借鉴国外优秀文明成果。毛泽东提出要"洋为中用"。他指出:"对于外国文化,排外主义的方针是错误的,应当尽量吸收进步的外国文化,以为发展中国新文化的借镜;盲目搬用的方针也是错误的,应当以中国人民的实际需要为基础,批判地吸收外国文化。"[1]在《论十大关系》中,他指出:"我们的方针是,一切民族、一切国家的长处都要学,政治、经济、科学、技术、文学、艺术的一切真正好的东西都要学。"[2]但是,不是套用外国的东西。"学外国织帽子的方法,要织中国的帽子"[3]。邓小平提出把世界一切先进技术、先进成果"作为我们发展的起点"。他认为,"社会主义要赢得与资本主义相比较的优势,就必须大胆吸收和借鉴人类社会创造的一

---

[1]《毛泽东选集》第3卷,人民出版社1991年版,第1083页。
[2]《毛泽东文集》第7卷,人民出版社1999年版,第41页。
[3]《毛泽东文集》第7卷,人民出版社1999年版,第82页。

切文明成果"[1]。同时，他强调，"属于文化领域的东西，一定要用马克思主义对它们的思想内容和表现方法进行分析、鉴别和批判"[2]。习近平总书记指出："对国外的理论、概念、话语、方法，要有分析、有鉴别，适用的就拿来用，不适用的就不要生搬硬套"[3]，即"以我为主、洋为中用、辩证取舍"[4]，以此丰富和发展中华文化，这是我国文化发展的原则与遵循。

经济愈自由化、一体化，文化就愈多样化、特色化。正确认识和处理文化的民族性与世界性的关系，是我们党开辟中国特色文化发展道路所积累的宝贵经验。文化因交流而多彩，文明因互鉴而丰富。20世纪50年代，社会主义基本制度确立后，毛泽东提出，"中国应当对于人类有较大的贡献"[5]。2014年3月，习近平在联合国教科文组织总部的演讲中指出："中华文明是在中国大地上产生的文明，也是同其他文明不断交流互鉴而形成的文明。"他提出，要"让中华文明同世界各国人民创造的丰富多彩的文明一道，为人类提供正确的精神指引和强大的精神动力"。[6]中华文化"多元一体""和而不同""美美与共""天下为公"的理念，能够支撑起构建人类和平相处、命运休戚与共、互惠共赢的共商共建共享全球治理观。中国倡导和践行的平等、互鉴、对话、包容的文明观，是中华传统文化的价值取向，也是世界各国人民的追求，有利于共克时艰，促进交流互鉴，为人类文明发展进步注入强劲动力。

---

[1]《邓小平文选》第3卷，人民出版社1993年版，第373页。
[2]《邓小平文选》第3卷，人民出版社1993年版，第44页。
[3]《习近平关于社会主义文化建设论述摘编》，中央文献出版社2017年版，第84页。
[4]《习近平关于社会主义文化建设论述摘编》，中央文献出版社2017年版，第213页。
[5]《毛泽东文集》第7卷，人民出版社1999年版，第157页。
[6] 习近平：《在联合国教科文组织总部的演讲》，《人民日报》2014年3月28日。

学雷锋活动60年历史演进及其启示*

1963年3月初，在毛泽东等党和国家领导人的积极倡导下，学习雷锋的活动很快从军队向各行各业发展，全国性学雷锋热潮迅速兴起。雷锋精神的内涵为热爱党、热爱祖国、热爱社会主义的崇高理想和坚定信念；服务人民、助人为乐的奉献精神，干一行爱一行、专一行精一行的敬业精神；锐意进取、自强不息的创新精神；艰苦奋斗、勤俭节约的创业精神。[1]60年来，中国经历了深刻的社会变革，雷锋没有随时代的发展被淡忘，相反，从一个典型人物衍生为一种社会文化，成为社会主义中国的道德标识、精神标杆，雷锋精神始终是一面永不褪色的旗帜，成为中华民族的宝贵精神财富。2021年中国共产党成立100周年之际，中国共产党人精神谱系第一批伟大精神发布，雷锋精神位列其中。习近平总书记强调，雷锋是时代的楷模，雷锋精神是永

---

* 本文是国家"十四五"发展规划重大学术文化工程"《（新编）中国通史》纂修工程中华人民共和国卷"的阶段性研究成果，原载于《中国井冈山干部学院学报》2023年第1期。中国社会科学院大学硕士研究生檀斯琦对本文有贡献。

[1]《深入开展学雷锋活动》，《光明日报》2012年3月3日。

恒的，要把雷锋精神代代传承下去。[1]本文拟在梳理60年群众性学雷锋活动的基础上，观察雷锋形象在时代坐标的轨迹，雷锋精神如何传承，总结学雷锋实践活动的经验，为群众性学雷锋实践活动提供借鉴。

一、"向雷锋同志学习"

（一）学雷锋活动的缘起

20世纪60年代的群众性学雷锋活动的广泛兴起不是偶然的。从成长经历来看，雷锋在旧社会饱尝苦难，受尽阶级压迫，新中国成立后在党和人民军队的培育下逐渐成长，社会主义新制度的优越性在雷锋身上得到充分体现。作为一名伟大的共产主义战士，雷锋热爱党、热爱人民、热爱社会主义，读毛主席的书、听毛主席的话、做毛主席的好战士，正是对党和人民深厚的无产阶级感情鼓舞着他始终要求进步、刻苦学习。翻开《雷锋日记》，可以看到雷锋服务人民、奉献社会的人生追求，"一个人只有当他把自己和集体事业融合一起的时候才能最有力量"，"把有限的生命，投入到无限的为人民服务之中去"，甘心做革命和建设需要的"傻子"。[2]雷锋事迹体现了他作为一颗永不生锈的"螺丝钉"，"对待工作像夏天一样的火热"，干一行爱一行，刻苦钻研，在平凡的工作岗位上无私奉献，为社会主义建设事业添砖加瓦。雷锋使社会主义的道德理想具象化、人格化，是道德教育实践活动的典范。

学雷锋活动可以追溯到1960年，主要在地方军区开展。雷锋被授予"节约标兵""模范共青团员"等称号，作为榜样模范被挖掘出来。

---

[1]《解放思想锐意进取深化改革破解矛盾 以新气象新担当新作为推进东北振兴》，《人民日报》2018年9月29日。
[2]《雷锋日记选》，人民出版社1973年版，第12、57、13页。

1960年11月，沈阳军区部署开展了"学雷锋、赶雷锋运动"，雷锋的优秀事迹在军区广为流传。12月1日，沈阳军区《前进报》摘发了雷锋的15篇日记，这是雷锋日记首次公开发表，为各部队开展向雷锋同志学习的活动提供了宝贵的学习材料。

1962年8月15日，雷锋因公殉职。全军范围内开展了大规模的雷锋纪念活动和雷锋先进事迹宣传学习活动。共青团辽宁省委和辽宁省军区通过举办雷锋事迹展览、巡回报告团等形式向青年、战士进行宣传。1963年1月7日，国防部批准命名雷锋生前所在部队运输连四班为"雷锋班"。[1] 2月9日，中国人民解放军总政治部发出通知，号召全军广泛开展宣传和学习雷锋的活动。[2] 2月，《解放军报》《人民日报》《中国青年报》等对雷锋英雄事迹和学雷锋活动进行了持续报道。

（二）学雷锋活动的要旨是学习雷锋的好思想、好作风、好品德

毛泽东为雷锋题词，掀起了群众性学雷锋活动的第一个高潮。1963年3月2日，《中国青年》刊发了毛泽东"向雷锋同志学习"的亲笔题词。3月5日，全国各大报纸都转载了这一题词，此后每年的3月5日就成为"学雷锋纪念日"。毛泽东题词赋予了雷锋精神丰富的内涵。毛泽东曾对秘书林克说："学雷锋不是学他哪一两件先进事迹，也不只是学他的某一方面的优点，而是要学他的好思想、好作风、好品德；学习他长期一贯地做好事，而不做坏事；学习他一切从人民的利益出发，全心全意为人民服务的精神。"[3] 这指明了学习雷锋活动的

---

[1]《国防部批准授予沈阳部队工程兵某部四班光荣称号"雷锋团"》，《人民日报》1963年1月25日。

[2]《解放军总政治部和团中央分别发出通知 广泛开展"学习雷锋"的教育活动》，《人民日报》1963年2月16日。

[3] 林克：《毛泽东同志为雷锋题词经过》，《人民日报》1993年3月5日。

实质与学雷锋的方向。刘少奇、周恩来、朱德、邓小平等老一辈革命家也有题词。周恩来把雷锋精神概括为"爱憎分明的阶级立场,言行一致的革命精神,公而忘私的共产主义风格,奋不顾身的无产阶级斗志"[1]。邓小平题词:"谁愿当一个真正的共产主义者,就应该向雷锋同志的品德和风格学习。"[2]

在毛泽东等中央领导人的倡导下,群众性纪念雷锋、学习雷锋、宣传雷锋的热潮在全国各地迅速兴起。共青团中央、全国总工会、全国妇联相继作出关于学习雷锋活动的部署,从中央到地方都广泛组织了各种学习和宣传雷锋的好思想、好作风、好品德的活动。2月上旬到3月中旬,各省市主要报刊以大量篇幅报道和宣传雷锋的先进事迹,约160多万字。[3]解放军总政治部和共青团中央联合举办的"雷锋模范事迹展览",仅三个月就有来自全国各地80多万人参观,展现了人们对学习雷锋事迹和雷锋高尚品德极大的热情。[4]随着"工业学大庆、农业学大寨、全国人民学解放军"运动开展,学雷锋活动在全国广泛、持久地推进。在雷锋生前生活和工作过的地方,抚顺市雷锋纪念馆(1965年)、湖南长沙"毛主席的好战士雷锋纪念馆"(1968年)相继建成,开展文物保护和革命教育工作。学雷锋小组、学雷锋纪念日、学雷锋活动月等形式作为学雷锋活动的有效载体被一直保留下来。

(三)学雷锋活动蓬勃开展,产生了巨大精神感召力

以雷锋为题材的各类文艺作品层出不穷,用艺术的形式传承和弘扬雷锋精神。《雷锋日记》一版再版,为学习和宣传雷锋提供了第一手

---

[1]《周恩来年谱(1949—1976)》中卷,中央文献出版社1997年版,第539页。
[2]《邓小平年谱(1904—1974)》(下),中央文献出版社2009年版,第1750页。
[3] 罗正楷:《中国共产党大典》,红旗出版社1996年版,第741页。
[4]《八十多万人参观学习雷锋事迹》,《人民日报》1963年6月13日。

资料。《雷锋日记》及其衍生的出版物,从 1961 年到 1966 年共有 54 种,内容丰富、题材多样,推广雷锋的感人事迹,营造了浓厚的学雷锋氛围。[1] 贺敬之的《雷锋之歌》、臧克家的《想一想生命的意义》、陈毅的《向雷锋同志学习》等一曲曲赞歌,号召人们投入到学雷锋活动中。歌曲《学习雷锋好榜样》《接过雷锋的枪》《像雷锋那样》《我们要做雷锋式的好少年》等广为传播,雷锋的事迹、品质、精神伴随着作品在全国传颂开来。雷锋的事迹以话剧、电影等形式呈现。沈阳军队抗敌话剧团排演的话剧《雷锋》反响热烈,在京两个多月的时间共演出 50 多场,观众达 7 万多人次,受到毛泽东和周恩来等的好评。[2]

经过 1963 年至 1965 年的全民学雷锋活动,雷锋事迹广为流传,雷锋鲜活、感人的光辉形象深入人心。雷锋用生命诠释了个人命运和人民的事业是紧密联系在一起的,回答了"怎样做人,为谁活着"的重大问题,对广大人民群众,特别是党员干部和青少年进行了生动的理想信念教育和思想道德教育。雷锋精神产生了强大的精神感召力和凝聚力,从学习雷锋到践行雷锋精神,各条战线上涌现出大批学习雷锋的模范人物和先进集体。如"一不怕苦、二不怕死"的战士王杰、"雷锋式的好战士"刘英俊等。雷锋精神激发了广大人民群众艰苦奋斗、战胜困难的信心,社会上形成了奋发图强、积极向上的精神风貌。学雷锋活动的蓬勃开展,也开创了新中国成立以来思想政治教育工作的新局面,为之后党和国家的群众性教育活动提供了经验借鉴。"文化大革命"期间,雷锋的形象被扭曲,学雷锋活动的效果受到影响,民间甚至产生"雷锋叔叔不在了"的说法。

---

[1]《〈雷锋日记〉:穿越"时光隧道"的青春印记》,《湖南日报》2019 年 9 月 29 日。
[2]《雷锋精神永不褪色青春坐标跨越时空》,《光明日报》2021 年 6 月 11 日。

二、"做新长征中的新雷锋"

粉碎"四人帮"后,为实现党风和社会风气的根本好转,1977年3月5日,《人民日报》重新发表了1963年毛泽东、周恩来、朱德学习雷锋的题词,还发表了中央领导人华国锋、叶剑英的题词。《人民日报》、《红旗》杂志、《解放军报》联合发表了社论《向雷锋同志学习》。全国"学雷锋、做好事"活动重现街头。1978年12月24日,首都青少年举行"学雷锋树新风活动日",上百万青少年走上街头,开展多种形式的利民活动,拉开了学雷锋、树新风活动的序幕。[1]

(一)学雷锋活动是加强社会主义精神文明建设的重要组成部分

改革开放之初,邓小平强调,要"建设高度的社会主义精神文明"[2]。学雷锋活动作为群众性精神文明创建活动的重要内容与载体在全国开展。1980年3月5日,《人民日报》转发《中国青年报》社论《新长征需要千千万万新雷锋》,号召新长征路上"更需要有雷锋那样憎爱分明、言行一致、公而忘私、奋不顾身的精神,也需要有雷锋那样刻苦钻研、勤奋学习、对业务精益求精的精神"[3]。新时期的学雷锋融入了改革开放时代的意识与要求。

20世纪80年代初,全国开展了"五讲四美三热爱"和"全民文明礼貌月"等活动,为持续进行的群众性学雷锋活动注入了新的活力。1981年2月,全国总工会、共青团中央等9家单位联合发出《关于开展文明礼貌活动的倡议》,开展以"五讲四美"为主要内容的文明礼貌活动,"学雷锋、树新风""学习先进人物"等活动在全国人民特别是

---

[1]《首都青少年举行"学雷锋树新风活动日"》,《人民日报》1979年1月5日。
[2]《邓小平文选》第2卷,《人民出版社》1994年版,第208页。
[3]《新长征需要千千万万新雷锋》,《人民日报》1980年3月5日。

青少年中推广开来。1983年2月,中央宣传部等24家单位联合发出《1983年继续开展"五讲四美三热爱"活动的意见》,明确指出:"要发动群众特别是青少年,回顾和总结多年来学习雷锋的成果和经验,开展'雷锋就在我身边'、'争做八十年代的雷锋'等活动"。[1] 3月,中央和各省、市、自治区相继成立"五讲四美三热爱"委员会,推动了学雷锋活动的广泛、深入开展。

雷锋精神的新阐释。1983年3月,是毛泽东等老一辈无产阶级革命家为雷锋同志题词20周年,学雷锋活动又迎来一个高潮。中共中央、国务院、中央军委召开首都各界纪念向雷锋同志学习20周年大会,胡乔木代表党中央和国务院作了题为《做八十年代的新雷锋》的讲话,对雷锋精神作了新的时代阐释,"雷锋精神就是共产主义精神。……已经成为雷锋和雷锋式的先进人物崇高思想和优秀品质的结晶,已经成为热爱祖国、热爱社会主义、热爱党,坚定共产主义信念,树立全心全意为人民服务的思想,发展人与人之间团结友爱互助的社会主义新型关系的象征"[2]。对雷锋精神的总结和提炼,为新时期学雷锋活动指明了重点和方向。

(二)学雷锋活动在新时期焕发出新的活力

新时期不仅恢复了群众性学雷锋活动,而且内容和形式都与时俱进、不断丰富。人们将学雷锋事迹与学雷锋的行动结合起来,把雷锋作为做好事的代名词,开展"学雷锋做好事""学雷锋见行动"等活动,各种"学雷锋小组""为民服务队"相继成立,亿万民众纷纷走上街头学雷锋,涌现出"军营里的好战士,校园里的好学员"张华、"学雷锋的光荣标兵"朱伯儒、"八十年代新雷锋"张海迪等学雷锋的模范和典型。

---

[1]《1983年继续开展"五讲四美三热爱"活动意见》,《人民日报》1983年2月5日。
[2] 胡乔木:《做八十年代的新雷锋》,《人民日报》1983年3月6日。

这些雷锋式的先进典型成为人们学习雷锋的现实榜样，拉近了历史与现实的距离，巩固和强化了雷锋在人们心中的地位，人们通过他们认识共产主义理想信念在现实的再现。学雷锋活动和精神文明建设紧密结合，对凝聚全党全社会的价值共识，营造良好的社会风尚，推动社会道德建设起到了积极的推动作用。

（三）用学雷锋活动抵制各种不良思潮的影响

改革开放给中国经济社会思想带来了深刻的变革，同时，受个人主义、拜金主义、消费主义等各种思潮冲击，一些领域道德失范，时有贪污腐化、损公肥私、唯利是图等现象发生，一些人认为商品经济的原则和雷锋精神所提倡的服务、奉献相悖，学习雷锋不合时宜，社会上出现了雷锋精神"超越论""过时论""工具论"等声音，学雷锋活动遇到了前所未有的考验。如何激励人们正确处理义与利、奉献与索取、个人与集体等方面的关系，党和国家提倡学习雷锋。因为社会主义现代化建设的过程中，物质生活越发达，价值取向越多元，越需要高擎民族精神火炬，越需要彰显主流价值。提倡学习雷锋为人民服务和无私奉献的精神，并不意味着不要个人利益、不讲按劳分配，而是尊重个人利益的同时集体主义和奉献精神仍然受到推崇，倡导在全心全意为人民服务中实现个人价值。学雷锋活动还可以有效地矫正和消解市场经济发展带来的负面效应，为经济健康发展提供道德支撑。虽然每个时代面临的具体任务与雷锋所处的年代不同，但"作为体现社会主义、共产主义思想、道德的雷锋精神，具有强大的生命力，今天没有过时，今后也不会过时"[1]。

---

[1] 余秋里：《发扬雷锋精神 培养"四有"新人》，《人民日报》1987年3月6日。

三、推动学习雷锋活动常态化

在国内各种思潮冲击及世界社会主义出现严重挫折的情形下,思想政治工作被淡化,雷锋的榜样力量式微,学雷锋活动一度流于形式。面对这种严峻形势,党中央加强对思想战线的领导,强调物质文明与精神文明"两手抓,两手都要硬",重新发出学习雷锋、弘扬雷锋精神的号召,以激浊扬清、矫正社会风气。1989年7月,中央政治局会议对如何加强和改进新形势下的思想政治工作作出指示,真正让社会主义思想占领意识形态领域,为深入开展学雷锋活动提供了契机。

(一)让雷锋精神深深扎根广大人民群众中

1990年3月,学雷锋活动再次掀起高潮。在毛泽东发出"向雷锋同志学习"的号召27周年纪念日,全国各大报刊刊登了江泽民、杨尚昆、李鹏等党和国家领导人号召向雷锋学习的题词,这是中央领导第二次集体为雷锋题词。3月3日至5日,中央在北京召开全国学雷锋先进代表座谈会,这些模范人物有党政干部、解放军指战员、专业户、个体户,以及由失足青年转变为新人的工人,反映了学雷锋活动的广泛性。李瑞环代表党中央发表讲话,全面阐释了如何把握雷锋精神的本质,立足现实需要,推动学雷锋活动深入发展。[1] 10月,江泽民在接见"雷锋团"干部战士时指出:"改革开放,必须坚持社会主义方向,因此更加需要在全国开展学习雷锋的活动。学习雷锋要抓住实质,学习他全心全意为人民服务的无私奉献的精神。"[2] 这是对长期学雷锋活动的经验总结,为新形势下推动雷锋精神深深扎根于群众提供了指引,有力地推进了学雷锋活动。

---

[1] 李瑞环:《在全国学雷锋先进代表座谈会上的讲话》,《人民日报》1990年3月6日。
[2] 江泽民:《接见"雷锋团"时的讲话》,《人民日报》1991年3月5日。

（二）开展"岗位学雷锋，行业树新风"活动

20世纪90年代，学雷锋活动与服务经济社会发展的大局相结合，活动重点转移到"在岗位上体现出奉献精神"，表现为"岗位学雷锋，行业树新风"活动，有效地克服了学雷锋活动中某些形式主义、运动式的倾向，拓展了学雷锋活动的形式，成为学雷锋活动的基本主题，推动了学雷锋活动常态化。全国各地、各条战线、各个岗位一批又一批雷锋式的先进典型不断涌现，援藏干部孔繁森、抗洪英雄李向群、勇斗歹徒的军人徐洪刚、水电维修工徐虎、售票员李素丽等先进典型，见证了雷锋就在人们身边。

（三）雷锋精神以志愿服务的形式延续和弘扬

1985年12月，第40届联合国大会通过决议，从1986年起，每年的12月5日为"国际促进经济和社会发展志愿人员日"，简称"国际志愿人员日"。志愿精神的核心是服务、团结的理想和共同使这个世界变得更加美好的信念。志愿者是不计报酬、主动帮助他人、承担社会责任而提供志愿服务的人。"学雷锋做好事"与志愿精神契合，我国将学雷锋与志愿活动相结合，成为学雷锋活动常态化的重要载体，丰富了学雷锋活动的内容和形式。1994年3月，共青团组织开展了"青年志愿者学雷锋奉献日"活动。2000年，共青团中央将3月5日这个传统的"学雷锋活动日"定为"中国青年志愿者服务日"。一些城市组织"义务劳动突击队""雷锋精神宣传站"等活动项目，动员民众广泛参与到学雷锋活动中来。

（四）推动学习活动常态化

21世纪以来，在历史虚无主义的声浪中出现了企图抹黑雷锋和否定雷锋精神的现象。针对这些贬损雷锋形象、诋毁雷锋人格的做法，雷锋的战友、摄影师等知情人和媒体对真实情况作了各种说明解释，

一定程度上澄清了模糊认识。以胡锦涛同志为总书记的党中央把学习雷锋精神作为弘扬社会主义核心价值体系的重要内容，大力推进新世纪新阶段思想道德建设。党的十七届六中全会提出要以建设社会主义核心价值体系为根本任务，"深入开展学雷锋活动，采取措施推动学习活动常态化"[1]，进一步夯实学雷锋活动的群众基础。2012年3月，中共中央办公厅印发《关于深入开展学雷锋活动的意见》，这是中共中央第一次专门就学雷锋活动发布文件，把雷锋精神概括为崇高理想和坚定信念、奉献精神、敬业精神、创新精神、创业精神，赋予了鲜明的时代特征。

学雷锋活动常态化项目，除了学雷锋纪念日开展实践活动，还举办中国公民道德论坛、把弘扬雷锋精神作为校园文化建设的重要内容、开设雷锋精神网上展馆、成立雷锋精神研究的学术性社会组织、企业开展"岗位学雷锋、争做好员工"等，为深入开展学雷锋活动指明了方向，强化价值引领和思想共识，推动学雷锋活动的发展。郭明义是学雷锋的杰出代表。他是雷锋曾经工作过的鞍钢的职工，他坚持把雷锋的道路，作为自己的人生选择；把雷锋的境界，作为自己的人生追求；[2]矢志不渝地传承雷锋精神，被中央文明委授予"当代雷锋"称号。2010年8月，胡锦涛就学习宣传郭明义先进事迹作出重要指示，称郭明义"是助人为乐的道德模范，是新时期学习实践雷锋精神的优秀代表"[3]。社会上广泛掀起"跟着郭明义学雷锋"的热潮，营造了学习模

---

[1]《中共中央关于深化文化体制改革推动社会主义文化大发展大繁荣若干重大问题的决定》，人民出版社2011年版，第16页。
[2]《〈雷锋精神学习读本〉出版座谈会在京举行》，《光明日报》2013年3月20日。
[3]《郭明义同志是助人为乐的道德模范 是新时期学习实践雷锋精神的优秀代表》，《人民日报》2013年3月3日。

范、争当先进的良好氛围。在郭明义的影响带动下，仅两年时间郭明义爱心团队在全国各地就有160余支分队6万余名成员。[1]

四、"书写新时代的雷锋故事"

新时代，国内外各种社会思潮激荡，以习近平同志为核心的党中央立足中华民族伟大复兴的战略全局，指出要满足人们对美好生活的向往，丰富人们的物质和精神生活，促进人的自由全面发展；审视市场经济背景下国民素质的短板、道德滑坡的风险，赋予雷锋精神新的时代内涵，以加强对国民精神的引导，建构起国民崇德向善的价值体系，铸造中国精神。加强学雷锋活动的顶层设计，学雷锋实践活动常态化、制度化建设取得明显成效，人们在广阔的社会舞台和平凡的工作生活中续写新时代的雷锋故事，学雷锋实践活动再上新台阶。

党的十八大以来，习近平总书记20多次就弘扬雷锋精神发表重要讲话、作出重要论述。[2]他强调，雷锋等人身上所具有的"信念的能量、大爱的胸怀、忘我的精神、进取的锐气"，是我们"民族精神的最好写照"。[3]2014年3月4日，习近平总书记给"郭明义爱心团队"回信时表示，雷锋精神，人人可学；奉献爱心，处处可为。积小善为大善，善莫大焉。当有人需要帮助时，大家搭把手、出份力，社会将变得更加美好。[4]几天后，他在出席十二届全国人大二次会议接见某工兵团"雷锋连"指导员时指出："雷锋精神是永恒的，是社会主义核心价

---

[1]《解读"雷锋传人"郭明义》，《人民日报》2012年3月2日。
[2] 张顺亮、颜晓峰：《把雷锋精神广播在祖国大地上——论深刻把握新时代继续高扬雷锋精神旗帜的战略意义》，《雷锋》2022年第6期。
[3]《习近平李克强俞正声分别参加全国两会一些团组审议讨论》，《人民日报》2013年3月7日。
[4]《习近平总书记给"郭明义爱心团队"的回信》，《人民日报》2014年3月5日。

值观的生动体现。你们要做雷锋精神的种子,把雷锋精神广播在祖国大地上。"[1]2018年9月28日,习近平总书记参观雷锋纪念馆时,在雷锋手迹、遗物、照片等展品前驻足凝望,他强调,"我们既要学习雷锋的精神,也要学习雷锋的做法,把崇高理想信念和道德品质追求转化为具体行动,体现在平凡的工作生活中,作出自己应有的贡献,把雷锋精神代代传承下去"[2]。

党的十八大报告强调:"深化群众性精神文明创建活动,广泛开展志愿服务,推动学雷锋活动、学习宣传道德模范常态化。"[3]学雷锋志愿服务活动的组织化、规范化建设加强,书写了新时代学雷锋志愿服务活动的新篇章。2014年,中央文明委发布《关于推进志愿服务制度化的意见》,加强志愿服务领导,建立健全志愿服务制度,大力弘扬志愿服务文化。2016年,中央宣传部、中央文明办、教育部、文化部等七部委联合印发《关于公共文化设施开展学雷锋志愿服务的实施意见》,深入推进公共图书馆、博物馆、文化馆、美术馆、科技馆和革命纪念馆等公共文化设施学雷锋志愿服务,重点在社会教育、专业服务、辅助管理三个方面发挥作用。

(一)重视发挥榜样的示范引领作用

2015年3月,学雷锋日前夕,中央宣传部向全社会公布了第一批50个全国学雷锋活动示范点和50名全国岗位学雷锋标兵,涵盖了社区、农村、企业、学校、机关、窗口单位等基层单位,覆盖了各行各

---

[1]《最是深情励军心——习近平主席接见部分军队基层人大代表侧记》,《解放军报》2014年3月13日。
[2]《解放思想锐意进取深化改革破解矛盾 以新气象新担当新作为推进东北振兴》,《人民日报》2018年9月29日。
[3] 胡锦涛:《坚定不移沿着中国特色社会主义道路前进 为全面建成小康社会而奋斗——在中国共产党第十八次全国代表大会上的讲话》,人民出版社2012年版,第32页。

业、各个领域、各条战线。自此，中央宣传部每年依例公布。中央宣传部、中央文明办等部门每年开展一次推选学雷锋志愿服务"100个最美志愿者、100个最佳志愿服务组织、100个最佳志愿服务项目和100个最美志愿服务社区"的"四个100"先进典型活动，作为大力弘扬志愿精神、培育中国特色志愿文化、推进学雷锋志愿服务制度化常态化的重要举措，推荐群众认可的"最美、最佳"典型，让人们真切感到典型就在身边、榜样就在眼前，进一步彰显了服务他人、奉献社会的鲜明价值导向，在全社会发挥了模范传承雷锋精神、带头践行核心价值观的示范引领作用。

（二）把学雷锋志愿服务与公民道德建设结合

新时代，中央把学雷锋志愿服务与公民道德建设结合。2019年10月，中共中央、国务院印发《新时代公民道德建设实施纲要》，对"深入推进学雷锋志愿服务"作出部署，要求"引导人们把学雷锋和志愿服务作为生活方式、生活习惯"。[1] 学雷锋和新时代文明实践保障体制机制建立，实现学雷锋志愿服务常态化、大众化、自觉化，让学雷锋志愿服务成为新时代公民道德建设的基本实践。

雷锋精神是中华民族五千多年优秀传统文化和红色革命文化、社会主义文化的结合。雷锋精神作为红色资源的重要部分，资政育人的功能进一步彰显。习近平总书记2019年6月在河南考察时讲道，"革命博物馆、纪念馆、党史馆、烈士陵园等是党和国家红色基因库"[2]，雷锋纪念馆迎来了扩建和新建的热潮，雷锋学院、雷锋学校等雷锋教育基地建设实现历史性突破，截至2021年8月，新时代雷锋学校已建

---

[1]《新时代公民道德建设实施纲要》，人民出版社2019年版，第17页。
[2] 习近平：《用好红色资源，传承好红色基因 把红色江山世世代代传下去》，《求是》2021年第10期。

成 45 所。[1]这些纪念馆深入挖掘雷锋文化资源，打造雷锋红色文化品牌，开展丰富特色的实践活动，有效带动了全社会学雷锋活动的开展。传承雷锋精神、学习雷锋活动是党史学习教育的重要组成部分。2019年抚顺雷锋学院建成开班、2020年湖南雷锋学院揭牌成立，作为全国党性教育基地、社会主义核心价值观教育实践基地。

（三）激发了人们践行雷锋精神、参与志愿服务的巨大热情

在党中央的引领下，新时代激发了人们践行雷锋精神、参与志愿服务的巨大热情，社会组织和机构广泛参与到活动中来，志愿者队伍不断壮大。迄今，我国实名志愿者2.24亿人，志愿队伍129万个，志愿项目951万个，服务时间395601万小时[2]，志愿服务蔚然成风，促进了国民素质和社会文明程度的显著提升。志愿服务让传承雷锋精神成为新时代社会主义核心价值观的生动实践，学雷锋志愿活动服务国家重大发展战略的同时，不断满足百姓切身生活需要，在抗击疫情、扶贫救灾、敬老救孤、恤病助残、乡村振兴等领域发挥着不可忽视的重要作用，一批批"当代雷锋"的光荣事迹得到广泛宣传，致敬英雄、争做先锋的良好社会氛围更加浓厚。雷锋精神深植在祖国大地，模范人物似星辰闪耀。如武警新疆总队医院院长庄仕华，扎根边疆39年，12万例手术无一失误、300多例疑难杂症手术全部成功。[3]

---

[1] 陈运军、刘超：《赓续雷锋精神的创新之举——新时代雷锋学校建设巡礼》，《雷锋》2021年第8期。
[2]《中国志愿服务数据统计》，中国志愿服务网，2022年8月21日，https://chinavolunteer.mca.gov.cn/NVSI/LEAP/site/index.html#/home。
[3]《爱洒天山南北的天使》，《法制日报》2013年2月27日。

五、学雷锋活动 60 年的启示

纵观 60 年来学雷锋活动的历程,尽管雷锋做过的好事,也曾被某些人质疑过,雷锋精神展现出来的魅力,也曾被一些人漠视过,但雷锋这个只有 22 年短暂生命的年轻战士、普通共产党员,能够镌刻在人民心中,为一代代中国人所崇敬;一个学雷锋的群众性活动,能够历经 60 年延续不断,一代又一代雷锋传人涌现,表明学雷锋对于中华民族和中国人民具有重大价值和影响力。

(一)作为中华民族传统美德与共产主义光辉思想相结合的雷锋精神具有持久的生命力

雷锋精神是中华民族传统美德与共产主义光辉思想相结合的典范,是我国人民步入社会主义新时代所产生的主人翁精神的体现。雷锋热爱祖国、尊老爱幼、助人为乐、勤俭节约、吃苦耐劳、扶危济困、自强不息、敬业乐群等优秀品德无不闪耀着中华民族精神的光辉;雷锋全心全意为人民服务、无私奉献、公而忘私、集体主义等品质,诠释了共产主义道德的具体内涵和形态。雷锋精神传承了中华民族的优良品德,体现了社会主义思想道德的本质要求,展示了中国共产党人的光辉品格,彰显着社会主义核心价值观的精髓要义。雷锋在广大人民群众心中是一个光辉的榜样、一面鲜亮的旗帜,是吸引、鼓舞、引导人民群众尤其是青少年奋发上进的巨大精神力量,那些为人民服务的人,人们亲切地称之为雷锋;社会风气出现问题时,人们呼唤雷锋,雷锋精神已深深扎根人民心中,成为亿万中国人衡量生命价值、道德品质的重要标尺。雷锋精神历久弥新,其根本就在于雷锋精神始终能够满足时代需要、解决时代问题、促进时代发展,雷锋精神成为传播崇高道德理念,提升公民道德认知,培养正确道德判断,匡正道德失范的重要载体。雷锋精神早已春风化雨，浸润心田，为人们所认同所弘扬。

（二）"雷锋精神，人人可学；奉献爱心，处处可为"

雷锋是在我们党和人民的哺育下，在社会主义环境中成长起来的一个杰出人物。社会主义时代造就了雷锋，雷锋的榜样和精神又给予我们的时代和人民以积极而深刻的影响。雷锋精神体现在把崇高理想信念和道德品质追求转化为具体行动，体现在平凡人在平凡的工作中做出不平凡的事，它指引人们把崇高的理想和价值追求融入日常工作和生活，贡献智慧和力量，从而实现自己的价值追求，绽放光芒。雷锋精神"知行合一"的实践性体现了"平凡孕育伟大"的理念，是提升公民道德认知，引导公民走向道德自觉的桥梁和纽带。因此，60年来，在建设、改革和新时代，学雷锋活动始终与党和国家事业同步，在雷锋精神的感召下，我国涌现出无数雷锋式的先进人物，社会各界人士在群众性学雷锋活动的实践中共同塑造了人们心目中的雷锋。实现中华民族伟大复兴，需要更多的雷锋和雷锋精神。

（三）弘扬雷锋精神要与时俱进，创新途径办法以增强吸引力感召力

雷锋精神润德塑形，是引领中国人民追求崇高道德品质的精神旗帜。任何精神力量要发挥现实作用，必须与时俱进，对其进行时代化的阐释。雷锋精神具有恒久的魅力，既在于雷锋崇高的理想信念和道德品质，凝结着中华民族的传统美德，闪烁着社会主义的道德光辉，也在于始终跟随时代的变迁、人们文化价值观念的更新，不断注入新的内涵。从"憎爱分明的阶级立场、言行一致的革命精神、公而忘私的共产主义风格、奋不顾身的无产阶级斗志"，到"信念的能量、大爱的胸怀、忘我的精神、进取的锐气"，满足了不同时期人们的道德向往和价值追求，充分证明了雷锋精神的开放性、时代性，深刻体现了弘

扬雷锋精神的守正创新。学雷锋活动从"做雷锋式的好战士"到"学雷锋树新风",再到推进学雷锋与志愿服务一体化,"时代楷模"、"中国好人"、"最美人物"、道德模范及志愿者队伍涌现,每个时期产生的雷锋式模范人物,均具有时代特征,让人们学有榜样、赶有目标、见贤思齐。今天,我国已开启全面建设社会主义现代化国家新征程,要以习近平新时代中国特色社会主义思想为指导,当好红色基因的传承者、为民服务的奉献者、现代化建设的奋斗者、城市精神品格的践行者,更加充满激情、富于创造、勇于担当,在新时代的广阔舞台上干事创业、建功立业,需要继续推进学雷锋活动,需要找准学雷锋活动与时代发展的契合点,要在践行社会主义核心价值观中树新风、育新人,在满足人民群众多样化需求中送温暖、献爱心,在推进社会治理现代化中扬正气、促和谐。新时代公民道德的实践养成以学雷锋活动为抓手,引导人们把学雷锋和志愿服务作为生活方式、生活习惯,成为人们的自觉行动和社会风尚,开展群众性、常态化的学雷锋活动,在民族复兴的光荣伟业中、在平凡伟大的工作岗位上、在日常生活和志愿服务中践行雷锋精神,才能让英模精神在历史长河中延续,坚定理想信念,为中华民族的伟大复兴凝聚起强大的精神动力和丰厚的道德滋养,创造属于我们这一代人的业绩和荣光。

(四)雷锋精神是构建人类命运共同体的重要文化支撑

雷锋是民族的脊梁、雷锋精神继承和弘扬了我国传统的"民本主义"思想,传承和发展了以爱国主义为核心的优秀传统民族精神,增强了对追求自身内心修养的传统"内圣"思想的追求,体现了中华民族优秀分子崇高的思想道德情操,传递出中华文明的家国理想,推动了中华文明传承,沟通了历史与时代,为人类文明新形态的伟大创造注入了强大精神力量。向上向善是世界各国人民共同的价值取向,雷锋精神关于人与人、人与社会的伦理道德理念，与西方现代化以来出现的物质主义膨胀、拜金主义、利己主义、零和博弈等完全不同，因此，雷锋不仅为国人铭记，其故事也被越来越多国家的人民所熟知，雷锋为民服务的做法被越来越多的国家所认同。联合国邮票上有雷锋肖像。抚顺与长沙望城两座雷锋纪念馆已经接待了60多个国家的6000多万人次。据不完全统计，全球已有70多个国家传播或公认"雷锋是中国好人的代表"，是人类"真善美"的典范。英国汉学家米兰·卡佩汤说："中国的雷锋，为人类健康发展提供了一个有意义的探索。"[1]身体力行雷锋精神，一定程度上是对失范行为的矫正，有利于人类命运共同体构建，努力实践和平、发展、公平、正义、民主、自由的全人类共同价值，以建设和谐美丽的世界。

---

[1] 转引自张顺亮、颜晓峰：《把雷锋精神广播在祖国大地上——论深刻把握新时代继续高扬雷锋精神旗帜的战略意义》，《雷锋》杂志2022年第6期。

新中国以科学家精神推进科技创新的历史考察*

2020年9月11日,习近平总书记在科学家座谈会上指出:"科学成就离不开精神支撑。科学家精神是科技工作者在长期科学实践中积累的宝贵精神财富。新中国成立以来,广大科技工作者在祖国大地上树立起一座座科技创新的丰碑,也铸就了独特的精神气质。"[1]从中共中央1999年表彰激情燃烧的社会主义建设时期中国科学家铸就的"热爱祖国、无私奉献,自力更生、艰苦奋斗,大力协同、勇于登攀"的"两弹一星"精神[2],到新时代弘扬的"胸怀祖国、服务人民的爱国精神,勇攀高峰、敢为人先的创新精神,追求真理、严谨治学的求实精神,淡泊名利、潜心研究的奉献精神,集智攻关、团结协作的协同精神,甘为人梯、奖掖后学的育人精神"[3]的科学家精神,体现了党对

---

* 本文原载于《中国井冈山干部学院学报》2020年第6期。
[1] 习近平:《在科学家座谈会上的讲话》,《人民日报》2020年9月12日。
[2]《表彰为研制"两弹一星"作出突出贡献的科技专家并授予"两弹一星功勋奖章"》,《人民日报》1999年9月19日。
[3] 习近平:《在科学家座谈会上的讲话》,《人民日报》2020年9月12日。

科学家精神传承的重视。面对世界百年未有之大变局，我国需要科技界坚守与践行科学家精神，也需要社会各界广泛尊崇其价值，形成推动科技创新的良好生态，为实现中华民族伟大复兴的中国梦提供重要支撑。

一

我国科技事业取得的历史性成就，是一代又一代矢志报国的科学家前赴后继、接续奋斗的结果。新中国成立初期，我国科学研究事业的家底非常薄弱。全国科学研究机构包括社会科学研究机构在内，大约40个，研究人员650余人。按当时4.5亿人口算，全国科研机构、科研人员与总人口的平均比例是每1125万人口中有一个科研机构，每10万人口中才有一名科研人员。[1]从学科和门类来说，空白和缺门很多。旧中国留下来的只有一些农业、地质、生物等方面的研究所，设备仪器以及资金等都非常缺乏，用毛泽东的话说，"我们是一张白纸"[2]。因此，《中国人民政治协商会议共同纲领》中指出，要努力发展自然科学，以服务于工业农业和国防的建设；奖励科学的发现和发明，普及科学知识。1949年11月，在接收原中央研究院和北平研究院的基础上，中国科学院成立。各地区各部门相继开始布局建立一批科学研究机构。为从根本上改变我国科学技术的落后面貌，1956年，中共中央召开了知识分子问题会议，号召"向科学进军"，制定"十二年科技规划"，实施"重点发展，迎头赶上"的科技赶超战略，规划发展高新技术和基础学科，建立了原子能所、计算机所、半导体所、电子所和自动化所等新技术研究所。

---

[1]《聂荣臻回忆录》，解放军出版社2007年版，第168页。
[2]《毛泽东文集》第7卷，人民出版社1999年版，第44页。

"伟大的事业,产生伟大的精神。"[1]在这样的历史背景下,广大科学家表现了强烈的爱国奉献精神。众多科学家曾生活在"国破山河在"的动荡年代,有"科技救国"的理想。为建设新中国,原中央研究院的81位院士,有60人拒绝了国民党的威逼利诱,选择驻守故土;新中国成立前后,许多功成名就、才华横溢的科学家,怀揣着复兴民族、浴火重生的梦想,放弃国外优厚的条件,破除一切艰难险阻,毅然决然归国效力。到1957年,归国的海外学者已经达到3000多人,约占新中国成立前全部海外留学生和学者的一半以上。[2]他们的回归奠定了新中国第一代科学研究体系。在科技为人民服务方针的指导下,科学家纷纷走向田野、车间,甚至在戈壁沙漠、海岛滩涂、荒山野岭或茫茫草原上安营扎寨,将科学研究与社会生产、人民生命健康结合,开展小麦和水稻品种培育改良、农药化肥研制、农田水利工程建设、地质勘察、石油勘探开发、钢铁耐火材料研发、铁矿冶炼,以及抗生素研制、寄生虫防治、地中海贫血治疗、基因工程、中医药研究等;不仅实现技术革新,而且在自然科学大众化和普及化运动中担当主力,为切实提高人民科学素养服务。

从事"两弹一星"研制的专家,更是"誓干惊天动地事,甘做隐姓埋名人"。为了保卫国家、维护和平,为了实现国防现代化,科学家们义无反顾地牺牲个人科研发展前途和科研兴趣,放弃自己长期耕耘的研究方向,重起炉灶攻关。10多万科研人员和参试部队告别了亲友,离开了故乡,来到大西北,甘当无名英雄,默默奉献,有的甚至以身

---

[1] 江泽民:《在表彰为研制"两弹一星"作出突出贡献的科技专家大会上的讲话》,《人民日报》1999年9月19日。
[2] 《辉煌70年》编写组:《辉煌70年——新中国经济社会发展成就(1949—2019)》,中国统计出版社2019年版,第215页。

试险,不惜牺牲自己的身体健康甚至生命。这一代科学家所表现的精神,正如当选2007年度"感动中国"人物的钱学森的颁奖词中所说的:"国为重,家为轻;科学最重,名利最轻。""开创祖国航天,他是先行人。披荆斩棘,把智慧锻造成阶梯,留给后来的攀登者。他是知识的宝藏,是科学的旗帜,是中华民族知识分子的典范。"[1]

广大科学家还表现了自力更生、自主创新的精神。新中国成立后,许多科技领域一片空白。初期,我们得到了苏联等社会主义国家资金、技术、专家等方面的支持。1957年10月15日,中苏双方还签订了国防新技术协定,规定从1957年至1961年底,苏联将在火箭、航空技术和原子弹研制等方面向中国提供技术。这些援助,对中国导弹、原子弹研制的起步具有至关重要的作用。但1959年6月,风云突变,苏方宣布中断向中国提供原子弹样品的有关技术资料等项目,开始卡我们脖子。1960年,苏联政府撕毁合同,撤走全部在华专家,停止一切援助。苏联的做法激发了科学家们自力更生、奋发图强的壮志和雄心,"两弹一星"研制一步步拓荒。科学家们攻坚克难,"对所上项目反复论证、审查,坚持做到周到细致,稳妥可靠,万无一失,实现了一次试验,全面收效,有的核试验还努力做到了'两次并成一次',少花钱,多办事既节省了经费,又争取了时间"[2]。电子元件、器件和精密仪器仪表、精密设备基础薄弱,科学家们知难而进,秉持着严谨细致、反复求证的态度探求真理,每一项科技成果都是经过他们无数次的数据分析、逻辑演算和试验验证才实现的科学突破。他们先后攻破了几

---

[1]《2007感动中国年度人物颁奖词》,央视网,http://news.cctv.com/society/20080217/102504.shtml。

[2] 科学时报社编:《请历史记住他们——中国科学家与"两弹一星"》,暨南大学出版社1999年版,第126页。

千个重大的技术难关,制造了几十万台(件)设备、仪器、仪表,走出了一条投入少、效益高的发展尖端科技的路子。

广大科学家还表现了大力协同、勇于登攀的精神。协同是现代科学合作精神的升华。20世纪五六十年代,中国的高、中级科研人员缺乏,在科技攻关行动中,全国"一盘棋",国家从各条战线抽调一批高水平科学家围绕中心任务,心往一处想、劲往一处使,发挥各自专长和优势,群策群力、协同攻关,并习惯于把科学成果归功于团队。"两弹一星"伟业,是中国人民勇攀现代科技高峰的壮举,它是一项综合性很强的大科学工程,技术密集,系统复杂,当时国家组织了多种专业和诸多高水平的科学与工程技术人员通力协作。据统计,中国科学院有20多个研究所,全国有26个部委,20多个省区市,1000多家单位的精兵强将和优势力量协同攻关。[1]集中力量办大事,1964年10月16日,中国第一颗原子弹爆炸成功。它是按内爆原理设计的浓缩铀弹,比美国的第一颗原子弹先进。1967年6月17日,中国第一颗氢弹爆炸成功。从第一颗原子弹爆炸到第一颗氢弹爆炸,我国仅用了2年8个月,而美国用了7年3个月;苏联用了4年;英国用了4年7个月。1966年10月27日,导弹核试验成功。1970年4月24日,人造卫星发射成功。我国成为继苏联、美国、法国、日本之后世界第5个发射卫星的国家。人造卫星从研制到发射仅用了5年时间。我国成为少数独立掌握核技术和空间技术的国家之一。

"两弹一星"的伟业,是在当时国家经济、技术基础薄弱和工作条件十分艰苦的情况下创造的,极大地增强了全国人民建设国家的信心,振奋了民族精神;"两弹一星"事业的发展突破了一系列关键技术,使

---

[1] 江泽民:《在表彰为研制"两弹一星"作出突出贡献的科技专家大会上的讲话》,《人民日报》1999年9月19日。

我国科研能力实现了质的飞跃，广泛带动了科技事业的发展，增强了我国的科技实力特别是国防实力，奠定了我国在国际舞台上的重要地位。邓小平深刻地指出："如果六十年代以来中国没有原子弹、氢弹，没有发射卫星，中国就不能叫有重要影响的大国，就没有现在这样的国际地位。这些东西反映一个民族的能力，也是一个民族、一个国家兴旺发达的标志。"[1] 1999年中共中央表彰的23位"两弹一星"元勋，是那个时代熠熠生辉的代表。他们分别是：于敏、王大珩、王希季、朱光亚、孙家栋、任新民、吴自良、陈芳允、陈能宽、杨嘉墀、周光召、钱学森、屠守锷、黄纬禄、程开甲、彭桓武、王淦昌、邓稼先、赵九章、姚桐斌、钱骥、钱三强、郭永怀。"'两弹一星'精神，是爱国主义、集体主义、社会主义精神和科学精神的体现，是中国人民在二十世纪为中华民族创造的新的宝贵精神财富。"[2]

在那个火红年代，科技工作者以爱国、奉献、创新、协同的精神，在天地间铸起了一座不朽的丰碑："十二年科技规划"的基本科研任务提前五年完成，开拓了新中国科技新领域，填补一项项科技空白，除了"两弹一星"，1958年，我国第一台电子管计算机试制成功；随后，半导体三极管、二极管相继研制成功；1959年，李四光等人提出"陆相生油"理论，打破了西方学者的"中国贫油"说；1960年，王淦昌等人发现反西格玛负超子；1965年，人工合成牛胰岛素；1971年屠呦呦从青蒿中成功提取了用于治疗疟疾的青蒿素；1973年，中国籼型杂交水稻育成，同年，陈景润证明了哥德巴赫猜想中的"1+2"，他的成果被国际数学界称为"陈氏定理"……这为我国科技发展的历史写下

---

[1]《邓小平文选》第3卷，人民出版社1993年版，第279页。
[2] 江泽民：《在表彰为研制"两弹一星"作出突出贡献的科技专家大会上的讲话》，《人民日报》1999年9月19日。

了浓墨重彩的一笔，为我国科技现代化奠定了坚实的基础。

二

改革开放以来，中共中央强调科学技术是第一生产力，尊重知识、尊重人才，充分调动广大知识分子的积极性、创造性。国家需求仍然是中国科学家的奋斗方向，他们表现出强烈的爱国心和事业心，拥有"振兴中华，乃我辈之责"的宏大志向。2009年，已经是著名地球物理学家的黄大年听从祖国的召唤，让妻子卖掉两个诊所，挥别剑桥，回到母校吉林大学，任地球探测科学与技术学院教授。作为首席科学家，负责开展"高精度航空重力测量技术"和"深部探测关键仪器装备研制与实验"两个重大项目攻关研究。他带领科研团队，只争朝夕，忘我工作，在归国7年多时间，突破国外高精度探测装备技术封锁，取得一系列重大科技成果，填补多项国内技术空白，推动中国真正进入"深地时代"。他倾尽心血为国育才，主动担任本科"李四光实验班"的班主任，言传身教、诲人不倦。由于他过度透支自己，生命终止在58岁，为了国家事业奋斗至生命最后一息。他至诚报国，把爱国之情、报国之志融入祖国改革发展的伟大事业之中，是"新时代海归科技报国的楷模"。

勇于创新是中国科学家的行动指南。我国著名天文学家南仁东是国家重大科技基础设施建设项目——500米口径球面射电望远镜（英文简称FAST，别名"中国天眼"）工程的发起者和奠基人，主导FAST选址、立项、工程建设、落成启用。1994年，他提出构想，为筑造大国重器，他在22年的时间里，心无旁骛，不为困苦而止步，坚毅执着，忘我奉献。为寻找建设FAST远离电磁干扰的理想台址，他带着300多幅卫星遥感图，与团队花了12年时间，几乎走遍了中国西南的所有大山，实地勘察了 80 多个洼地，终于找到了建设 FAST 的最佳台址——贵州平塘大窝凼。为建成世界最好的望远镜，他与团队经历了近百次失败后，研制出了满足 FAST 工程要求的独一无二的钢索，让 FAST 有了坚固又灵活的"骨架"。2016 年 9 月 25 日，"中国天眼"工程落成启用，这是世界第一大单口径球面射电望远镜，比美国"阿雷西博"305 米望远镜，综合性能提高约 10 倍，标定了中国在世界天文学领先的地位。[1] "中国天眼"成就了一个国家的骄傲，"天眼之父"却永远闭上了双眼。

"世界杂交水稻之父"袁隆平勇攀高峰，创新不停步。他致力于杂交水稻技术的研究、应用与推广，在 1973 年发明"三系法"籼型杂交水稻后，1995 年又成功研究出"两系法"杂交水稻，后创建了超级杂交稻技术体系，杂交稻亩产逐步由 700 公斤、800 公斤提高到 1000 公斤，正在向亩产 1200 公斤冲刺。2016 年开始，袁隆平在盐碱地种"海水稻"。2020 年"超优千号"耐盐水稻的平均亩产量达到 802.9 公斤，再创高产新纪录。[2] 他不仅为中国粮食安全、农业科学发展作出了贡献，也给世界粮食供给作出了杰出贡献。袁隆平 1991 年受聘联合国粮农组织国际首席顾问，向世界传授杂交水稻技术，先后获国际农作物杂种优势利用"杰出先驱科学家"荣誉称号、联合国"科学奖"、"沃尔夫奖"、"世界粮食奖"等 11 项国际大奖。袁隆平 60 多年来，始终在农业科研第一线辛勤耕耘、不懈探索，为人类运用科技手段战胜饥饿带来绿色的希望和金色的收获。不仅为解决中国人民的温饱和保障

---

[1]《跨越时空征战星辰大海——南仁东先进事迹报告会发言摘登》，《光明日报》2017 年 12 月 9 日。

[2]《袁隆平"超优千号"创盐碱地水稻高产新纪录》，新华网百家号，2020 年 10 月 14 日，https://baijiahao.baidu.com/s?id=1680531372873663623&wfr=spider&for=pc。

国家粮食安全作出了贡献，更为世界和平和社会进步树立了丰碑。[1]

三

新中国70多年来，尤其是党的十八大以来，我们党高度重视科技创新工作，坚持把科技创新摆在国家创新驱动发展全局的核心位置，大力实施创新驱动发展战略，依靠一批又一批有担当的科学家，也通过全社会共同努力，我国科技事业取得历史性成就、发生历史性变革，"重大创新成果竞相涌现，一些前沿领域开始进入并跑、领跑阶段，科技实力正在从量的积累迈向质的飞跃，从点的突破迈向系统能力提升"[2]。一是科技发展基础条件全面改善。研发队伍不断壮大，2013年超过美国，2018年按折合全时工作量计算的全国研发人员总量为419万人年。研发经费投入持续快速增长，2018年达19657亿元，1992—2018年年均增长20.0%，研发经费投入强度提升至2.18%，超过欧盟15国平均水平。[3] 二是科研整体能力和水平显著提升。基础研究领域我国在量子科学、铁基超导、暗物质粒子探测卫星、多潜能干细胞等领域取得重大突破。王贻芳研究员获得基础物理学突破奖，潘建伟团队的多自由度量子隐形传态研究位列2015年度国际物理学十大突破榜首。高技术领域，我国在载人航天、探月工程、深海探测、超级计算、卫星导航、高速铁路、三代核电、大飞机等诸多领域取得一系列标志性成果，其中，量子通信、超级计算、航空航天、人工智能、第五代移动通信网络（5G）、移动支付、高速铁路、金融科技等处于世界领先

---

[1]《贾庆林致信祝贺袁隆平80岁生日》，《潇湘晨报》2010年9月7日。
[2] 习近平：《在科学家座谈会上的讲话》，《人民日报》2020年9月12日。
[3]《辉煌70年》编写组：《辉煌70年——新中国经济社会发展成就（1949—2019）》，中国统计出版社2019年版，第215页。

地位。三是创新能力增强。世界知识产权组织发布的全球创新指数显示，2019年，中国国家创新能力排名升至全球第14位，比2018年前进3名，成为唯一进入前20名的中等收入经济体。创新活力增强。企业的创新主体地位不断强化，高校、科研院所面向市场的技术能力显著提升，民营科技机构、科技创新孵化器、众创空间等新型科技服务组织快速发展。"十三五"以来，我国企业研发投入逐年增加，2019年，我国战略性新兴产业上市公司（1478家）的总研发费用投入达到3263.22亿元，比2018年增长了17.66%；研发费用占主营业务收入比重达到了3.91%。[1]四是科技创新支撑经济社会建设能力增强。依靠科技支撑，我国基础设施建设成就显著。高铁营业里程达3万公里，占世界高铁总里程的三分之二，公路通车总里程484.7万公里。[2]城市轨道交通运营里程、沿海港口万吨级及以上泊位数量跃居世界第一，全球集装箱吞吐量排名前10位的港口占7席。现代化基础设施成为中国的一道亮丽风景线：信息畅通，公路成网，铁路密布，高坝矗立，西气东输，南水北调，高铁飞驰，巨轮远航，飞机翱翔，天堑变通途。

科技创新成果广泛应用，既提升了中国经济质量，也为其他国家人民生产生活带来更多便利，为世界经济增长注入新动能。近十年来，我国数字经济快速发展。中国信息通信研究院研究显示，数字经济增加值已由2011年的9.5万亿元增加到2019年的35.8万亿元，占国内生产总值比重从20.3%提升到36.2%。[3]中国已经在5G领域建立了领先地位，占据了全球基础设施市场的40%。数字技术支撑的新产品、

---

[1] 田玉龙：《我国新兴产业创新发展现状》，《中国党政干部论坛》2020年10月14日。
[2] 王一鸣：《新中国70年：成功的发展故事》，《光明日报》2019年9月17日。
[3] 江小涓：《"十四五"时期数字经济发展趋势与治理重点》，《光明日报》2020年9月21日。

新服务、新业态、新商业模式成为经济增长的主要贡献力量。疫情期间我国互联网流量同比增长50%[1]，线上教育、远程医疗以及无人车间、无人商店、工业互联网等新业态新模式，正在加速实体企业数字化转型步伐，改变消费模式，引领我国经济社会开启新时代。

一代人有一代人的使命，一代人有一代人的担当。新时代，我国科学事业进入了一个新的发展阶段，既面临第四次科技革命和产业变革的重大历史机遇，又有来自许多方面的严峻考验。我国科技领域当前仍然存在一些亟待解决的突出问题，特别是同党的十九大提出的新任务新要求相比存在诸多不适应的地方。改革开放以来，我国面向技术开发，在针对客户的创新、提高效率的创新、工程的创新等应用创新方面已有很大提高，但基础科学研究短板依然突出，企业的研发经费主要用于应用研究和试验发展，对基础研究重视不够，对国外以"市场换技术"，有依赖思想，重大原创性成果缺乏，底层基础技术、基础工艺能力不足，工业母机、高端芯片、基础软硬件、开发平台、基本算法、基础元器件、基础材料等瓶颈仍然突出，关键核心技术受制于人的局面没有得到根本转变，原始创新能力不强，基础研究与国际先进水平的差距依然明显。创新的效率不高。如，2015年我国有280万个专利申请，但获批专利中只有21%是创新专利，其他均为设计专利。同时专利的价值也不高。2015年我国专利创造的收入为17.5亿美元，而美国2012年专利创造的收入就有1152亿美元。[2]当前，我国经济社会发展、民生改善、国防建设面临许多需要解决的现实问题。"比如，农业方面，很多种子大量依赖国外，农产品种植和加工技术相对落后，一些地区农业面源污染、耕地重金属污染严重。工业方

---

[1] 刘艳：《疫情期间互联网流量较去年底增长50%》，《科技日报》2020年4月24日。
[2] 《称中国科技创新"虚胖"美报告被质疑》，《环球时报》2017年9月1日。

面，一些关键核心技术受制于人，部分关键元器件、零部件、原材料依赖进口。能源资源方面，石油对外依存度达到70%以上，油气勘探开发、新能源技术发展不足；水资源空间分布失衡，带来不少问题。社会方面，我国人口老龄化程度不断加深，人民对健康生活的要求不断提升，生物医药、医疗设备等领域科技发展滞后问题日益凸显。"[1]因此，"我国经济社会发展和民生改善比过去任何时候都更加需要科学技术解决方案，都更加需要增强创新这个第一动力"[2]。而当今世界正经历百年未有之大变局，大国间博弈和战略竞争加剧，保护主义和单边主义甚嚣尘上，科技创新是其中一个关键变量。我们要于危机中育先机、于变局中开新局，必须向科技创新要答案。形势逼人，挑战逼人，使命逼人。习近平总书记一再强调我们必须坚定不移走自主创新道路，坚定信心、埋头苦干，突破关键核心技术，努力在关键领域实现自主可控，保障产业链供应链安全，增强我国科技应对国际风险挑战的能力。

四

国家科技创新力的根本源泉在于人，科学家是科学知识和科学精神的重要承载者。党的十八大以来，以习近平同志为核心的党中央一再强调要"传承老一代科学家爱国奉献、淡泊名利的优良品质，把科学论文写在祖国大地上，把科技成果应用在实现国家现代化的伟大事业中，把人生理想融入为实现中华民族伟大复兴的中国梦的奋斗中"[3]。"希望广大院士弘扬科学报国的光荣传统，追求真理、勇攀高

---

[1] 习近平：《在科学家座谈会上的讲话》，《人民日报》2020年9月12日。
[2] 习近平：《在科学家座谈会上的讲话》，《人民日报》2020年9月12日。
[3]《习近平关于科技创新论述摘编》，中央文献出版社2016年版，第109页。

峰的科学精神，勇于创新、严谨求实的学术风气，把个人理想自觉融入国家发展伟业，在科学前沿孜孜求索，在重大科技领域不断取得突破。"[1]这体现了党中央对科学家群体的殷切期望。2019年5月，中共中央办公厅、国务院办公厅发布了《关于进一步弘扬科学家精神加强作风和学风建设的意见》，激励和引导广大科技工作者追求真理、勇攀高峰，树立科技界广泛认可、共同遵循的价值理念，加快培育促进科技事业健康发展的强大精神动力，在全社会营造尊重科学、尊重人才的良好氛围。[2]这为我国新时代倡导和弘扬科学家精神指明了前进方向。

胸怀祖国、服务人民的爱国精神是科学家精神的灵魂所在，也是我国科学家艰苦奋斗、科学报国优秀品质的集中体现和历史传承。习近平总书记指出："长期以来，一代又一代科学家怀着深厚的爱国主义情怀，凭借深厚的学术造诣、宽广的科学视角，为祖国和人民作出了彪炳史册的重大贡献。"[3]钱三强、钱学森、陈能宽、朱光亚等老一辈科学家抱着"救我中华"的心愿，前往国外深造，为建设新中国毅然放弃优厚的国外科研条件和生活条件回国。因为"虽然科学没有国界，科学家却是有祖国的"[4]。"作为一个知识分子，只有把自己的聪明才智奉献给祖国的时候，才会感到最大的荣耀。"[5]面对核威胁，一大批杰出的科学家站出来，勇挑重担，用双手托起了中国人自己的"两弹一

---

[1] 习近平：《在中国科学院第十九次院士大会、中国工程院第十四次院士大会上的讲话》，《人民日报》2018年5月29日。
[2] 《进一步弘扬科学家精神加强作风和学风建设》，《人民日报》2019年6月12日。
[3] 习近平：《在中国科学院第十九次院士大会、中国工程院第十四次院士大会上的讲话》，《人民日报》2018年5月29日。
[4] 钱三强：《虽然科学没有国界，科学家却是有祖国的》，人民网，http://cpc.people.com.cn/GB/34136/2569235.html。
[5] 柏万良：《创造奇迹的人们——中国"两弹一星"元勋》，湖北教育出版社2001年版。

星",撑起了护卫共和国的巨大保护伞。黄旭华从 1958 年参加我国第一艘核潜艇的论证与设计工作开始,隐功埋名三十载,从核潜艇、核动力潜艇到导弹核潜艇,作为总设计师,64 岁时还登艇指挥极限深潜试验。1988 年,他退岗不退休,几十年来,培养和选拔出一批又一批技术人才,为我国核潜艇事业奉献了毕生心血,被誉为"中国核潜艇之父"。他说:"我和我的同志们,此生属于祖国,此生无怨无悔。"[1]

2008 年 12 月,国家实施旨在引进海外高层次人才回国的计划,以黄大年、施一公、潘建伟等为代表的一批学有所成的专家,纷纷归国,发挥科研领头雁作用,以实际行动诠释了报国的赤诚,助力中国的强国梦。党的十九届五中全会将我国进入创新型国家前列作为 2035 年基本实现社会主义现代化远景目标之一,把创新能力显著提升作为"十四五"时期经济社会发展主要目标之一,强调坚持创新在我国现代化建设全局中的核心地位,把科技自立自强作为国家发展的战略支撑[2],这需要科学家增强责任感和使命感,坚持国家利益和人民利益至上,正确处理个体、自我与科学共同体、科研活动、科学事业之间的关系,以自己的所学服务于社会主义现代化强国建设,为加快建设科技强国贡献智慧和力量。

勇攀高峰、敢为人先的创新精神是科学家精神的内核。国家创新发展长期依赖于繁荣的基础研究和应用基础研究催生出的重大创新,首先创造并应用基础科学知识的国家将掌握巨大的经济优势与持久的领先优势。2018 年以来,美国政府将美国技术优势武器化,不断利用自己的国内法和在半导体行业的技术优势卡我们的"脖子"。要

---

[1] 张茜:《"共和国勋章"获得者:此生属于祖国 此生无怨无悔》,《中国青年报》2019 年 9 月 30 日。
[2]《中共十九届五中全会在京举行》,《人民日报》2020 年 10 月 30 日。

把科技创新的主动权牢牢掌握在自己手中,"我们必须走出适合国情的创新路子,特别是要把原始创新能力提升摆在更加突出的位置,努力实现更多'从0到1'的突破"[1]。广大科技工作者要树立敢于创造的雄心壮志,敢于提出新理论、开辟新领域、探索新路径,在独创独有上下功夫。钱学森是敢想敢干、勇攀高峰、赢得胜利的科学家典范。1956年2月,他起草了《建立我国国防航空工业意见书》,为我国火箭和导弹技术的创建与发展提供了极为重要的实施方案,同年10月,他受命组建的我国第一个火箭、导弹研究机构——国防部第五研究院成立。10年后,1966年10月,"两弹结合"试验成功,中国的核导弹具备了威慑与实战能力。而20世纪末开始研制的北斗团队经过多年攻关,已形成完整产业链,基础产品实现自主可控,国产北斗芯片、模块等关键技术全面突破,性能指标与国际同类产品相当。北斗都是中国芯,多款北斗芯片实现规模化应用,工艺水平达到22纳米。新时代,广大科学家和科技工作者肩负起历史责任,勇立潮头、奋勇争先、再攀高峰,"坚持面向世界科技前沿、面向经济主战场、面向国家重大需求、面向人民生命健康,不断向科学技术广度和深度进军"[2],把美国"卡脖子"的清单变成科研突破的任务清单,把事关国家安全、经济发展、生态保护、民生改善的基础前沿难题作为重大而紧迫的研究课题,攻坚克难、积极作为,实现原创创新并将其转化为独创性的科技成果,为建设世界科技强国汇聚磅礴力量,成就更为壮丽的风景。

追求真理、严谨治学的求实精神是科学家精神的本质要求。创新之源的基础创新、原始创新、知识创新。探索未知世界,必须求真、

---

[1] 习近平:《在科学家座谈会上的讲话》,《人民日报》2020年9月12日。
[2] 习近平:《在科学家座谈会上的讲话》,《人民日报》2020年9月12日。

求实，实事求是，来不得半点虚假。前瞻性基础研究、引领性原创成果，需要科学家专注地做长期研究，静心笃志、心无旁骛、长坐"冷板凳"，经千难万险也不放弃，才能实现"从0到1"的突破，创造出经得起历史检验的科学成就。这就必须有淡泊名利、潜心研究的奉献精神。以科学家精神的传承和优良学风的涵养，促进科学家群体更好地推动科技创新。在市场经济条件下，我国部分学者出现了一些急功近利的行为和想法，一些科学家热衷于做热门研究，这样风险小、容易出成果；一些论文剽窃、抄袭的学术不端事件更是令人震惊。大力弘扬科学家精神，加强科研作风和学风建设，摒弃急功近利、急于求成的浮躁习性，已成为当务之急。"要鼓励科技工作者专注于自己的科研事业，勤奋钻研，不慕虚荣，不计名利。"[1]

集智攻关、团结协作的协同精神是中国科学家精神的优良传统，也是社会主义制度优越性的表现。新中国成立初期，一是国家一穷二白，二是有体制优势，能把有限的人力、物力、财力集中起来，优化组合，形成合力，重点突破，因此，我们直接跨入了核技术、卫星技术等世界尖端技术领域。今天，中国科学家的队伍已经发展壮大，但高端科技人才特别是战略科技人才、一流科技创新领军人才严重不足，我们要加强战略研判，坚持创新自信，敢啃硬骨头，充分彰显制度优势，构建新型科技创新举国体制，激扬集智攻关、团结协作的协同精神，加强国家战略科技力量统筹建设，聚四海之气、借八方之力，在组织实施长周期重大项目中加强顶层设计和前瞻布局，加强多学科交叉融合和多技术领域集成创新，提高科技能力；在重点攻关中，带动地方、企业、社会多方参与，促进产学研深度融合和协同创新。"通过

---

[1] 习近平：《在科学家座谈会上的讲话》，《人民日报》2020年9月12日。

高效合理配置，深入推进协同创新和开放创新，构建高效强大的共性关键技术供给体系，努力实现关键技术重大突破，把关键技术掌握在自己手里。"[1]

团结协作精神既指国内，也包含国际社会。虽然西方社会各种"脱钩"理论盛行，但闭关锁国很难有大量的原创性创新。国际分工、协同和合作才能最有效率地推动人类知识创造，技术创新。中国只有真正融入全球创新体系，才能保证真正深入地融入全球价值链，因此，善于统筹协调世界级科学家和领军人才、加强国际合作，也是为构建人类命运共同体题中应有之义。

甘为人梯、奖掖后学的育人精神是科学家精神之源，是薪火相传的关键。科学事业是接力事业，建设世界科技强国是一场接力跑，科学后备人才的培养是科技事业持续发展的基础。只有薪火相传才能推动科学事业拾级而上、登高望远。特别是，许多重大科研项目周期长、跨度大，科学家要主动当好"铺路石"和领路人，做好传帮带，跑好接力跑，意义不言而喻。育人精神关乎科技事业长远发展。我国许多著名科学家是科学界的一代宗师，他们在承担繁重科研任务的情况下仍能潜心育人，传播真理，传播真知，传授知识，甘为人梯。数学家华罗庚曾说："人有两个肩膀，我要让双肩都发挥作用。一肩挑起'送货上门'的担子，把科学知识和科学方法送到工农群众中去；一肩当做'人梯'，让年轻一代搭着我的肩膀攀登科学的更高一层山峰，然后让青年们放下绳子，拉我上去再做人梯。"[2] 这是他作为优秀科学家的真实写照。数学家苏步青倡导并实现了"培养学生超过自己"的目标，

---

[1]《习近平关于科技创新论述摘编》，中央文献出版社2016年版，第47页。
[2] 白春礼：《新时期更需继承发扬"华罗庚精神"》，《科学时报》2010年9月20日。

被称为"苏步青效应"[1]。

科学家们一是在科研教育机构和高等院校担当全职或兼职教职，百忙中抽空编写教材，坚持给学生上基础课，给学生指导论文，为国家培养输送一大批科技新生力量。二是在具体科研工作中善于培育青年人才，言为士则、行为世范，提携后学，给年轻一代创造和搭建充分施展学术才华的空间和平台，对青年科技人才成长倾注了大量心血，在全社会树立了良好道德风尚。如为进行原子弹的研制，早在1958年，在中国科学院近代物理研究所工作的理论物理学家邓稼先便主持开办了一个学习班，带领一群刚从大学毕业的年轻人，对原子弹理论进行探索、研究。既在工作中注意发扬民主，发动大家出主意，想办法，群策群力，也采用"带徒弟"的办法来加以培养，保证各项任务的顺利完成。"两弹一星"研制带出和造就了一支能吃苦、能攻关、能创新、能协作的科技队伍。在科学界，一代又一代科学家之间传递的不仅有知识、方法，更有精神和学风与作风。科学家言传身教，青年科技工作者自觉认同、践行和发扬科学家精神，代代传承，就能确保中国科技事业生生不息、创新发展。

弘扬科学家精神，需要在全社会营造良好的科学文化氛围。中国科学院院士路甬祥曾对诺贝尔奖的获奖规律进行了分析和研究。他认为好的创新氛围，主要有两个方面：一是高素质优秀科技人才大量聚集形成的以高知识密集度和高目标创新活动为特点的环境；二是为优秀科技人才所提供的跨学科的自由、宽松的学术思想交流、碰撞，以及竞争和合作兼容的环境。因此，培育和弘扬科学家精神要高度重视科学氛围的营造、学术生态的建设。说到底，我们要进一步尊重科技

---

[1] 王选：《破除迷信 勇于创新》，《光明日报》2004年3月24日。

创新规律、科研管理规律、人才成长规律。[1]唯有如此，才能厚植科学家精神，培育更多世界一流的科学家。科学大师有赖于在浓厚的科学研究氛围、严谨的科学探索实践中养成理性思维和逻辑实证能力。

我国原始创新能力不足、创新成果比较少，一方面是因为科学技术方面的积累还不丰厚，另一方面也与科技创新理念认识不足、对基础研究重视不够、科技体制存在问题、创新文化缺位等有关。国家重视这方面的工作，重新强调自主创新能力建设，1998年以来，中国科学院打造的知识创新工程，不断进行科研体制改革。2015年颁发的《中共中央 国务院关于深化体制机制改革加快实施创新驱动发展战略的若干意见》，对公平竞争环境、市场导向机制、成果转化激励政策、高效科研体系、人才政策、对外开放以及政策统筹协调等方面提出改革要求，以改变"唯论文、唯职称、唯学历、唯奖项"等不利于创新的评价机制。习近平总书记一再提出，"要创新人才评价机制，建立健全以创新能力、质量、贡献为导向的科技人才评价体系，形成并实施有利于科技人才潜心研究和创新的评价制度。"[2]2020年10月16日，他进一步明确，"要建立以信任为前提的顶尖科学家负责制，给他们充分的人财物自主权和技术路线决定权，鼓励优秀青年人才勇挑重担。要用好人才评价这个'指挥棒'，完善科技人员绩效考核评价机制，把科研人员创造性活动从不合理的经费管理、人才评价等体制中解放出来，营造有利于激发科技人才创新的生态系统。"[3]其中，政府重点制

---

[1] 路甬祥：《谈谈我国科技创新中的几个问题》，《光明日报》2008年2月18日。

[2] 习近平：《在中国科学院第十九次院士大会、中国工程院第十四次院士大会上的讲话》，《人民日报》2018年5月29日。

[3] 《深刻认识推进量子科技发展重大意义 加强量子科技发展战略谋划和系统布局》，《人民日报》2020年10月18日。

定战略规划、优化政策供给、建设制度环境、加强科技投入，成为战略谋划和政策制定两个环节的执行主体。"十四五"期间，激发人才创新活力，加大对基础前沿研究的支持；健全以创新能力、质量、实效、贡献为导向的科技人才评价体系。促进科技开发合作，实行更加开放的人才政策，为世界顶尖科学家、国际科技组织合作交流搭建了高端平台，构筑聚集国内外优秀人才的科研创新高地。

全方位培养、引进、用好人才，造就更多国际一流的科技领军人才和创新团队，培养具有国际竞争力的青年科技人才后备军。2020年，国家推出强基计划，为培养基础学科专业领域的拔尖人才，但不甚理想。36所"双一流"建设大学进行强基计划招生的专业，为数学、物理、哲学、古文字学、核工程、医学等12个学科184个相关。但"择志"色彩鲜明的强基计划实施首年"遇冷"，没有完成招生计划。多年来，很多高考考生在填报高考志愿、选择专业时，一直存在功利导向，需要学校及家庭引导树立正确的成才观，扭转那种追"热门"和"钱景"的导向。当许多孩子的理想是做网红、当明星、玩电竞时，成人与科学和技术创造也就会渐行渐远。一个社会没有庞大的群体愿意去从事科学创造，则实现科技创新的弯道超车就会成为无源之水。这也说明，既要大力弘扬科学家的奉献精神，又不能让科学家辛苦又清贫，需要落实好各项改革要求，进一步完善待遇和激励机制，为科技工作者心无旁骛做科研创造有利条件。同时，要讲好科学家故事，改变公众对科学的刻板印象，重视科普和科学传播的实效，拉近科学家与公众的距离，在全社会营造尊重科学、尊重人才的良好氛围。创新有两个主要来源：一是问题导向，二是兴趣和好奇心驱动，吸引人们进行探索。"好奇心是人的天性，对科学兴趣的引导和培养要从娃娃抓起，使他们更多了解科学知识，掌握科学方法，形成一大批具备科学家潜质的青少年群体。"[1]

综上所述，建设世界科技强国，实现中华民族伟大复兴，需要我们继承、发扬科学家精神，勇于创新实践，创造出无愧于时代的科技成就。

[1] 习近平：《在科学家座谈会上的讲话》，《人民日报》2020年9月12日。

让红色基因代代相传

——深入学习领会习近平总书记
关于传承红色基因的重要论述[*]

传承红色基因、赓续红色血脉,是党的十八大以来习近平总书记对宣传思想文化工作进行的谋划和部署之一,是习近平文化思想的重要内容。红色基因是中国共产党带领人民进行革命、建设和改革实践中所形成的,包括理想信念、价值立场、道德情操、优良作风等的精神结晶,体现了党的性质宗旨、政治本色、使命担当,是区别于其他政党的独特精神标识。党的十八大以来,习近平总书记高度重视红色基因的传承,围绕这一主题发表了一系列重要讲话,反复强调要"把红色资源利用好、把红色传统发扬好、把红色基因传承好"[1],"确保红色江山永不变色"[2],深刻阐释了为什么传承红色基因、由谁传承以及如何传承等问题,为新时代传承红色基因、凝聚奋斗伟力提供了重要遵循和科学指引。

---

[*] 本文原载于《党的文献》2024年第1期。
[1] 习近平:《贯彻全军政治工作会议精神 扎实推进依法治军从严治军》,《人民日报》2014年12月16日。
[2] 习近平:《用好红色资源,传承好红色基因 把红色江山世世代代传下去》,《求是》2021年第10期。

一、传承红色基因的重要意义

党的十八大以来,习近平总书记遍访革命故地、红色热土,在已故党和国家领导同志诞辰纪念活动、重大党史国史事件、重要党史国史人物和烈士纪念活动、英模人物表彰活动发表重要讲话及相关信函中,回忆先辈们探寻革命道路时筚路蓝缕、艰苦奋斗的情景,对革命先烈先辈、英雄模范人物表达了深切缅怀,对英雄气概、革命精神、光荣传统表达了深情礼赞。他贯通历史、现实与未来,精辟阐述了传承红色基因的重要意义。

(一)红色基因是我们党从胜利走向胜利的"精神密码"

红色基因产生于革命战争年代,同时,随着时代的发展不断被赋予新内涵、增添新元素,体现在一代代中国共产党人践行初心、勇担使命的实践中,凝练为共产党人丰富精神家园的营养剂,并以党的伟大思想和党员的崇高理想、高尚道德情操、优秀政治品格、优良工作作风、积极进取精神风貌展现出来,深深熔铸于中国共产党人血脉之中。无论是在血雨腥风的革命战争年代,还是在激情燃烧的社会主义建设岁月,无论是在飞速发展的改革开放和社会主义现代化建设新时期,还是在不断创造人间奇迹的中国特色社会主义新时代,党的红色基因生生不息、历久弥新。习近平总书记强调:"红色是中国共产党、中华人民共和国最鲜亮的底色,在我国960多万平方公里的广袤大地上红色资源星罗棋布,在我们党团结带领中国人民进行百年奋斗的伟大历程中红色血脉代代相传。每一个历史事件、每一位革命英雄、每一种革命精神、每一件革命文物,都代表着我们党走过的光辉历程、取得的重大成就,展现了我们党的梦想和追求、情怀和担当、牺牲和奉献,汇聚成我们党的红色血脉。红色血脉是中国共产党政治本色的集中体现，是新时代中国共产党人的精神力量源泉。"[1]红色基因是先辈们用鲜血和生命铸就的，是中国共产党和人民军队从小到大、从弱到强、从胜利走向胜利的"制胜密码"，必须倍加珍惜，深刻认识到红色政权来之不易、新中国来之不易、中国特色社会主义来之不易，深刻认识到中国共产党为什么能、马克思主义为什么行、中国特色社会主义为什么好，从党的奋斗历史中汲取前进力量，汇聚起全面建设社会主义现代化国家、实现中华民族伟大复兴中国梦的磅礴力量。

（二）传承红色基因是建设一个坚强有力的马克思主义政党的内在需要

办好中国的事情，关键在党。红色基因是中国共产党人的精神特质，是我们党永葆初心与本色的有力支撑。长期过着和平生活，最容易患上理想信念缺失的"软骨病"。为把党建设得更加坚强有力，需要全党同志始终坚定理想信念。"坚定理想信念，坚守共产党人精神追求，始终是共产党人安身立命的根本。"[2]100多年前，"中国共产党的先驱们创建了中国共产党，形成了坚持真理、坚守理想，践行初心、担当使命，不怕牺牲、英勇斗争，对党忠诚、不负人民的伟大建党精神"[3]；在100多年的非凡奋斗历程中，中国共产党弘扬伟大建党精神，构筑起中国共产党人的精神谱系，锤炼出鲜明的政治品格。这些宝贵精神财富跨越时空、历久弥新，集中体现了党的坚定信念、根本宗旨、优良作风，凝聚着中国共产党人艰苦奋斗、牺牲奉献、开拓进取的伟大品格，为立党兴党强党提供了丰厚滋养。[4]同时，我们党面临的执政

---

[1] 习近平:《用好红色资源 赓续红色血脉 努力创造无愧于历史和人民的新业绩》,《求是》2021年第19期。
[2] 《习近平谈治国理政》第1卷，外文出版社2018年版，第15页。
[3] 习近平:《在庆祝中国共产党成立100周年大会上的讲话》,《人民日报》2021年7月2日。
[4] 习近平:《在党史学习教育动员大会上的讲话》,《求是》2021年第7期。

考验、改革开放考验、市场经济考验、外部环境考验是长期而复杂的，我们党面临的精神懈怠危险、能力不足危险、脱离群众危险、消极腐败危险是尖锐而严峻的。面对各种重大挑战、重大风险、重大阻力、重大矛盾，需要全党同志"继续弘扬光荣传统、赓续红色血脉，永远把伟大建党精神继承下去、发扬光大"[1]，始终牢记和践行为中国人民谋幸福、为中华民族谋复兴的初心使命，贯彻好以人民为中心的发展思想，矢志不渝为实现中华民族伟大复兴而团结奋斗。习近平总书记指出："老一辈革命家在延安，住窑洞、吃粗粮、穿布衣，用'延安作风'打败了'西安作风'。全党同志要把老一辈革命家和共产党人留下的光荣传统和优良作风传承好发扬好"[2]，"决不能丢掉革命加拼命的精神，决不能丢掉谦虚谨慎、戒骄戒躁、艰苦奋斗、勤俭节约的传统，决不能丢掉不畏强敌、不惧风险、敢于斗争、敢于胜利的勇气"[3]。只有将革命传统和优良作风薪火相传，才能使我们的党永远不变质、不变色、不变味。习近平总书记强调："光荣传统不能丢，丢了就丢了魂；红色基因不能变，变了就变了质。"[4]少数党员领导干部出现贪污腐败、脱离人民群众、官僚主义、形式主义的问题，正是对党的光荣传统和优良作风的遗忘与破坏。因此，要做到思想建党、理论强党、精神兴党，必须传承红色基因，赓续红色血脉。

---

[1] 习近平：《在庆祝中国共产党成立 100 周年大会上的讲话》，《人民日报》2021 年 7 月 2 日。
[2] 《弘扬伟大建党精神和延安精神　为实现党的二十大提出的目标任务而团结奋斗》，《人民日报》2022 年 10 月 28 日。
[3] 习近平：《用好红色资源　赓续红色血脉　努力创造无愧于历史和人民的新业绩》，《求是》2021 年第 19 期。
[4] 习近平：《论中国共产党历史》，中央文献出版社 2021 年版，第 109 页。

（三）建设中华民族现代文明需要红色基因的丰厚滋养

"人无精神则不立，国无精神则不强。精神是一个民族赖以长久生存的灵魂，唯有精神上达到一定的高度，这个民族才能在历史的洪流中屹立不倒、奋勇向前。"[1]当今中国正处于实现中华民族伟大复兴的关键时期，国家强盛、民族复兴需要物质文明的积累，更需要精神文明的升华。同时，世界百年未有之大变局加速演进，"西方将会越来越多地在准则、价值观和制度方面与中国竞争"[2]，这对我们在新形势下传播好当代中国价值观念、提高国家文化软实力提出了更高要求。新时代新征程，习近平总书记提出了在新的历史起点上继续推动文化繁荣、建设文化强国、建设中华民族现代文明的新的文化使命。红色基因是社会主义核心价值观的丰富滋养，是中国精神、中国价值、中国力量的重要来源，是建设中华民族现代文明的强大精神力量，既助力全党全社会的思想培育和精神养护，更促进社会主义先进文化建设、促进中国式现代化新的文化形态创建。传承红色基因，赓续红色血脉，有助于在各种文化交汇激荡中壮大主流价值、主流舆论、主流文化，是弘扬主旋律，传播正能量的题中应有之义。构筑中华民族共有精神家园，要"深入实施红色基因传承工程，大力弘扬以爱国主义为核心的民族精神、以改革创新为核心的时代精神，不断增强对中华民族的认同感和自豪感，振奋各族人民奋进新征程、建功新时代的精气神"[3]。

---

[1] 习近平：《论中国共产党历史》，中央文献出版社2021年版，第146页。
[2] [英]马丁·雅克：《当中国统治世界：中国的崛起和西方世界的衰落》，张莉、刘曲译，中信出版社2010年版，第343页。
[3] 习近平：《铸牢中华民族共同体意识 推进新时代党的民族工作高质量发展》，《求是》2024年第3期。

（四）反对和抵制历史虚无主义需要传承红色基因

历史虚无主义的要害，是从根本上否定马克思主义指导地位和中国走向社会主义的历史必然性，否定中国共产党的领导。我们面临的挑战是，国内外各种敌对势力，总是企图让我们党改旗易帜、改名换姓，企图让我们丢掉马克思主义的信仰，丢掉对社会主义、共产主义的信念，而有些人甚至党内有的同志却没有看清这暗藏的玄机，认同西方"普世价值"；"有的人奉西方理论、西方话语为金科玉律，不知不觉成了西方资本主义意识形态的吹鼓手"。[1]习近平总书记强调："要旗帜鲜明反对历史虚无主义，加强思想引导和理论辨析，澄清对党史上一些重大历史问题的模糊认识和片面理解，更好正本清源、固本培元。"[2]这就要求"在基础性、战略性工作上下功夫，在关键处、要害处下功夫"[3]。传承红色基因就是要贯彻落实这一要求的一项基础性工程和重要战略任务。要加强爱国主义、集体主义、社会主义教育，引导我国人民树立和坚持正确的历史观、民族观、国家观、文化观，增强做中国人的骨气和底气，增强各族人民对伟大祖国、中华民族、中华文化、中国共产党和中国特色社会主义的深刻认同。

二、传承红色基因的重要主体

传承红色基因，赓续红色血脉，是全党全社会的共同责任。党的十八大以来，习近平总书记在不同场合，针对不同对象，系统阐明了由谁传承红色基因的问题。他对全党全军全国各族人民传承红色基因

---

[1] 习近平：《在全国党校工作会议上的讲话》，《求是》2016年第9期。
[2] 习近平：《在党史学习教育动员大会上的讲话》，人民出版社2021年版，第25页。
[3] 《举旗帜聚民心育新人兴文化展形象 更好完成新形势下宣传思想工作使命任务》，《人民日报》2018年8月23日。

提出了殷切期望，反复叮嘱要"把红色资源利用好、把红色传统发扬好、把红色基因传承好"[1]，激励全社会成员积极参与，共同做好红色基因的传承和传播。其中，他尤为关注党员干部、人民军队和青少年对红色基因的传承。

（一）党员干部

红色基因蕴含着党的智慧和力量，凝结着革命先辈的责任和担当，蕴含着中国共产党人鲜明的政治立场、坚定的信仰信念、先进的制胜之道、优良的作风纪律、崇高的革命精神等。传承红色基因，中国共产党人尤其是党员干部应该走在前列，发挥先锋模范作用，这是其自身的使命与要求。习近平总书记强调，"要教育引导全党大力发扬红色传统、传承红色基因，赓续共产党人精神血脉"[2]。

党员干部要通过传承红色基因，坚定理想信念。马克思主义政党是"以共同理想信念而组织起来的政党"[3]。只有铸牢理想信念之魂，才能经受住各种考验。习近平总书记强调，"我们要从红色基因中汲取强大的信仰力量，增强'四个意识'，坚定'四个自信'，做到'两个维护'，自觉做共产主义远大理想和中国特色社会主义共同理想的坚定信仰者和忠实实践者，真正成为百折不挠、终生不悔的马克思主义战士"[4]。要教育引导全党同志"要把对马克思主义的信仰、对中国特色社会主义的信念作为毕生追求，永远信党爱党为党"[5]。

---

[1]《贯彻全军政治工作会议精神 扎实推进依法治军从严治军》，《人民日报》2014年12月16日。

[2] 习近平：《在党史学习教育动员大会上的讲话》，《求是》2021年第7期。

[3] 习近平：《推进党的建设新的伟大工程要一以贯之》，《求是》2019年第19期。

[4] 习近平：《用好红色资源，传承好红色基因 把红色江山世世代代传下去》，《求是》2021年第10期。

[5] 习近平：《在"七一勋章"颁授仪式上的讲话》，人民出版社2021年版，第2页。

党员干部要通过传承红色基因，牢记初心使命。不忘初心，方得始终。干部要把党的初心、党的使命铭刻于心，人生奋斗才有更高的思想起点，才有不竭的精神动力。习近平总书记强调，要"让广大党员、干部在接受红色教育中守初心、担使命，把革命先烈为之奋斗、为之牺牲的伟大事业奋力推向前进"[1]。要教育引导全党同志懂得党的初心和使命之可贵，理解坚守党的初心和使命之重要，不断检视初心、滋养初心，不断锤炼忠诚干净担当的政治品格。

党员干部要通过传承红色基因，涵养高尚的道德品质。对此，习近平总书记从三个方面提出了明确要求。一要崇尚对党忠诚的大德，广大党员、干部永远不能忘记入党时所作的对党忠诚、永不叛党的誓言，做到始终忠于党、忠于党的事业，做到铁心跟党走、九死而不悔。二要崇尚造福人民的公德，广大党员、干部要站稳人民立场，始终同人民风雨同舟、生死与共，勇于担当、积极作为，切实把造福人民作为最根本的职责。三要崇尚严于律己的品德，广大党员、干部要慎微慎独，清清白白做人、干干净净做事，努力做一个高尚的人、一个纯粹的人、一个有道德的人、一个脱离了低级趣味的人、一个有益于人民的人。建设忠诚干净担当的高素质专业化干部队伍，继续加强党风廉政建设，一体推进不敢腐、不能腐、不想腐，确保党的肌体健康。[2]

（二）军队官兵

人民军队是保卫红色江山永不变色的坚强柱石。在长期实践中，人民军队在党的旗帜下前进，形成了一整套建军治军原则，发展了人

---

[1] 习近平：《用好红色资源，传承好红色基因 把红色江山世世代代传下去》，《求是》2021年第10期。
[2]《坚持以人民为中心深化改革开放 深入推进青藏高原生态保护和高质量发展》，《人民日报》2021年6月10日。

民战争的战略战术，培育了特有的光荣传统和优良作风。习近平强调，"这是人民军队从胜利走向胜利的传家法宝，是人民军队必须永志不忘的红色血脉"〔1〕，要铭记光辉历史、传承红色基因，为把人民军队建设成为世界一流军队而不懈奋斗〔2〕。

人民军队要通过传承红色基因，确保党对军队的绝对领导。治军之道，当先铸魂。红色基因首先昭示的是人民军队政治建军的方向。政治建军的核心就是确保党对军队的绝对领导，培养官兵的绝对忠诚。长期以来，我军之所以能够战胜各种艰难困苦，能够始终保持强大的凝聚力、向心力、战斗力，经受住各种考验，不断从胜利走向胜利，最根本的就是靠党的坚强领导。这是人民军队的军魂和与生俱来的基因血脉，永远不能变，永远不能丢。如果丢掉了这一条，军队就会变质。2014年10月31日，习近平在福建上杭古田出席全军政治工作会议时着重强调，"要把理想信念的火种、红色传统的基因一代代传下去，让革命事业薪火相传、血脉永续"〔3〕。2016年1月5日，习近平在视察十三集团军时，对"半截皮带"的故事感触很深，叮嘱要发掘好、运用好部队中的红色资源，丰富"红色基因代代传"工程内涵，加强党史军史和光荣传统教育，确保官兵永远听党话、跟党走。〔4〕

人民军队要通过传承红色基因，培养能担当强军重任的新时代

---

〔1〕习近平：《在庆祝中国人民解放军建军90周年大会上的讲话》，《求是》2022年第15期。

〔2〕习近平：《用好红色资源，传承好红色基因 把红色江山世世代代传下去》，《求是》2021年第10期。

〔3〕习近平：《用好红色资源，传承好红色基因 把红色江山世世代代传下去》，《求是》2021年第10期。

〔4〕习近平：《用好红色资源，传承好红色基因 把红色江山世世代代传下去》，《求是》2021年第10期。

"四有"军人、"四铁"部队。习近平强调,"要传承好人民军队的红色基因,努力培养有灵魂、有本事、有血性、有品德的新时代革命军人"[1],"锻造铁一般信仰、铁一般信念、铁一般纪律、铁一般担当的过硬部队,永葆人民军队性质、宗旨、本色"[2]。新时代传承红色基因,要着力锻造维护核心、听党指挥的绝对忠诚,坚定社会主义、共产主义的理想信念,强化勇于改革、敢于突破的创新意识,培育一不怕苦、二不怕死的战斗精神,严明高度自觉、令行禁止的革命纪律,巩固爱民为民、军民团结的特有优势,推动红色基因融入官兵血脉,为推进新时代强军事业提供政治滋养和强大动力,把红色基因中宝贵的精神财富转化为推动国防和军队现代化建设的强大动力。

(三)青少年

青少年是祖国的未来、民族的希望。传承红色基因尤其要靠一代又一代青少年。习近平总书记指出:"新时代的中国青年,更加自信自强、富于思辨精神,同时也面临各种社会思潮的现实影响,不可避免会在理想和现实、主义和问题、利己和利他、小我和大我、民族和世界等方面遇到思想困惑,更加需要深入细致的教育和引导,用敏锐的眼光观察社会,用清醒的头脑思考人生,用智慧的力量创造未来。"[3]加强对青少年的教育引导,需要努力在青少年心中播撒"红色种子",加强青少年红色基因的传承,坚定他们的信仰信念信心,确保红色江山永不变色、后继有人。"要抓好青少年学习教育,着力讲好党的故

---

[1] 习近平:《用好红色资源,传承好红色基因 把红色江山世世代代传下去》,《求是》2021年第10期。

[2] 习近平:《在庆祝中国人民解放军建军90周年大会上的讲话》,《求是》2022年第15期。

[3] 习近平:《在庆祝中国共产主义青年团成立100周年大会上的讲话》,《人民日报》2022年5月11日。

事、革命的故事、英雄的故事，厚植爱党、爱国、爱社会主义的情感，让红色基因、革命薪火代代传承。"[1]

青少年要通过传承红色基因，树立正确的世界观、人生观、价值观。习近平总书记指出："革命传统教育要从娃娃抓起，既注重知识灌输，又加强情感培育，使红色基因渗进血液、浸入心扉，引导广大青少年树立正确的世界观、人生观、价值观。"[2]他强调，"红色基因就是要传承。中华民族从站起来、富起来到强起来，经历了多少坎坷，创造了多少奇迹，要让后代牢记"[3]。要教育引导学生正确认识世界和中国发展大势，从我们党探索中国特色社会主义历史发展和伟大实践中，认识和把握人类社会发展的历史必然性，认识和把握中国特色社会主义的历史必然性，不断树立为共产主义远大理想和中国特色社会主义共同理想而奋斗的信念和信心；正确认识中国特色和国际比较，全面客观认识当代中国、看待外部世界；正确认识时代责任和历史使命，用中国梦激扬青春梦，为学生点亮理想的灯、照亮前行的路，激励学生自觉把个人的理想追求融入国家和民族的事业中，勇做走在时代前列的奋进者、开拓者。[4]

青少年要通过传承红色基因，努力成长为堪当民族复兴大任的时代新人。当代中国青少年是与新时代同向同行、共同前进的一代，生逢盛世，肩负重任。习近平总书记指出："新时代中国青年对先辈最好的告慰、对历史最大的负责，就是坚定走好新时代的长征路。"[5]他反

---

[1] 习近平：《在党史学习教育动员大会上的讲话》，《求是》2021年第7期。
[2] 习近平：《论中国共产党历史》，中央文献出版社2021年版，第108页。
[3] 《习近平李克强王沪宁赵乐际韩正分别参加全国人大会议一些代表团审议》，《光明日报》2018年3月9日。
[4] 习近平：《论党的宣传思想工作》，中央文献出版社2020年版，第277页。
[5] 习近平：《论党的青年工作》，中央文献出版社2022年版，第241页。

复勉励广大青少年要做社会主义核心价值观的坚定信仰者、积极传播者、模范践行者，多了解中国革命、建设、改革的历史知识，向英雄学习、向前辈学习、向榜样学习，热爱党、热爱祖国、热爱人民，争做堪当民族复兴重任的时代新人，用实际行动把红色基因一代代传下去。

三、传承红色基因的实践路径

传承红色基因是一项系统工程，需要全党全社会协同发力、综合施策、久久为功。党的十八大以来，习近平总书记结合新时代新情况提出了一系列实践要求，系统阐明了红色基因"怎么传承"的问题。

（一）抓好科学理论武装，坚持不懈用习近平新时代中国特色社会主义思想凝心铸魂

理论上坚定清醒是思想政治上坚定清醒的前提。抓好科学理论武装，坚持不懈用习近平新时代中国特色社会主义思想凝心铸魂，是新时代传承红色基因、赓续红色血脉的重要任务。马克思主义是认识世界和改造世界的锐利思想武器，是我们立党立国、兴党兴国的根本指导思想。100多年来，"我们党之所以能够统一思想、统一步调、团结一致向前进，之所以能够取得革命、建设、改革的伟大胜利和辉煌成就，就在于我们党坚持马克思主义指导"[1]。在推进马克思主义中国化时代化的历史进程中，我们党先后取得了毛泽东思想、邓小平理论、"三个代表"重要思想、科学发展观、习近平新时代中国特色社会主义思想等重大理论成果，指导党和人民事业不断开创新局。习近平新时代中国特色社会主义思想是当代中国马克思主义、二十一世纪马克思

---

[1]《解放思想改革创新再接再厉 谱写陕西高质量发展新篇章》，《人民日报》2021年9月16日。

主义，是中华文化和中国精神的时代精华，是推进强国建设、民族复兴伟业的根本指导思想。新时代传承红色基因，要持续加强理论武装，加强马克思主义基础理论学习，掌握贯穿其中的立场观点方法，尤其是要全面系统学习习近平新时代中国特色社会主义思想，运用好坚持人民至上、坚持自信自立、坚持守正创新、坚持问题导向、坚持系统观念、坚持胸怀天下的世界观和方法论，用习近平新时代中国特色社会主义思想固本培元、凝心铸魂，把习近平新时代中国特色社会主义思想转化为坚定理想、锤炼党性、砥砺作风、指导实践、推动工作的强大力量，不断增进对党的创新理论的政治认同、思想认同、理论认同、情感认同，不断培植我们的精神家园。

（二）加强党史学习教育，从党的历史中汲取智慧和力量

党的历史是最生动、最有说服力的教科书。习近平总书记指出："中国革命历史是最好的营养剂，重温这部伟大历史能够受到党的初心使命、性质宗旨、理想信念的生动教育。"[1]推动全党全社会学好党史、用好党史，从党的历史中汲取智慧和力量，用党的历史教育人、启迪人、感化人、鼓舞人，是传承红色基因、赓续红色血脉的重要途径。习近平总书记强调，要从党的辉煌成就、艰辛历程、历史经验、优良传统中，"弄清楚其中的历史逻辑、理论逻辑、实践逻辑。要深刻领悟坚持中国共产党领导的历史必然性，坚定对党的领导的自信。要深刻领悟马克思主义及其中国化创新理论的真理性，增强自觉贯彻落实党的创新理论的坚定性。要深刻领悟中国特色社会主义道路的正确性，坚定不移走中国特色社会主义这条唯一正确的道路"[2]。广大党员干部

---

[1] 习近平：《在党史学习教育动员大会上的讲话》，《求是》2021年第7期。
[2] 习近平：《用好红色资源，传承好红色基因把红色江山世世代代传下去》，《求是》2021年第10期。

群众要坚持学党史和悟思想相统一，理解和把握党中央关于党史的最新表述、评价和结论，全面系统学习党史，学习和运用党在长期奋斗中积累的宝贵历史经验，弘扬伟大建党精神，树立正确党史观，准确把握党的历史发展的主题主线、主流本质，同时把学习党史同学习新中国史、改革开放史、社会主义发展史、中华民族发展史结合起来，进一步做到学史明理、学史增信、学史崇德、学史力行。党的二十大报告提出，坚持理论武装同常态化长效化开展党史学习教育相结合，引导党员、干部不断学史明理、学史增信、学史崇德、学史力行，传承红色基因，赓续红色血脉。[1] 为了推动党史学习教育常态化长效化，2024年2月，中共中央印发《党史学习教育工作条例》。新征程上，传承红色基因，要以学习宣传贯彻《党史学习教育工作条例》为契机，把党史学习教育融入日常、抓在经常，推动全党全社会学好党史、用好党史。

（三）用心用情用力保护好、管理好、运用好红色资源

红色资源是红色基因的重要载体，是我们党艰辛而辉煌奋斗历程的见证，是坚定理想信念、加强党性修养的生动教材，在加强革命传统教育、爱国主义教育、传承红色基因等方面具有重要作用。红色资源是指中国共产党领导下，在新民主主义革命时期、社会主义革命和建设时期、改革开放和社会主义现代化建设新时期、中国特色社会主义新时代所形成的具有历史价值、教育意义、纪念意义的下列物质资源和精神资源，包括重要旧址、遗址、纪念设施或者场所等；重要档案、文献、手稿、声像资料和实物等；具有代表性的其他资源。[2] 习近

---

[1] 习近平：《高举中国特色社会主义伟大旗帜 为全面建设社会主义现代化国家而团结奋斗——在中国共产党第二十次全国代表大会上的报告》，《人民日报》2022年10月26日。
[2]《上海市红色资源传承弘扬和保护利用条例》，《解放日报》2021年5月31日。

平总书记指出:"革命博物馆、纪念馆、党史馆、烈士陵园等是党和国家红色基因库。"[1]"从党的一大会址到党的各个重要革命根据地,从土地革命、抗日战争、解放战争纪念地点到社会主义革命和建设、改革开放重要纪念场所等,每到一地,重温那一段段峥嵘岁月,回顾党一路走过的艰难历程,灵魂都受到一次震撼,精神都受到一次洗礼。"[2]他反复强调,一定要用心用情用力保护好、管理好、运用好红色资源。

关于如何保护好、管理好、运用好红色资源,习近平总书记提出了几个方面的明确要求。一是要加强科学保护。红色资源是不可再生、不可替代的珍贵资源,保护是首要任务。要本着对历史负责、对人民负责的态度,深入开展红色资源专项调查,加强红色遗址、革命文物保护工作,统筹好抢救性保护和预防性保护、本体保护和周边保护、单点保护和集群保护等。二是要开展系统研究。统筹研究力量,强化研究规划,积极开展革命史料的抢救、征集和研究工作,加强革命历史研究,深入挖掘红色资源背后的思想内涵。三是要打造精品展陈。坚持政治性、思想性、艺术性相统一,把好导向、聚焦主题,用史实说话,着力打造高质量精品展陈,增强表现力、传播力、影响力,生动传播红色文化。四是要强化教育功能。围绕革命、建设、改革各个历史时期的重大事件、重大节点,研究确定一批重要标识地,讲好党的故事、革命的故事、英雄的故事,彰显时代特色,使之成为教育人、激励人、塑造人的大学校。[3]

---

[1] 习近平:《用好红色资源,传承好红色基因把红色江山世世代代传下去》,《求是》2021年第10期。

[2] 习近平:《用好红色资源 赓续红色血脉 努力创造无愧于历史和人民的新业绩》,《求是》2021年第19期。

[3] 习近平:《用好红色资源 赓续红色血脉 努力创造无愧于历史和人民的新业绩》,《求是》2021年第19期。

（四）用好"大思政课"渠道

思政课是落实立德树人根本任务的关键课程，是开展马克思主义理论教育、用党的创新理论铸魂育人的主渠道和主阵地，对于传承红色基因、赓续红色血脉具有重要促进作用。习近平总书记强调："'大思政课'我们要善用之，一定要跟现实结合起来。"[1]传承红色基因，要将红色基因所体现的丰富内涵和深厚底蕴融入思政课课堂教学之中，推进大中小学思想政治教育一体化建设，提高思政课的针对性和吸引力，"把思政小课堂同社会大课堂结合起来"，"讲好中华民族的故事、中国共产党的故事、中华人民共和国的故事、中国特色社会主义的故事、改革开放的故事，特别是要讲好新时代的故事"，推动红色基因进教材、进课堂、进头脑。[2]习近平总书记指出，"思政课的本质是讲道理，要注重方式方法，把道理讲深、讲透、讲活"[3]。要用好红色资源，精心设计展览陈列、红色旅游线路、学习体验线路，使之成为"大思政课"的典型场景，实现教育目的。"要设计符合青少年认知特点的教育活动，建设富有特色的革命传统教育、爱国主义教育、青少年思想道德教育基地，引导他们从小在心里树立红色理想"[4]，使革命历史、优良传统对青少年群体更具亲和力、接受性。要鼓励学校与革命场馆开展共建实践，探索现场教学、主题活动、志愿服务等活动，鼓励纪念馆、博物馆专家及讲解员，作为兼职教师，进学校参与思政课教学

---

[1]《"'大思政课'我们要善用之"》，《人民日报》2021年3月7日。
[2] 习近平：《思政课是落实立德树人根本任务的关键课程》，《求是》2020年第17期。
[3]《坚持党的领导传承红色基因扎根中国大地 走出一条建设中国特色世界一流大学新路》，《人民日报》2022年4月26日。
[4] 习近平：《用好红色资源 赓续红色血脉 努力创造无愧于历史和人民的新业绩》，《求是》2021年第19期。

活动。要讲好革命文物背后的红色故事，特别要讲深讲活讲透革命文物背后的"事"和"理"，做到以物证史、凭物言理，最终实现以物感人、托物传志，以文物背后的事理传递信仰信念的真理，让"纪念馆里的思政课"更加生动。要发挥榜样的力量，鼓励老革命、老干部、老战士、老党员以及英雄模范继续发光发热，结合自身经历讲述，为红色基因注入强大生命力。

（五）建立常态化长效化制度机制

理想信念的确立不是一蹴而就的，需要以常态化长效化的制度机制来保障。加强顶层设计和整体谋划，强化制度安排，是传承红色基因的重要途径。新时代以来，党和政府在这些方面采取了一系列重大举措。比如中共中央、国务院印发《新时代爱国主义教育实施纲要》；全国人大常委会制定修订一系列与爱国主义相关的专门法律，如国旗法、国歌法、国徽法、英雄烈士保护法、爱国主义教育法等；军队把传承红色基因作为政治建军的战略任务和基础工程，颁布《传承红色基因实施纲要》，等等。这些都为红色基因的传承提供了法律与制度保障。新征程上，要持续强化各方制度协同，使传承红色基因融入日常、化作经常，形成传承红色基因、赓续红色血脉的社会风尚。

礼仪是宣示价值观、教化人民、加强理想信念教育、传承红色基因的有效方式。2014年2月24日，习近平总书记提出，一些重大礼仪活动要上升到国家层面，以发挥其社会教化作用。要有计划地建立和规范一些礼仪制度，如升国旗仪式、成人仪式、入党入团入队仪式等，利用重大纪念日、民族传统节日等契机，组织开展形式多样的纪念庆典活动，传播主流价值，增强人们的认同感和归属感。[1]新时代以

---

[1] 习近平：《论党的宣传思想工作》，中央文献出版社2020年版，第59页。

来，党和国家通过建立健全党和国家功勋荣誉表彰制度、设立烈士纪念日等举措，在全社会唱响了主旋律、弘扬了正能量，为传承红色基因创造了良好的社会氛围。

习近平总书记关于传承红色基因的重要论述，深刻阐发了传承红色基因的重要意义、重点主体、实践路径等问题，是新时代赓续红色血脉、续写红色华章的根本遵循。新征程上，我们要深入学习领会习近平关于传承红色基因的重要论述，争当红色基因的传承者、弘扬者、践行者，为以中国式现代化全面推进强国建设、民族复兴伟业增添强大精神力量，把红色江山世世代代传承下去。

中国共产党用好红色资源赓续红色血脉的历史考察[*]

党的十九届六中全会通过的《中共中央关于党的百年奋斗重大成就和历史经验的决议》强调,要坚定理想信念,牢记初心使命,"赓续党的红色血脉,弘扬党的优良传统","以咬定青山不放松的执着奋力实现既定目标,以行百里者半九十的清醒不懈推进中华民族伟大复兴"。[1] 2021年6月25日,中央政治局专门就用好红色资源、赓续红色血脉进行第三十一次集体学习。习近平总书记指出:"红色资源是我们党艰辛而辉煌奋斗历程的见证,是最宝贵的精神财富。红色血脉是中国共产党政治本色的集中体现,是新时代中国共产党人的精神力量源泉。回望过往历程,眺望前方征途,我们必须始终赓续红色血脉,用党的奋斗历程和伟大成就鼓舞斗志、指引方向,用党的光荣传统和优良作风坚定信念、凝聚力量,用党的历史经验和实践创造启迪智慧、

---

[*] 本文原载于《中国井冈山干部学院学报》2021年第6期。中国社会科学院大学硕士研究生檀斯琦对本文有贡献。

[1]《中共中央关于党的百年奋斗重大成就和历史经验的决议》,《人民日报》2021年11月17日。

砥砺品格，继往开来，开拓前进，把革命先烈流血牺牲打下的红色江山守护好、建设好，努力创造不负革命先辈期望、无愧于历史和人民的新业绩。"[1]这反映了红色资源所承载的价值与意义，保护传承与利用红色资源的重要性。红色资源是红色文化资源的简称，指中国共产党领导下，在新民主主义革命时期、社会主义革命和建设时期、改革开放和社会主义现代化建设新时期、中国特色社会主义新时代所形成的具有历史价值、教育意义、纪念意义的下列物质资源和精神资源，包括重要旧址、遗址、纪念设施或者场所等；重要档案、文献、手稿、声像资料和实物等；具有代表性的其他资源。[2]红色资源的范围很宽泛，既包含了物质资源，也包含了精神资源，在时间跨度上从五四运动以来的新民主主义革命时期，一直延续至中国特色社会主义新时代。以习近平同志为主要代表的中国共产党人反复强调，要"把红色资源利用好、把红色传统发扬好、把红色基因传承好"[3]。在中国共产党百年历史进程中，不仅领导人民不断创造、丰富红色资源，而且始终高度重视红色资源的保护与利用，传承红色基因，使之成为加强党的建设、增进人民政治认同的精神富矿，培育理想信念、引领社会风尚的深厚滋养，繁荣社会主义文化、促进经济社会发展的优势资源。

一、革命战争年代为保存红色资源作出的努力

革命战争年代，尽管环境恶劣，中国共产党仍然努力保护红色资

---

[1]《用好红色资源赓续红色血脉 努力创造无愧历史和人民的新业绩》，《光明日报》2021年6月27日。
[2]《上海市红色资源传承弘扬和保护利用条例》，《解放日报》2021年5月31日。
[3]《贯彻全军政治工作会议精神 扎实推进依法治军从严治军》，《人民日报》2014年12月16日。

源，发挥其坚定信念、凝聚力量与团结人民的作用。建党初期，由于中国的政治环境，党处于秘密状态，"党的重要主张和党员身份应保守秘密"[1]，受此影响，许多红色资源没法得到有效保存。大革命时期，国共两党合作，革命力量发展，革命文物丰富起来，但由于国共两党政治主张与地位不同，文物保护和管理理念差异很大，也影响革命文物的保护。

大革命失败后，中国共产党走上了独立领导中国革命的道路，随着各地农村革命根据地的迅速建立和发展，收集和保护红色资源得到重视。1928年11月，《红军第四军第六次党代表大会决议案》中规定："编纂红军战史及死难同志传略，并收集其遗嘱遗物作纪念品。"[2]1930年，中共闽西特委在《关于宣传问题草案》中，要求闽西和各级政府设立"比较大规模的图书馆、革命纪念馆及俱乐部等"[3]。这是中国共产党最早提出在苏区建立革命纪念馆的主张。1931年11月，中华苏维埃第一次全国代表大会上通过的《中国工农红军优待条例》规定："死亡战士的遗物应由红军机关或政府收集，在革命历史博物馆中陈列以表纪念"，"死亡战士应由当地政府帮助红军机关收殓，并立纪念碑"。[4]1932年，人民委员会颁布了对赤卫军和政府工作人员参战伤亡的抚恤问题的决议案，也提出将有革命意义的遗金遗物保存在革命陈列馆。1933年，中央教育部决定建立革命博物馆，发出向社会群体公

---

[1]《建党以来重要文献选编（1921—1949）》第1册，中央文献出版社2011年版，第2页。
[2] 井冈山革命根据地党史资料征集编研协作小组、井冈山革命博物馆编：《井冈山革命根据地》上册，中共党史资料出版社1987年版，第202页。
[3] 柯华：《中央苏区宣传工作史料选编》，中国发展出版社2018年版，第94页。
[4]《毛泽东军事文集》第1卷，军事科学出版社、中央文献出版社1993年版，第261页。

开征集陈列品的启事，征集与革命有关的文件、物品、相片、旗帜、印章和徽章等。值得注意的是，这次革命文物征集的内容丰富、类型多样，不仅征集革命的文物，敌方的文件、宣传品、俘虏军官的相片、反革命人物的物品等反革命文物也在征集之列。既征集团体的文物也征集私人的物品。[1]1934年1月，中国共产党建立的第一座博物馆——中央革命博物馆在瑞金正式成立，举办革命史料和革命烈士的展览。但不久后遭敌机轰炸，被迫停止开放。

中央红军长征到达陕北后，有了稳固的大本营，这方面工作更加积极。到达陕北不久，毛泽东便发起集体撰写《红军长征记》。他的意图很明确：一是为了进行国内国际宣传，扩大红军的影响；二是为了红军抗日筹集资金。他在给各部队首长的电报中还专门强调："事关重要，切勿忽视。"1936年春到10月底，红军总政治部征集到约200篇文章，50多万字，最终选定出版了包含40多位作者撰写的100余篇文章，10首长征中传唱的歌曲和歌词，2篇红军英雄谱和4份资料表的《红军长征记》，全书30余万字。[2]这是关于中央红军长征最珍贵的历史文献。为记录、保存红军的光荣历史，1937年5月，中革军委主席毛泽东和红军总司令朱德签发了《军委关于征集红军历史材料的通知》，号召全体红军指战员"尽最大的努力，各就个人的闻见，把红军各种的历史，战斗……等等写出来，并寻各种纪念品"[3]。1936年4月中旬，红二十八军军长刘志丹在战斗中不幸牺牲。党中央为其修建陵

---

[1]《中央苏区文艺丛书》编委会：《中央苏区文艺史料集》，长江文艺出版社2017年版，第145页。

[2] 中共中央文献研究室、光明日报社：《毛泽东亲自发起、集体编撰的〈红军长征记〉》，《光明日报》2006年11月29日。

[3] 中央档案馆：《中共文书档案工作文献选编（1923—1949）》，档案出版社1991年版，第60页。

墓，毛泽东亲笔题写"刘志丹将军墓"的碑志和"群众领袖，民族英雄"[1]的碑石并题写碑文。

为了保存边区革命历史纪念物，1946年的《陕甘宁边区一九四六年到一九四八年建设计划方案》建议在延安建立陕甘宁边区革命历史博物馆，[2]因此还成立了陕甘宁边区革命历史博物馆筹备委员会，做资料搜集筹备工作，虽然后来因内战爆发未能完成，但可以看出陕甘宁边区政府在保护革命文物方面所作的努力。

解放战争胜利在望，1948年6月，为筹建东北烈士纪念馆，《东北日报》刊登了《征求东北抗日烈士的遗物启事》，广泛征集抗日烈士和抗日联军的遗物。据统计，当时共征集各种文物、史料1152件，为烈士事迹展览和纪念馆建设奠定了基础。[3]1949年，北平和平解放后，北平市军管会文化接管委员会文物部因鲁迅故居有流亡地主等寄居问题，为加强保护管理，申请筹备成立鲁迅纪念馆。

新民主主义革命时期，新文学开始对党的革命历史的同步记录和书写。[4]1921年，郭沫若的长诗《女神》最早表达了对共产主义的呼唤，表现出摧毁旧世界、创造新世界的革命精神；1926年，蒋光慈的小说《少年漂泊者》最早描写青年知识分子投奔共产主义的历程；1931年，巴金的小说《死去的太阳》最早表现上海、南京等地的工人运动；茅盾的小说《子夜》全景表现20世纪30年代都市生活的方方面面，书写旧世界的崩溃和新生事物的诞生，成为革命启蒙教科书；1935年，

---

[1]《习仲勋文集》（上），中共党史出版社2013年版，第432页。

[2] 中国科学院历史研究所第三所：《陕甘宁边区参议会文献汇集》，科学出版社1958年版，第331页。

[3] 黑龙江省地方志编纂委员会：《黑龙江省志·文物志》，黑龙江人民出版社1994年版，第460页。

[4] 吴义勤：《百年中国文学的红色基因》，《光明日报》2021年6月22日。

萧军的小说《八月的乡村》正面表现东北抗战和东北人民的生活与挣扎；1945年，贺敬之、丁毅执笔的歌剧《白毛女》深刻揭示"旧社会把人变成鬼，新社会把鬼变成人"的主题；1948年，周立波的小说《暴风骤雨》和丁玲的小说《太阳照在桑干河上》真实表现解放区土改的宏阔场景。

除了这些名家名篇，革命文艺工作者创作了大量的红色作品，激发了广大军民的革命斗志。仅《中央苏区革命文化史料汇编》所收录的戏剧名录便多达180种，活报剧34种，歌剧、舞剧、表演唱29种，舞蹈16种，戏曲、木偶戏16种，曲艺10种，讽刺剧、滑稽剧、哑剧5种。[1] 延安时期创作的文艺作品有新秧歌剧《兄妹开荒》，诗歌《王贵与李香香》，戏曲《穷人恨》《血泪仇》，话剧《同志，你走错了路》《抓壮丁》，歌曲《延安颂》《东方红》，小说《高干大》《种谷记》，长诗《王贵与李香香》，大型音乐作品《黄河大合唱》，陕北说书《刘巧团圆》等，以及各种版画。这些反映革命实践活动，体现革命精神的红色经典，在团结人民、战胜敌人方面发挥了重要作用，"在革命前，是革命的思想准备；革命中，是革命总路线中的一条必要和重要的战线"[2]。

新民主主义革命时期，中国共产党领导中国人民在争取民族独立和人民解放的革命实践中，为后代留下了极为宝贵的精神文化资源和物质文化资源，培育并构建起了伟大建党精神、井冈山精神、苏区精神、长征精神、遵义会议精神、延安精神、抗战精神、红岩精神、西柏坡精神、照金精神、东北抗联精神、南泥湾精神、太行精神（吕梁

---

[1] 江西省文化厅革命文化史料征集工作委员会、福建省文化厅革命文化史料征集工作委员会编：《中央苏区革命文化史料汇编》，江西人民出版社1994年版，第357—375页。
[2]《毛泽东选集》第2卷，人民出版社1991年版，第708页。

精神)、大别山精神、沂蒙精神、老区精神、张思德精神等红色精神谱系,为保护珍贵红色资源、传承红色基因作出了极大的努力。

二、发扬革命传统与红色资源保护工作体制机制的初步建立

为缅怀1840年以来,为争取民族独立和人民自由幸福,在历次斗争中英勇牺牲的人民英雄,1949年9月30日,中国人民政治协商会议第一届全体会议通过了建立人民英雄纪念碑的决定。当天下午6时,毛泽东偕同全体政协委员在北京天安门广场中心举行奠基典礼。毛泽东亲笔题写"人民英雄永垂不朽"八个大字。纪念碑背面刻有毛泽东起草、周恩来书写的碑文,致敬英雄、传承精神。

革命文物彰显着中国先进分子的初心使命,是革命历史的见证。新中国积极制定相关政策,加强对革命文物的保护,初步建立了红色资源保护的工作体制机制。1950年3月,成立了中央革命博物馆筹备处,负责搜集和保管革命历史档案和文物。同年6月,政务院下达关于征集革命文物的命令,在全国普遍征集一切有关的革命文物,文件中将革命文物的范围上溯到鸦片战争以来旧民主主义革命时期的革命运动史料。1951年7月3日,当中共中央收到上海市委宣传部已经查悉党的一大会址及一大会后党的领导机关的办公地点时,即向上海市委指示:"这几个地方,如属可靠,即可用适当方式保存,留作纪念"[1]。1952年10月28日,毛泽东视察黄河故道,特意在邯郸停留,专程参谒晋冀鲁豫烈士陵园和迁移至这里的左权墓。

随着大规模经济建设的展开,党和政府十分注意解决经济建设和革命文物保护的矛盾。1953年10月,政务院颁布《关于在基本建设

---

[1]《中国共产党宣传工作文献选编(1949—1956)》,学习出版社1996年版,第249页。

工程中保护历史及革命文物的指示》，明确规定"各级人民政府对历史及革命文物负有保护责任"[1]。全国各级博物馆、纪念馆等纷纷开展革命文物征集和保护工作，并利用历史和革命文物对人民进行爱国主义教育。1956年国务院下达《关于在农业生产建设中保护文物的通知》，要求加强群众宣传，使文物保护成为广泛的群众性工作，还决定建立文物保护单位并在全国范围内对历史和革命文物遗迹进行普查。

1961年3月，国务院颁布《关于进一步加强文物保护和管理工作的指示》，提出"重点保护，重点发掘，既对基本建设有利，又对文物保护有利"[2]的文物保护方针。同月，国务院还发布了《文物保护管理暂行条例》。这是国务院制定和公布的第一个具有文物基本法性质的法规，是我国文物事业开始向规范化、制度化迈进的重要标志。1964年，中共中央决定建设韶山毛泽东同志纪念馆。该馆现有馆藏文物、文献、资料6.3万件，在国内外产生了广泛影响。

强调发扬革命传统。在革命斗争实践中孕育形成的革命传统和革命精神，彰显了共产党人的信仰底色，是中国革命胜利的文化支撑和精神标识，在新中国得到继续发扬。毛泽东告诫全党，"夺取全国胜利，这只是万里长征走完了第一步"，"中国的革命是伟大的，但革命以后的路程更长，工作更伟大，更艰苦"。[3]1951年8月，他把"发扬革命传统，争取更大光荣"的亲笔题词送给南方革命根据地人民。在整风运动中，中共中央十分注重加强党的革命精神、革命传统教育，强调"要保持过去革命战争时期的那么一股劲，那么一股革命热情，那么一

---

[1]《建国以来重要文献选编》第4册，中央文献出版社2011年版，第399页。
[2] 全国人大常委会法制工作委员会研究室：《中华人民共和国行政法律法规全书》第7册，中国民主法制出版社2000年版，第4567页。
[3]《毛泽东选集》第4卷，人民出版社1991年版，第1438页。

种拼命精神"[1]。在社会主义革命和建设中，党始终强调发扬革命精神、传承革命传统来推动经济社会工作。党带领人民在艰苦创业中形成了抗美援朝精神、"两弹一星"精神、雷锋精神、焦裕禄精神、大庆精神（铁人精神）、红旗渠精神、北大荒精神、塞罕坝精神、"两路"精神、老西藏精神（孔繁森精神）、西迁精神、王杰精神，这些是革命精神在建设年代的进一步丰富发展，保持了革命品格和精神风范。

征集、出版革命回忆录。最有代表性的是被郭沫若誉为"记述中国革命战争的东方史诗"[2]的《星火燎原》《红旗飘飘》。这是回忆人民军队战争史的丛书、丛刊。为纪念建军30周年，1956年7月，中央军委决定发起"中国人民解放军30年征文"活动，530余位开国将帅和省部级以上领导，数万名官兵、转业军人和地方党政干部踊跃撰稿，应征稿件3万余篇。至1982年6月，《星火燎原》丛书10集全部出齐，共编入632篇文章，总计373万字。部分稿件先期结集以《红旗飘飘》为书名出版。刊载的有回忆录、传记、小说，还有诗歌和日记等，内容有描写革命领袖的，有记录革命先烈的，有回忆著名英雄人物和重大历史事件的，还有描写无名英雄和革命斗争生活的。丛刊的目标对象是青少年，用人民革命历史上可歌可泣，惊天地、泣鬼神的事迹，对青少年进行革命传统教育，"从英雄人物的身上吸取精神力量，建设壮丽的社会主义事业，保卫我们伟大的祖国；时刻保持蓬蓬勃勃的朝气。不怕任何风险，勇于克服困难，无限忠诚于人民的事业"[3]。

这些回忆录以历史亲历者的采访回忆为主，是中国革命斗争、人民军队历史最真实最鲜活的记载，史料价值很高，感染人、鼓舞人、

---

[1]《毛泽东文集》第7卷，人民出版社1999年版，第285页。
[2] 李新芝、张玉贞：《毛泽东题词题字珍闻》，台海出版社2016年版，第348页。
[3] 朱德等：《红旗飘飘》第1集，中国青年出版社1957年版，第1页。

教育人，为当时军事文学的繁荣起到了推动作用。如《红色娘子军》《党费》《杜鹃山（潘虎）》等征文稿，没等到编辑结集出版，就被改编成电影或戏剧。这些基于革命历史真实而创作的各种革命题材的作品被称为"红色经典"，成为衍生的红色资源。

中国革命和建设波澜壮阔的历史，为中国红色文艺创作提供了不竭源泉，激发了广大文艺工作者的创作热情，形成现实主义文艺创作的繁盛期，涌现了包括小说、散文、诗集、美术、话剧、电影、大型音乐舞蹈史诗、大型雕塑等在内的大批反映革命历史题材的现实主义经典作品。如报告文学《谁是最可爱的人》《为了六十一个阶级兄弟》；体现革命斗争的小说《红岩》《红旗谱》《红日》《青春之歌》《保卫延安》《林海雪原》等；反映新中国新面貌的小说《山乡巨变》《龙须沟》《创业史》等；英雄人物传记故事《刘胡兰小传》《董存瑞》《青年英雄故事》《黄继光》等；优秀电影《铁道游击队》《小兵张嘎》《渡江侦察记》等；电影、芭蕾舞剧《红色娘子军》；民族歌剧《洪湖赤卫队》《江姐》《党的女儿》等；大型音乐舞蹈史诗《东方红》等；具有高度的思想性和艺术性，在中国文艺史上占有重要地位，产生了极广泛的社会影响，极大地激发了人们建设社会主义的热情。

社会主义革命和建设时期，中国共产党为发掘、抢救和保护各类红色文化资源作出了巨大努力，整理和优待了许多领袖人物的故居和革命旧址，建设博物馆、纪念馆等革命纪念场馆，举办了众多内容丰富的革命展览，取得了对红色资源的保护和利用工作一些规律性认识，为改革开放新时期探索革命文物及红色资源保护工作提供了借鉴。

三、红色资源保护与开发进入法治化专业化轨道

改革开放和社会主义现代化建设新时期，红色资源的保护传承进

一步加强，向法治化专业化规范化迈进，社会效益与经济效益提升。为保护和继承中华民族优秀的历史文化遗产，促进科学研究工作，进行爱国主义和革命传统教育，建设社会主义精神文明，1982年，我国颁布了第一部文物保护法，将党保护利用革命文物的主张转化为具有普遍约束力的法律规范。文物保护法明确与重大历史事件、革命运动和著名人物有关的，具有重要纪念意义、教育意义和史料价值的建筑物、遗址、纪念物，重要的革命文献资料以及具有历史、艺术、科学价值的手稿均列为革命文物。以此为核心，行政法规、部门规章等相关的法律框架逐步建立，规范了红色资源的保护工作。随着社会主义市场经济体制的建立，经济发展与文物保护的矛盾日益突出。1992年和1995年，国务院先后召开两次全国文物工作会议，提出"保护为主、抢救第一""有效保护、合理利用、加强管理"的方针和原则。1997年，国务院颁布《关于加强和改善文物工作的通知》，提出建立国家保护为主，并动员社会参与的文物保护体制，指出"要进一步加强近现代文物特别是革命文物的保护和利用，努力做好革命文物的普查、征集、保护、研究和展示工作"[1]。1998年，中共中央、国务院转发中央宣传部等六部委《关于加强革命文物工作的意见》，明确对财政比较困难的老少边穷地区的重点革命旧址、革命纪念建筑和革命烈士纪念建筑的抢救维修，要在经费安排上给予倾斜。

  2002年，文物保护法修订，确立了"保护为主、抢救第一、合理利用、加强管理"的文物工作方针，成为文物工作的遵循和指南。文物保护法进一步明确了红色资源保护与利用的关系：保护是文物工作的基本任务和核心任务；保护中要抓住重点，利用要合理，要以保护

---

[1] 中国法律年鉴社编辑部：《中国法律年鉴（1998）》，中国法律年鉴出版社1997年版，第439页。

为主、服从保护；加强管理，为实现文物的有效保护和合理利用提供基本保障。2008年，国家文物局等多部门联合印发《关于加强革命文物工作的若干意见》，对革命文物进行界定："包括各类与革命运动、重大历史事件或者与英烈人物有关的，具有重要纪念意义、教育意义，或者史料价值的近代重要史迹、实物、代表性建筑。"革命文物保护利用类型也随之明确为革命史迹、革命实物、代表性建筑等三大类，提出了革命文物工作的指导思想、基本原则和总体目标，对建立科学完备的红色文物保护管理体系和宣传教育体系起到了积极的指导作用。在改革开放新时期，红色文物收藏保护工作得到有效加强，基础设施条件明显改善，展示传播功能显著增强，红色文化资源保护与利用工作继续推进。

进一步强化红色资源的社会教育功能。对外开放在借鉴和吸收人类文明优秀成果的同时，也因打开了"窗子"，飞进了"苍蝇"。西方消费主义、娱乐至上、解构主义等思潮影响，"去思想化""去价值化""去中心化""去主流化""去历史化"，在思想大活跃、观念大碰撞、文化大交融中，出现了功利主义、物质主义、拜金主义、极端个人主义，增加了人们思想价值观念的多元复杂性，一些人"以洋为尊""以洋为美""唯洋是从"。红色资源具有直观、形象、真实、可信的特点，易于为人们接受和理解，是最有说服力和感染力的爱国主义、革命传统教材。1980年，邓小平在中共中央工作会议上提出要发扬在长期革命斗争中形成的"五种革命精神"："革命和拼命精神，严守纪律和自我牺牲精神，大公无私和先人后己精神，压倒一切敌人、压倒一切困难的精神，坚持革命乐观主义、排除万难去争取胜利的精神。"[1] 1983

---

[1]《社会主义精神文明建设文献选编》，中央文献出版社1996年版，第69页。

年，中央宣传部、中央书记处研究室发出《关于加强爱国主义宣传教育的意见》，要求广泛利用各种革命历史文化资源加强爱国主义教育。1984 年，中央宣传部印发《关于加强革命传统教育的意见》，进一步强调重视爱国主义和革命传统教育。

1989 年 6 月召开的党的十三届四中全会，总结了改革开放以来的经验教训，强调要加强对人民群众特别是青少年的思想政治工作，开展爱国主义、社会主义、独立自主、艰苦奋斗的思想教育和革命传统教育。1991 年，多部门联合下发《关于充分运用文物进行爱国主义和革命传统教育的通知》，指出要"依托博物馆、纪念馆和各种革命遗迹、遗址作为固定场所，有计划地运用文物开展爱国主义和革命传统教育活动"[2]，把反映近现代中国人民苦难、奋斗、胜利历程的革命文物，作为青少年思想政治教育的重要内容，列入学校德育工作计划。1994 年，中共中央印发《爱国主义教育实施纲要》，部署建设爱国主义教育基地。1998 年，中央宣传部等六部委发布《关于加强革命文物工作的意见》，认为革命文物凝聚着中华民族和中国共产党人抵御外侮、威武不屈，热爱祖国、维护统一，追求真理、舍身取义，自尊自信、自强不息，励精图治、无私奉献，艰苦奋斗、勤劳勇敢，百折不挠、奋发向上的伟大精神，强调继承和发扬光荣革命传统，推动社会主义现代化建设和民族振兴。进入 21 世纪，红色资源的社会教育功能进一步彰显。除了通过重要的纪念活动进行红色教育，还注重从各个方面、群体、领域发挥红色资源的育人价值。2008 年 1 月，全国博物馆、纪念馆免费开放，进一步强化了博物馆、纪念馆的社会服务功能。在改革开放的伟大历史进程中，红色基因得到传承和创新，产生了改

---

〔2〕 教育部思想政治工作司组编：《加强和改进大学生思想政治教育重要文献选编（1978—2014）》，知识产权出版社 2015 年版，第 118 页。

革开放精神、特区精神、抗洪精神、抗击"非典"精神、抗震救灾精神、载人航天精神、劳模精神（劳动精神、工匠精神）、青藏铁路精神、女排精神等，以创新、拼搏、奋斗的精神展现了民族精神的时代风貌，推动改革开放事业取得伟大成就。

激发红色资源的经济活力。市场经济条件下，红色资源挖掘利用、红色文化传承保护发展具有广阔空间。以第四次文代会召开为标志，中共中央恢复了领导文化工作的"双百"方针，又提出了"文艺为人民服务、为社会主义服务"的方向，文坛艺苑空前活跃，红色文化呈现多样态发展。在市场经济理念下，红色资源不仅仅是教育的资源和载体，同时也成为文学、影视、出版、音乐、美术等的创作素材，在文化产业视角中，红色资源的物质载体和文化产品本身，成为推动经济发展的重要增长点。如全景反映革命战争，再现革命军人英勇战斗、不畏牺牲精神的《抗日战争》《解放战争》《湘江之战》；反映中华人民共和国及改革开放以来中国社会发生的翻天覆地变化的《哥德巴赫猜想》《人到中年》《今夜有暴风雪》《人世间》《我的遥远的清平湾》《人生》《平凡的世界》《腊月正月》《鲁班的子孙》《乡场上》《陈奂生上城》等。在"弘扬主旋律、提倡多样性"方针指导下，高扬理想主义、奉献的主流价值，一批弘扬主旋律的优秀红色文艺作品取得了可观的经济效益。

2004年，中共中央提出大力发展红色旅游产业。2005年2月，中共中央办公厅、国务院办公厅印发《2004—2010年全国红色旅游发展规划纲要》，拉开了全国各地大力发展红色旅游的序幕。红色旅游是以新民主主义革命时期形成的纪念地、标志物为载体，以其所承载的革命历史、事迹和精神为内涵的一种新型主题性旅游活动，把革命老区的政治优势有效地转化为经济优势，形成经济增长点。这是一项无污染、可持续的扶贫工程、富民工程，以带动革命老区经济社会协调发展。因此，"发展红色旅游……既是一项经济工程，更是文化工程、政治工程，是一项利党利国利民的重大举措"[1]。2011年，中共中央办公厅、国务院下发《2011—2015年全国红色旅游发展规划纲要》，把前一个红色旅游发展规划中红色旅游的重点从新民主主义革命时期，拓展到自1840年鸦片战争以来的中国革命遗址遗迹、新中国成立后社会主义革命和建设以及改革开放新时期以来的纪念地，使红色旅游景区景点成为党员干部了解党的历史、加强党性锻炼的重要场所，成为广大群众培养爱国情感、培育民族精神的重要阵地，成为青少年学习革命传统、陶冶道德情操的重要课堂。红色旅游的开发将红色资源的魅力转化为红色旅游的吸引力，不仅提升了旅游的品质和内涵，也促进了红色文化资源的保护与传承，是红色资源在改革开放和市场经济条件下保护与开发利用的有效实践形式。

　　党和人民百年奋斗，书写了中华民族几千年历史上最恢宏的史诗，创造了形式多样、内容丰富、地域广泛的红色资源，红色资源以特有的方式见证了红色政权来之不易、中华人民共和国来之不易、中国特色社会主义来之不易，承载着党和人民的理想信仰、价值追求、精神风貌等，是党史学习教育的重要依托。中国共产党虽然在不同的历史阶段对红色资源的保护利用的程度不同，但百年来始终在努力保护和利用红色资源，秉承红色革命传统，坚守初心使命，凝聚力量，中国人民也通过红色资源认知红色历程，增进政治认同和增强文化自信。百年恰是风华正茂，回首过去，展望未来，向建成社会主义现代化强国的"第二个百年"迈进，我们仍然需要继续用好红色资源，弘扬光

---

[1]《〈2004—2010年全国红色旅游发展规划纲要〉颁布实施》，《法制日报》2005年2月23日。

荣传统，赓续红色血脉，让红色文化释放更强的凝聚力和感召力。同时，红色资源的学理研究是实现红色资源科学有效开发、运用、转化的重要支撑。加大革命文物研究、展示力度，加强红色资源研究阐释、挖掘思想内涵，突出价值引领，扩大红色基因传承的群众基础，使之焕发出时代的生命力，是弘扬革命传统和革命文化、加强社会主义精神文明建设的题中应有之义，这样才能让在过去一百年赢得了伟大胜利和荣光的中国共产党和中国人民，在新时代新征程上赢得更加伟大的胜利和荣光！

新时代中国共产党保护利用红色资源的理念及实践[*]

2021年6月25日,中央政治局专门就用好红色资源、赓续红色血脉进行第三十一次集体学习。习近平总书记指出:"红色资源是我们党艰辛而辉煌奋斗历程的见证,是最宝贵的精神财富。红色血脉是中国共产党政治本色的集中体现,是新时代中国共产党人的精神力量源泉。回望过往历程,眺望前方征途,我们必须始终赓续红色血脉,用党的奋斗历程和伟大成就鼓舞斗志、指引方向,用党的光荣传统和优良作风坚定信念、凝聚力量,用党的历史经验和实践创造启迪智慧、砥砺品格,继往开来,开拓前进,把革命先烈流血牺牲打下的红色江山守护好、建设好,努力创造不负革命先辈期望、无愧于历史和人民的新业绩。"[1]习近平总书记的讲话高度肯定了红色资源所承载的价值与意义,彰显了新时代保护传承与利用红色资源的重要性。党的十八大以来,以习近平同志为核心的党中央高度重视红色资源保护利用和

---

[*] 本文原载于《武陵学刊》2021年第6期。
[1] 《用好红色资源赓续红色血脉 努力创造无愧于历史和人民的新业绩》,《光明日报》2021年6月27日。

红色基因传承工作，据《求是》杂志的资料，2012年12月至2021年3月，习近平总书记在地方考察调研时的讲话中涉及红色资源的有32次[1]，提出了许多新论断，推动了红色资源保护与利用，对于新时代赓续红色血脉，传承红色基因，坚定理想信念，砥砺革命意志有重要意义。

一、用好红色资源、赓续红色血脉，传承红色基因

红色资源是红色文化资源的简称。红色资源是指中国共产党领导下，在新民主主义革命时期、社会主义革命和建设时期、改革开放和社会主义现代化建设新时期、中国特色社会主义新时代所形成的具有历史价值、教育意义、纪念意义的下列物质资源和精神资源，包括重要旧址、遗址、纪念设施或者场所等；重要档案、文献[2]、手稿、声像资料和实物等；具有代表性的其他资源。[3]红色资源的范围很宽泛，既包含了物质资源，也包含了精神资源，在时间跨度上从五四运动以来的新民主主义革命时期，一直延续至中国特色社会主义新时代。习近平总书记反复强调，要把红色资源作为坚定理想信念、加强党性修养的生动教材，要把红色资源利用好、把红色传统发扬好、把红色基因传承好。[4]

习近平总书记率先垂范，到地方考察，多次到访革命纪念地，瞻

---

[1] 习近平：《用好红色资源，传承好红色基因 把红色江山世世代代传下去》，《求是》2021年第10期。
[2] 因为中共中央文献及历届领导集体成员的文献有单位专门做考订研究工作，篇幅所限，本文不做讨论。
[3] 《上海市红色资源传承弘扬和保护利用条例》，《解放日报》2021年5月31日。
[4] 《贯彻全军政治工作会议精神 扎实推进依法治军从严治军》，《人民日报》2014年12月16日。

仰革命历史纪念场所，足迹遍布河北阜平和西柏坡、山东临沂、湖南湘西、福建古田、陕西延安和铜川、贵州遵义、江西井冈山、安徽金寨、宁夏西吉、山西吕梁、上海、浙江嘉兴、湖南汝城、广西全州、北大红楼、丰泽园等。2013年7月11日、12日，习近平总书记在河北调研指导党的群众路线教育实践活动时明确去革命圣地的缘由："每到井冈山、延安、西柏坡等革命圣地，都是一次精神上、思想上的洗礼。每来一次，都能受到一次党的性质和宗旨的生动教育，就更加坚定了我们的公仆意识和为民情怀。"[1]他指出，这些红色资源是党和国家的宝贵精神财富，革命传统和优良作风薪火相传，才能使我们的党永远不变质、我们的红色江山永远不变色。2019年3月4日，习近平总书记在看望参加全国政协十三届二次会议的文艺界社科界委员时强调，共和国是红色的，不能淡化这个颜色。"红色是中国共产党、中华人民共和国最鲜亮的底色，在我国960多万平方公里的广袤大地上红色资源星罗棋布，在我们党团结带领中国人民进行百年奋斗的伟大历程中红色血脉代代相传。"[2]

2021年3月，习近平总书记强调加强革命文物保护利用，弘扬革命文化，传承红色基因，是全党全社会的共同责任；要求切实把革命文物保护好、管理好、运用好，发挥好革命文物在党史学习教育、革命传统教育、爱国主义教育等方面的重要作用，激发广大干部群众的精神力量，信心百倍为全面建设社会主义现代化国家、实现中华民族

---

[1] 习近平：《用好红色资源，传承好红色基因 把红色江山世世代代传下去》，《求是》2021年第10期。
[2] 《用好红色资源赓续红色血脉 努力创造无愧于历史和人民的新业绩》，《光明日报》2021年6月27日。

伟大复兴中国梦而奋斗。[1]他强调用好红色资源,以铸牢理想信念之魂,坚守人民立场之本,砥砺担当作为之勇,永葆清正廉洁之风。习近平总书记关于红色文化、红色资源的重要论述,"是习近平新时代中国特色社会主义思想的重要组成部分,其产生与发展生动体现了马克思主义的理论品质和时代特征"[2]。在上述思想的指导下,新时代加强红色资源保护与利用,进一步完善革命文物保护制度,显著提高了红色资源保护能力和水平。

二、加强顶层设计,完善制度和立法保护红色资源

(一)完善革命文物保护制度

革命文物是红色资源的重要内容。中国共产党革命战争年代就在努力保护革命文物,1928年11月,《红军第四军第六次党代表大会决议案》中规定:"编纂红军战史及死难同志传略,并收集其遗嘱遗物作纪念品。"[3]新中国成立不久,1950年3月,国家成立中央革命博物馆筹备处,负责搜集和保管革命历史档案和文物。之后,加强革命纪念馆、烈士陵园等建设。经过近百年的实践经验积累,2016年,国家文物局发布《关于加强革命文物工作的通知》,要求有关部门和革命文物资源丰富的省(区、市),共同研讨加强保护传承的措施方法,拟定了摸清底数、顶层设计、加强保护、大力弘扬的工作思路。"十三五"以来,革命文物保护制度设计不断完善,协同保护持续深化。2018年

---

[1]《切实把革命文物保护好管理好运用好 激发广大干部群众的精神力量》,《光明日报》2021年3月31日。

[2] 渠长根:《学习习近平关于红色文化的重要论述》,《社会主义核心价值观研究》2019年第2期。

[3] 井冈山革命根据地党史资料征集编研协作小组、井冈山革命博物馆:《井冈山革命根据地》上册,中共党史资料出版社1987年版,第202页。

6月,中央军委印发《传承红色基因实施纲要》。2018年7月,中共中央办公厅、国务院办公厅印发《关于实施革命文物保护利用工程(2018—2022年)的意见》。这是首个专门针对革命文物的中央文件,成为新时代红色文化资源保护与利用的重要遵循。该意见指出,革命文物保护利用的基本原则是:坚持全面保护、整体保护,统筹推进抢救性与预防性保护、文物本体与周边环境保护,确保革命文物的历史真实性、风貌完整性和文化延续性。主要任务是:夯实革命文物基础工作、加大革命文物保护力度、拓展革命文物利用途径、提升革命文物展示水平、创新革命文物传播方式。[1]革命文物保护利用工程的重点项目包括:百年党史文物保护展示工程,革命文物集中连片保护利用工程,长征文化线路整体保护工程,革命文物主题保护展示工程,革命文物陈列展览精品工程和革命文物宣传传播工程。2018年12月,财政部、国家文物局联合印发《国家文物保护专项资金管理办法》,对革命文物保护予以倾斜,支持革命文物保护利用片区整体陈列展示。国家发展改革委牵头修订文化旅游提升工程实施方案中央预算内投资管理办法,对红色旅游基础建设加大投入。2019年11月,国家文物局设立革命文物司。20个省级文物行政部门设立革命文物处。中央全面深化改革委员会会议审议通过了长征国家文化公园建设方案。31个省(区、市)和新疆生产建设兵团制定了革命文物保护利用工程实施方案。编制全国革命文物保护利用"十四五"规划,推进革命旧址维修保护行动和馆藏革命文物保护修复计划,储备、实施、完工一批革命文物保护项目,确保革命文物的历史真实性、风貌完整性和文化延续性。

---

[1]《中办国办印发〈关于实施革命文物保护利用工程(2018—2022年)的意见〉》,《光明日报》2018年7月30日。

（二）强化立法保护红色资源

1961 年国务院发布的《文物保护管理暂行条例》与 1982 年我国第一部《中华人民共和国文物保护法》，都有包含革命文物保护利用的法律规范。新时代开始制定专门法，深化协同保护。2014 年 8 月 31 日，十二届全国人大常委会第十次会议作出关于设立烈士纪念日的决定，将 9 月 30 日设立为烈士纪念日，强调"要充分利用红色资源，加大烈士纪念设施保护力度，强化烈士纪念设施教育功能"[1]。2015 年 9 月 2 日，习近平总书记为抗战老兵颁发"中国人民抗日战争胜利 70 周年"纪念章，指出："实现我们的目标，需要英雄，需要英雄精神。我们要铭记一切为中华民族和中国人民作出贡献的英雄们，崇尚英雄，捍卫英雄，学习英雄，关爱英雄，勠力同心为实现'两个一百年'奋斗目标、实现中华民族伟大复兴的中国梦而努力奋斗！"[2] 2018 年 4 月，十三届全国人大常委会第二次会议通过《中华人民共和国英雄烈士保护法》，为弘扬红色文化、捍卫英雄提供了法治保障。《中华人民共和国文物保护法》最新修订正在征求意见，拟进行修订的一个重要内容就是将进一步明确革命文物类型；强化政府责任，鼓励社会参与；加大不可移动文物保护力度。2018 年 7 月，《关于实施革命文物保护利用工程（2018—2022 年）的意见》明确提出"鼓励各省（自治区、直辖市）和设区的市制定革命文物保护地方性法规"[3]，地方先行立法。2019 年 9 月 27 日，山西省十三人大常委会通过了《山西省红色文化

---

[1]《关于做好烈士纪念日纪念活动的通知》，《人民日报》2014 年 9 月 28 日。
[2] 习近平：《在颁发"中国人民抗日战争胜利 70 周年"纪念章仪式上的讲话》，《光明日报》2015 年 9 月 3 日。
[3]《中办国办印发〈关于实施革命文物保护利用工程（2018—2022 年）的意见〉》，《光明日报》2018 年 7 月 30 日。

遗址保护利用条例》。建党百年之际，各地加快了红色资源保护的立法工作。《山东省红色文化保护传承条例》于2021年1月1日施行。该条例规定，县级以上人民政府应当建立红色文化遗存数据库，建立红色文化遗存保护名录制度，列入保护名录的红色文化遗存实行保护责任人制度。同年5月21日，上海市人大常委会通过《上海市红色资源传承弘扬和保护利用条例》。这部专项立法提出了联席会议机制、名录制度、长三角联动等体制机制和举措，明确单位和个人依法保护红色资源的义务，任何单位和个人不得破坏、损毁、侵占或者歪曲、丑化、亵渎、否定红色资源。[1]该条例第48条规定，鼓励公民、法人和其他组织通过捐赠、资助、志愿服务等方式，参与红色资源传承弘扬和保护利用工作。红色资源保护主体并不只是政府，鼓励社会参与。企业自己投钱改建、运营维护，企业员工来担任讲解员。学校历史老师担任讲解员志愿者，向公众宣传学校红色历史。《河北省人民代表大会常务委员会关于加强革命文物保护利用的决定》于2021年7月1日施行。四川、河南等地，"立法保护红色资源"也成了人大常委会上的关键词。8月，河北省文化和旅游厅制定了《河北省红色文创产品开发促进方案》，为进一步加快推进红色文化资源开发转化提供指导。

（三）形成多主体全方位的革命文物和红色资源保护格局

新时代，形成了党委领导、政府主导、部门协作、社会参与的革命文物工作格局，各级党委和政府落实保护责任的意识显著增强、各级文物部门守土尽责、社会群体广泛参与，全社会对红色文化资源保护与利用重要性的共识初步形成，革命文物保护利用取得重大进展。2012年，国家图书馆联合国内文献收藏单位启动了"革命文献与民国

---

[1]《上海市红色资源传承弘扬和保护利用条例》，《解放日报》2021年5月31日。

时期文献保护"计划，并将红色文献的保护、整理和出版作为工作的重点之一，形成了"革命历史文献资料丛编"系列，2021年出版《中国共产党党报党刊史料丛编（1920—1949）》（第一辑）、《马克思主义在中国早期传播报刊文献汇编（1917—1927）》、《革命和进步期刊汇编》、《山东革命根据地红色期刊汇编》、《山东革命根据地红色报纸汇编》。全国不可移动革命文物 3.6 万多处，国有可移动革命文物 100 多万件/套，革命类博物馆、纪念馆超过 1600 家。国务院公布两批 37 个革命文物保护利用片区，覆盖全国 1433 个县，创建革命文物片区合作机制[1]，实现革命文物的整体规划、连片保护、统筹展示、示范引领，强化了系统保护。实施赣南等原中央苏区革命遗址、延安革命旧址群等保护工程，革命文物保护状况有效改善。制定革命旧址保护利用导则，编制长征文物和文化资源保护传承专项规划。实施百年党史文物保护展示工程，中国共产党历史展览馆、上海中共一大纪念馆、北大红楼与中国共产党早期北京革命活动旧址对外开放。革命文物展示展陈渐成体系，全国文物保护单位革命旧址开放率接近 94%[2]，"十三五"期间推出革命文物展览 4000 多个[3]。上海作为中国共产党的诞生地，拥有丰富的红色资源，2016 年起全面启动实施的"党的诞生地"发掘宣传工程，摸清了上海的红色家底，根据 2020 年的复核统计，全市自 1919 年五四运动到 1949 年上海解放，现共存各类红色资

---

[1] 李群：《国务院关于文物工作和文物保护法实施情况的报告》，中国人大网，2021年8月18日，http://www.npc.gov.cn/npc/c2/c30834/202108/t20210818_312964.html。

[2] 《守护红色资源 传扬红色精神》，《中国旅游报》2021年6月29日。

[3] 李群：《国务院关于文物工作和文物保护法实施情况的报告》，中国人大网，2021年8月18日，http://www.npc.gov.cn/npc/c2/c30834/202108/t20210818_312964.html。

源612处，包括旧址、遗址497处，纪念设施115处。[1]

三、红色资源"活起来"

红色资源是党和国家弥足珍贵的宝贵财富，在保护好革命文物本体基础上，使红色文化资源从博物馆里、从书本中走出来，成为看得见、摸得着的资源宝库，使红色资源"活起来"，是新时代的一大特征。

（一）加大红色文化资源的应用研究力度，切实做好挖掘和创新工作

百年来，一代又一代中国共产党人不畏艰难险阻、直面风险挑战，顽强拼搏、不懈奋斗，展现出伟大的历史主动精神，构筑起中国共产党人的精神谱系，形成了党的光荣传统。2013年，习近平总书记在临沂考察时强调："沂蒙精神与延安精神、井冈山精神、西柏坡精神一样，是党和国家的宝贵精神财富，要不断结合新的时代条件发扬光大。"[2]他反复强调了革命精神能够跨越时空，要结合新的时代条件，传承红色基因、走好新时代长征路。[3]2013年7月，教育部、中共中央党史研究室联合设立八个高等学校"中国共产党革命精神与文化资源研究中心"，要求建设党史和革命精神研究的高地、革命传统教育宣传的阵地和红色文化资源开发利用的智库，进一步促进对红色文化资源的挖掘、调查、记录、保护，系统梳理、研究中国共产党人的精神谱系。深入

---

[1]《奋斗百年路 启航新征程——"党的诞生地"挖掘宣传工程擦亮上海"红色文化"金字招牌 让初心薪火相传》，央广网百家号，2021年1月19日，https://baijiahao.baidu.com/s?id=1689228656264137617&wfr=spider&for=pc。

[2] 习近平：《论中国共产党历史》，中央文献出版社2021年版，第35页。

[3] 习近平：《论中国共产党历史》，中央文献出版社2021年版，第111—112页。

挖掘红色资源、丰富红色文化教育的内容就是要深入挖掘红色文化的内涵，实现红色文化资源在新时代的创新性发展和创造性转化。2021年8月，上海市档案局印发的《关于加强红色档案资源保护和利用工作的意见》，全力推进红色档案数字化，落实数字赋能；全力推进红色档案资源信息的集聚共享，开展红色档案信息归集，将数字化理念和技术应用于红色档案的科学保管保护和开发利用，让红色档案的收管存用插上"数字化"的翅膀，让红色档案资源在数字时代焕发出新的生命力。

（二）发挥红色资源在"四史"学习教育中鲜活生动教科书的作用

习近平总书记强调，"革命博物馆、纪念馆、党史馆、烈士陵园等是党和国家红色基因库"，是"四史"教育、理想信念教育、革命精神教育等主题教育的鲜活教材，也是兴家风、淳民风、正社风的丰厚滋养，有助于提高全民族思想道德水平，为实现中华民族伟大复兴的中国梦提供思想保证。因此，"要讲好党的故事、革命的故事、根据地的故事、英雄和烈士的故事，加强革命传统教育、爱国主义教育、青少年思想道德教育，把红色基因传承好，确保红色江山永不变色"[1]。党史学习教育中充分运用革命旧址、博物馆、纪念馆、展览馆和各类纪念设施，就近就便开展体验教学、主题党日等活动，因地制宜开辟"第二课堂"，让旧址遗迹成为"党史教室"，让文物史料成为"党史教材"，让英烈模范成为"党史教师"。推介庆祝中国共产党成立100周年精品展览，实施革命文物"三个百集"宣传传播工程，具体抓好百集革命文物故事微视频、百集革命旧址短片、百集革命人物纪录片制作等工作，打造内容鲜活、形式新颖、群众喜爱的精品节目。开展好

---

[1] 习近平：《用好红色资源，传承好红色基因 把红色江山世世代代传下去》，《求是》2021年第10期。

"百名红色讲解员讲百年党史"宣讲活动，推动宣讲活动进机关、进学校、进部队，用心用情、用老百姓的语言、用人民群众喜闻乐见的形式，讲好党史中的"真理故事""人民故事""奋斗故事"。党员、干部学党史、新中国史，自觉接受红色传统教育，常学常新，不断感悟，巩固和升华理想信念。

（三）发展红色文艺

习近平总书记指出："每一个历史事件、每一位革命英雄、每一种革命精神、每一件革命文物，都代表着我们党走过的光辉历程、取得的重大成就，展现了我们党的梦想和追求、情怀和担当、牺牲和奉献，汇聚成我们党的红色血脉。"[1]红色文艺是传承红色故事的重要载体和形式，红色文艺的感染力和审美体验能给人留下更加深刻的印象。在新时代，反映历史沧桑和时代巨变的红色文艺作品大量涌现。《十八洞村的十八个故事》《战国红》《乡村国是》等小说描绘了脱贫攻坚伟大事业带来的历史巨变；《毛乌素绿色传奇》《告别伐木时代》《那山，那水》等讲述了当代中国践行"绿水青山就是金山银山"、建设绿色美丽家园的生动实践；《如果来日方长》《苍生在上》等呈现了中国人民在抗击新冠疫情中的伟大奉献精神和英勇斗争品质；《大国重器》《第四极：中国"蛟龙"号挑战深海》《中国桥——港珠澳大桥圆梦之路》《中国速度》等展现了国家建设的巨大成就。

围绕党和国家重要时间节点和重大战略，统筹创作规划、合理配置资源，扶持现实题材、革命历史题材创作，举办一系列展演展览展示活动是我国的传统。以建党百年为契机，实施了庆祝中国共产党成立100周年舞台艺术精品创作工程和主题性美术创作项目，推出一批

---

[1] 习近平：《用好红色资源 赓续红色血脉 努力创造无愧于历史和人民的新业绩》，《求是》2021年第19期。

不同门类、不同题材的优秀舞台艺术作品 140 部、美术佳作 180 多幅。庆祝中国共产党成立 100 周年文艺演出《伟大征程》于 2021 年 6 月 28 日晚在国家体育场盛大举行，以大型情景史诗形式呈现，其中京剧《李大钊》、歌剧《红船》、舞剧《永不消逝的电波》等革命题材作品，歌剧《道路》、话剧《深海》、交响音乐会《浦东交响》等现实题材作品，以及记录脱贫攻坚伟大历程和抗击新冠疫情的各类红色题材结合的彩调剧、花鼓戏、豫剧等传统戏剧形式，在发挥各自艺术特色和剧种优势的同时，也在舞台上成功塑造了一个个感人至深的艺术形象，集中展现了中国共产党带领中国人民从站起来、富起来到强起来的伟大历程。同时还主办了美术作品展、书法、摄影作品、"百年·百姓——中国百姓生活影像大展"等等。

（四）创新红色文化资源的传播方式

习近平总书记指出："要运用新媒体新技术使工作活起来，推动思想政治工作传统优势同信息技术高度融合，增强时代感和吸引力。"[1] 红色文化网站、红色数据资料库、红色文化网上体验、红色文化资源信息应用平台等信息平台的建设，对红色文化资源的保护与利用起到良好的效果。为庆祝中国共产党成立 100 周年，中央广播电视总台百集特别节目《美术经典中的党史》，央视网与教育部高等教育司、中国传媒大学、党建杂志社联合高校推出的百集"微党课"短视频《红色文物青年说》等，都给人留下了深刻印象，是红色文化传播创新的新尝试。融媒体时代，推动线上线下融合发展，用好各类媒体、网络平台，推出一批既有深度又接地气，政治性、思想性、艺术性相统一，表现力、传播力、影响力突出的红色教育资源，让红色资源活起来、

---

[1]《习近平谈治国理政》第 2 卷，外文出版社 2017 年版，第 378 页。

"潮"起来。据统计,24集大型文献专题片《敢教日月换新天》大屏首播的观众规模累计达13.36亿,成为近年来第一部首轮播出破10亿的文献专题片;小屏全网点击量达到19.8亿;微博相关话题阅读量超24.14亿,16天共22次登上微博热搜榜,单个话题最高阅读量达2.9亿,成为"爆款"。[1]近百年来,红色题材的艺术创作积累了丰富的经验,以高质量艺术作品满足了人民日益增长的美好生活需要。

四、红色旅游提质增效

新中国成立后,各级党组织、学校会在重大革命纪念日组织党员、学生参观革命博物馆、纪念馆、烈士陵园等,缅怀先烈。为探索市场经济条件下保护与开发利用红色资源的实践形式,2004年,中共中央提出大力发展红色旅游产业,即以新民主主义革命时期形成的纪念地、标志物为载体,以其所承载的革命历史、事迹和精神为内涵开展新型主题性旅游活动。2005年2月,中共中央办公厅、国务院办公厅印发《2004—2010年全国红色旅游发展规划纲要》,拉开了全国各地大力发展红色旅游的序幕。自此,每五年都有一份新的规划纲要出炉。国家加大财政支持,财政部拨付专项资金由2005年的7亿元,增至2016年的15.47亿元、2020年的60亿元[2],用于修路、建机场、改造景区、文物保护、人员培训、景区推广等,着力完善基础设施、提升公共服务、深化内涵挖掘、加强宣传推广。完善政策体系、优化结构布局,推动红色旅游与乡村旅游、生态旅游、红色培训等相结合,提高红色旅游资源智慧化、数字化水平,延展红色旅游产业辐射宽度和资源聚集深度,改善革命旧址服务设施和景观环境,以"红色旅游+"推动

---

[1]《19.8亿!让主旋律余音绕梁的密码是什么?》,《CMG观察》2021年9月1日。
[2]《红色旅游迎来高质量发展转折点》,《经济日报》2021年3月19日。

多元业态融合发展,通过党建、研学、乡村观光、休闲度假等方式,进一步提升红色旅游产品的表达形式,扩大红色旅游受众规模,推动红色旅游持续健康发展,不断提升红色旅游发展水平,红色旅游逐步成为旅游发展新亮点。2004年,全国参加红色旅游的人次为1.4亿,2019年上升到了14.1亿。[1]整个"十三五"期间,红色旅游出游人数均保持11%以上的市场份额。[2]10年,已有40多亿人次选择红色旅游。

国家支持有条件的革命老区利用红色资源发展红色旅游,促进群众就业增收,巩固拓展脱贫攻坚成果,更好服务乡村振兴。红色旅游热度不断攀升。2019年,湖南省红色旅游区(点)接待游客1.4亿多人次,实现红色旅游收入1300多亿元,带动红色旅游直接就业25万人,间接就业80万人。湘赣边区域是典型的革命老区、欠发达地区和相对贫困地区,2019年湘赣边区域合作县(市、区)实现红色旅游收入1050亿元,接待游客1.2亿人次,让一大批贫困群众实现脱贫致富。[3]2021年2月,国务院印发的《关于新时代支持革命老区振兴发展的意见》明确提出,推动红色旅游高质量发展,建设红色旅游融合发展示范区,支持中央和地方各类媒体通过新闻报道、公益广告等多种方式宣传推广红色旅游。国家发展改革委会同中央宣传部、文化和旅游部、财政部等相关部门制定发布了《全国红色旅游经典景区名录》,其中涉及相关景点300处。文化和旅游部遴选推出"建党百年红色旅游百条精品线路"活动,推出更多红色文化主题的旅游景区景点和精

---

[1]《大批红色文艺精品值得期待 更多优质红色旅游产品将推出》,《中国文化报》2021年3月24日。

[2]《红色旅游迎来高质量发展转折点》,《经济日报》2021年3月19日。

[3]《2020年中国红色旅游博览会将于11月14日在长沙开幕》,三湘都市报百家号,2020年10月29日,https://baijiahao.baidu.com/s?id=1681878351929650418&wfr=spider&for=pc。

品线路,开展全国红色旅游创意产品和红色旅游演艺作品创新成果征集展示活动,实施红色旅游讲解员建设行动,办好全国红色故事讲解员大赛、中国红色旅游博览会。[1]鉴于红色旅游是一项具有政治属性的旅游活动,如何让人们在旅游的过程中,体验到红色资源的可亲可信可爱可敬,做到见人见物见精神,是对发展红色旅游的要求。在全党开展党史学习教育中,红色旅游成为"课外活动",进一步走热。红色旅游被纳入《中华人民共和国国民经济和社会发展第十四个五年规划和2035年远景目标纲要》,进一步拓展了其教育功能和脱贫富民功能。

随着"文创热"不断升温,红色文创产品也受到越来越多的关注,并在不断创新和发展中呈现出潮流化、创作主体年轻化特色。围绕上海一大会址,开发了石库门雕花式样的"望志路106号"冰箱贴,笔记本、明信片和立体书等多类产品。山东省也开发了体现红色元素的纪念章、胸针、书法刻章等多种文创产品。

百年来,中国共产党在领导革命、建设、改革和新时代的治理中留下了形式多样、内容丰富、地域广泛的红色资源,它以特有的方式见证了红色政权来之不易、中华人民共和国来之不易、中国特色社会主义来之不易,承载着中国共产党和人民的理想信仰、价值追求、精神风貌等,是党史学习教育的重要载体;中国人民通过红色资源认识中国共产党的百年成就源于始终保持革命本色,秉承红色革命传统,坚守初心使命,凝聚力量,也通过红色资源认知红色历程,增进政治认同和增强文化自信。展望未来,要建成社会主义现代化强国,我们仍然需要继续用好红色资源,发扬光荣传统,赓续红色血脉,让红色文化释放更强的凝聚力和感召力,让革命事业薪火相传。

---

[1] 胡和平:《立足文化和旅游特色用好红色资源、传承红色基因》,《人民日报》2021年7月19日。

用根本制度保障文化建设*

任何一种意识形态、任何一种文化，都有一个居于统摄地位的旗帜和灵魂。对于社会主义意识形态、社会主义先进文化来说，其旗帜和灵魂就是马克思主义。党的十九届六中全会通过的《中共中央关于党的百年奋斗重大成就和历史经验的决议》，全面总结百年来特别是党的十八大以来党领导人民在文化建设上取得的成就和经验，把"确立和坚持马克思主义在意识形态领域指导地位的根本制度"列为重要内容。确立和坚持马克思主义在意识形态领域指导地位的根本制度，把马克思主义在意识形态领域的指导地位作为一项根本制度明确提出来，充分体现了文化建设要坚持以马克思主义为指导、坚持和加强党的全面领导，为建设社会主义文化强国提供了有力保障。

习近平总书记指出，马克思主义"犹如壮丽的日出，照亮了人类探索历史规律和寻求自身解放的道路"。马克思主义是科学的理论、人民的理论、实践的理论、不断发展的开放的理论，深刻揭示了自然界、人类社会、人类思维发展的普遍规律，为人类社会发展进步指明

---

* 本文原载于《人民日报》2022 年 7 月 8 日。

了方向。马克思主义是"伟大的认识工具",是当代中国文化发展的灵魂。历史和实践一再表明,对马克思主义指导地位坚持得好、把握得牢,我们的文化事业就能繁荣兴盛,进而推动党和人民事业发展;坚持得不好,发生动摇和偏差,就必然造成思想文化上的混乱,给党和人民事业带来损害。百年来,中国共产党旗帜鲜明地坚持马克思主义指导地位,推动文化建设固本开新、永葆生机。党的十八大以来,习近平总书记就意识形态领域的方向性、战略性问题作出部署,高度重视马克思主义在意识形态领域的指导地位。在习近平新时代中国特色社会主义思想科学指引下,我们把坚持马克思主义在意识形态领域指导地位的根本制度贯彻到文化建设全过程各领域,使坚持和发展马克思主义始终成为主旋律、最强音。社会主义先进文化之所以先进,就在于它以马克思主义这一先进理论为指导。党的十九届四中全会通过的《中共中央关于坚持和完善中国特色社会主义制度、推进国家治理体系和治理能力现代化若干重大问题的决定》,强调坚持马克思主义在意识形态领域指导地位的根本制度,并作出一系列重大部署,为更好推动社会主义先进文化繁荣发展,不断巩固全体人民团结奋斗的共同思想基础提供了制度保证。

  坚持马克思主义在意识形态领域指导地位的根本制度是具体的、现实的,而不是抽象的、空洞的。党的十八大以来,文化领域的一切工作和活动都按照这一根本制度来展开、来推进,切实把马克思主义指导地位贯穿到宣传思想工作各领域,落实到思想理论建设、新闻舆论工作、文艺创作生产、哲学社会科学研究、教育教学各方面和各领域,确保我国文化建设始终沿着正确方向前进。同时,我们深入实施马克思主义理论研究和建设工程,加强和改进学校思想政治教育,落实意识形态工作责任制,切实把这一根本制度体现到坚持正确政治方向、舆论导向、价值取向上，落实到工作理念、思路、举措上，确保了文化建设始终沿着社会主义方向阔步前进。

坚持以马克思主义为指导，是当代中国文化区别于其他文化的根本标志；坚持马克思主义在意识形态领域指导地位的根本制度，是关系党和人民事业长远发展的重大制度创新。落实好这一根本制度，第一位的要求就是推动全党全社会全面贯彻落实习近平新时代中国特色社会主义思想。党的十八大以来，我们之所以能从根本上扭转意识形态领域一度出现的被动局面，使我国意识形态领域形势发生全局性、根本性的转变，巩固和发展主流意识形态，推动社会主义文化繁荣兴盛，就是因为有习近平总书记作为党中央的核心、全党的核心掌舵领航，有习近平新时代中国特色社会主义思想科学指引。面向未来，我们要坚定不移用习近平新时代中国特色社会主义思想武装头脑、指导实践、推动工作，更加自觉地坚持习近平新时代中国特色社会主义思想，用社会主义核心价值观引领新时代文化建设，努力建设具有强大凝聚力和引领力的社会主义意识形态，更好强信心、聚民心、暖人心、筑同心，促进全体人民在思想上精神上紧紧团结在一起。

略论新时代文化建设的历史性成就与历史性变革[*]

"一个国家、一个民族的强盛,总是以文化兴盛为支撑,中华民族伟大复兴需要以中华文化发展繁荣为条件。"[1]党的二十大报告和习近平总书记2023年6月2日在文化传承发展座谈会上的重要讲话,都回顾总结了党的十八大以来在文化建设中提出的一系列新思想新观点新论断,肯定新时代文化建设所取得的成就:"我们确立和坚持马克思主义在意识形态领域指导地位的根本制度,新时代党的创新理论深入人心,社会主义核心价值观广泛传播,中华优秀传统文化得到创造性转化、创新性发展,文化事业日益繁荣,网络生态持续向好,意识形态领域形势发生全局性、根本性转变","全党全国各族人民文化自信明显增强、精神面貌更加奋发昂扬",[2]为新时代开创党和国家事业新局面提供了坚强思想保证和强大精神力量。

---

[*] 本文原载于《毛泽东研究》2023第4期。
[1]《习近平关于社会主义文化建设论述摘编》,中央文献出版社2017年版,第3—4页。
[2]《中国共产党第二十次全国代表大会上文件汇编》,人民出版社2022年版,第9页。

一、新时代文化建设的历史方位与目标

新时代处于实现中华民族伟大复兴的关键时期，形势环境变化之快、改革发展稳定任务之重、矛盾风险挑战之多、对我们党治国理政考验之大前所未有，需要"加强思想引领，广泛凝聚共识，广聚天下英才，努力寻求最大公约数、画出最大同心圆，形成海内外全体中华儿女心往一处想、劲往一处使的生动局面，汇聚起实现民族复兴的磅礴力量！"〔1〕正当中国人民为中华民族伟大复兴而奋斗时，世界处于百年未有之大变局。国际经济、科技、文化、安全、政治等格局都在发生深刻变化，"东升西降"的发展趋势日益显著，各种思想文化渗透交锋越发激烈。以美国为首的西方国家把中国的发展壮大视为对西方价值观和制度模式的威胁，以意识形态划线，人为制造分裂和对抗。

而中国面对的文化格局是，改革开放以来极大地解放了人们的思想，提高了人的主体地位，激发了人民的创造力，思想界空前活跃，文化呈现出多样化发展格局，但同时，拜金主义、享乐主义、极端个人主义和历史虚无主义等错误思潮不时出现，网络舆论乱象丛生，严重影响人们思想和社会舆论环境，存在党的意识形态与文化领导权弱化迹象；文化领域存在着"思想家淡出""泛娱乐化""崇西崇新"，把西方思想作为主要的思想资源，把传统文化视为中国现代化包袱，创作方面有"高原"缺"高峰"，文化产业生产结构与市场需求结构不适应，低端供给过剩与中高端供给不足并存，文化产品有数量、缺质量等现象。

党的十八大以来，以习近平同志为核心的党中央基于"两个大

---

〔1〕 习近平：《在庆祝中国共产党成立100周年大会上的讲话》，《人民日报》2021年7月2日。

局",准确把握世界范围内思想文化相互激荡、中国社会思想观念深刻变化的趋势,在领导党和人民推进治国理政的实践中,把文化建设摆在全局工作的重要位置,不断深化对文化建设的规律性认识,明确"统筹推进'五位一体'总体布局、协调推进'四个全面'战略布局,文化是重要内容;推动高质量发展,文化是重要支点;满足人民日益增长的美好生活需要,文化是重要因素;战胜前进道路上各种风险挑战,文化是重要力量源泉"[1]。习近平总书记强调:"中国特色社会主义是全面发展、全面进步的伟大事业,没有社会主义文化繁荣发展,就没有社会主义现代化。"[2]中国式现代化是物质文明和精神文明相协调的现代化,促进全体人民精神生活共同富裕,促进人的全面发展。因此,建设社会主义现代化强国,要打好"两个基础":物质基础和精神基础;增强"两个力量":物质力量和精神力量;改善"两个生活":物质生活和精神生活。新时代,以高度的文化自信、文化自觉、文化担当,紧紧"围绕举旗帜、聚民心、育新人、兴文化、展形象的使命任务"[3],有力引领新时代中国特色社会主义文化建设的生动实践,推进社会主义文化强国建设。

二、推动意识形态领域形势发生全局性、根本性转变

"马克思主义是我们立党立国的根本指导思想,是社会主义意识形

---

[1] 习近平:《在教育文化卫生体育领域专家代表座谈会上的讲话》,《人民日报》2020年9月23日。
[2] 习近平:《在教育文化卫生体育领域专家代表座谈会上的讲话》,《人民日报》2020年9月23日。
[3]《中国共产党第十九届中央委员会第五次全体会议公报》,人民出版社2020年版,第15页。

态的旗帜和灵魂。"[1]意识形态决定文化的前进方向和发展道路。针对改革开放以来，中国文化领域存在去意识形态化的价值中立倾向，马克思主义在一些学科中"失语"、教材中"失踪"、论坛上"失声"；文艺领域"以洋为尊""以洋为美"的现象，新时代强调意识形态工作是极端重要的工作，要为国家立心、为民族立魂。拥有马克思主义科学理论指导是我们党坚定信仰信念、把握历史主动的根本所在。为此，一是与时俱进创新马克思主义理论，推进马克思主义中国化时代化，彰显真理的力量。马克思主义深刻揭示了自然界、人类社会、人类思维发展的普遍规律，为人类社会发展进步指明了方向，为我们观察世界、分析问题、解决矛盾提供了科学认识工具。党的十八大以来，以习近平同志为主要代表的中国共产党人，守正创新，坚持把马克思主义基本原理同中国具体实际相结合、同中华优秀传统文化相结合，"对关系新时代党和国家事业发展的一系列重大理论和实践问题进行了深邃思考和科学判断，就新时代坚持和发展什么样的中国特色社会主义、怎样坚持和发展中国特色社会主义，建设什么样的社会主义现代化强国、怎样建设社会主义现代化强国，建设什么样的长期执政的马克思主义政党、怎样建设长期执政的马克思主义政党等重大时代课题，提出一系列原创性的治国理政新理念新思想新战略"[2]，创立了习近平新时代中国特色社会主义思想这一当代中国马克思主义、二十一世纪马克思主义，科学回答中国之问、世界之问、人民之问、时代之问。党的十九届四中全会确立坚持马克思主义在意识形态领域指导地位的根本制度。坚持马克思主义在意识形态领域的指导地位是打好新时代意

---

[1]《十六大以来重要文献选编》(中)，中央文献出版社2011年版，第493页。
[2]《中共中央关于党的百年奋斗重大成就和历史经验的决议》，《人民日报》2021年11月17日。

识形态主动仗，维护国家文化安全的必然要求。文化之争，最核心的是意识形态之争。意识形态渗透是资本主义国家颠覆社会主义国家政权的主要手段之一。习近平总书记强调："必须把意识形态工作的领导权、管理权、话语权牢牢掌握在手中，任何时候都不能旁落，否则就要犯无可挽回的历史性错误。"[1]制度建设具有全局性、稳定性、长期性。确立和坚持马克思主义在意识形态领域指导地位的根本制度，对于培育、发展社会主义先进文化发挥着根本性、引领性的作用。

二是理论创新每前进一步，理论武装就跟进一步。新时代不断谱写马克思主义中国化时代化新篇章，也坚持不懈用创新理论武装全党、教育人民、指导实践。党的十八大以来，先后组织开展了党的群众路线教育实践活动、"三严三实"专题教育、"两学一做"学习教育、"不忘初心、牢记使命"主题教育、党史学习教育，以及正在开展的新时代中国特色社会主义主题教育，"教育引导全党大力发扬红色传统、传承红色基因，赓续共产党人精神血脉"[2]；教育党员干部"把握好新时代中国特色社会主义思想的世界观和方法论，坚持好、运用好贯穿其中的立场观点方法"[3]，用习近平新时代中国特色社会主义思想铸魂育人。制度上，完善中央政治局集体学习、党委（党组）理论学习中心组、基层党组织"三会一课"等各层级学习制度，健全用党的创新理论武装全党的工作体系，推动理想信念教育常态化制度化，落实意识形态工作责任制；党校、干部学院、社会科学院、高校等不仅把马克思主义作为必修课，而且要成为马克思主义学习、研究、宣传的重要阵地[4]。统筹推进马克思主

---

[1]《习近平关于社会主义文化建设论述摘编》，中央文献出版社2017年版，第21页。
[2] 习近平：《在党史学习教育动员大会上的重要讲话》，《人民日报》2021年2月21日。
[3]《中国共产党第二十次全国代表大会上文件汇编》，人民出版社2022年版，第16页。
[4]《习近平关于社会主义文化建设论述摘编》，中央文献出版社2017年版，第22页。

义理论研究和建设工程、中国特色社会主义理论体系研究中心、马克思主义学院、报刊网络理论宣传阵地四大平台建设，汇集力量深化拓展马克思主义理论研究和宣传教育，推动党的创新理论转化为认识世界、改造世界的强大力量，使全体人民在理想信念、价值理念、道德观念上紧紧团结在一起。

三是强调加快构建中国特色哲学社会科学，以我国实际为研究起点，阐释中国道路、解读中国实践、构建中国理论。[1]哲学社会科学创新是理论创新的基础。新时代鼓励广大知识分子根植于中国大地，服务于中国社会，以现实问题为切入点开展学术研究，融通用好马克思主义资源、中华优秀传统文化资源和国外哲学社会科学资源，以中国为观照、以时代为观照，不断推进知识创新、理论创新、方法创新，积极构建中国特色哲学社会科学学科体系、学术体系、话语体系，推动建构中国自主知识体系，为中国式现代化提供理论支撑。这就扭转了主流意识形态话语与学术话语一度割裂的局面，着力改变了马克思主义被边缘化、空泛化、标签化现象。

推动媒体融合发展，改变"两个舆论场"格局。互联网是意识形态交锋的前沿阵地，过不了互联网这一关，就过不了长期执政这一关。新时代强调提高新闻舆论传播力引导力影响力公信力，弘扬主旋律、传播正能量，巩固壮大奋进新时代的主流思想舆论。[2]建立网络综合治理体系，2016年出台《中华人民共和国网络安全法》，坚持依法管网治网，营造清朗的网络空间，规范非公有资本进入媒体。为提升传播效能，2014年媒体融合上升为国家战略，传统媒体和新兴媒体优势互补，一体化发展，建设以内容为根本、先进技术为支撑、创新管理为

---

[1]《赓续历史文脉 谱写当代华章》，《人民日报》2023年6月4日。
[2]《赓续历史文脉 谱写当代华章》，《人民日报》2023年6月4日。

保障的全媒体传播体系，报（台）、网、端全覆盖，加强传播渠道，视频、漫画等多种方式并用，建设新型主流媒体，丰富网上正能量传播矩阵，加强引导、对冲、平衡、化解舆情工作，有力扭转了一度乱象丛生的舆论格局，新闻业呈现技术化、科学化、全媒化的趋势，许多基层群众形成了依靠党和政府权威发布获得信息的习惯。由于坚持发展和治理相统一、网上和网下相融合，培育舆论生态，广泛汇聚起向上向善力量。各级党委和政府担当责任，网络平台、社会组织、广大网民等发挥积极作用，共同推进文明办网、文明用网、文明上网，以时代新风塑造和净化网络空间，共建网上美好精神家园。[1]

三、社会主义核心价值观广泛传播

价值观念在一定社会的文化中是起中轴作用的，文化的影响力首先是价值观念的影响力。价值观念是人们认定事物、辨定是非的一种思维或取向，对于人们的实践活动产生着导向作用。世界上各种文化之争，本质上是价值观念之争，这在任何一种文化体系中都处于核心地位。

党的十八大提出"倡导富强、民主、文明、和谐，倡导自由、平等、公正、法治，倡导爱国、敬业、诚信、友善，积极培育和践行社会主义核心价值观"[2]。社会主义核心价值观作为社会主义核心价值体系的内核，把涉及国家、社会、公民的价值要求融为一体，既体现了社会主义本质要求，继承了中华优秀传统文化，也吸收了世界文明有益成果，体现了时代精神，是我们在推进文化创新时所必须着力培育和践行的。新时代以社会主义核心价值观引领文化建设，广泛开展中

---

[1]《习近平谈治国理政》第4卷，外文出版社2022年版，第319页。
[2]《十八大以来重要文献选编》（上），中央文献出版社2014年版，第25页。

国特色社会主义和中国梦宣传教育，使全体人民在理想信念、价值理念、道德观念上紧紧团结在一起。[1]这是强基固本的基础工程。"要以培养担当民族复兴大任的时代新人为着眼点，强化教育引导、实践养成、制度保障，发挥社会主义核心价值观对国民教育、精神文明创建、精神文化产品创作生产传播的引领作用，把社会主义核心价值观融入社会发展各方面，转化为人们的情感认同和行为习惯。"[2]中华优秀传统文化是中华民族的精神命脉，是涵养社会主义核心价值观的重要源泉。中共中央积极引导党员干部与青年学生接续修齐治平的精神传统，培养家国情怀，重视家风家教；突出爱国主义教育，建立健全党和国家功勋荣誉表彰制度，建立党、国家、军队功勋簿，设立烈士纪念日，推动全社会形成见贤思齐、崇尚英雄、争做先锋的良好氛围。以中国共产党成立100周年为契机，弘扬以伟大建党精神为源头的中国共产党人精神谱系；新建改扩建一批革命博物馆纪念馆，用好红色资源，使之成为"大思政课"优质资源，挖掘革命文物蕴含的时代价值和思想内涵，结合思政教育内容，转化制作一批有温度、有高度、有深度的小故事，作为思政课教学案例，并推出主题巡展、微党课、情景剧、音乐剧、主题读物等，切实发挥革命文物故事的育人作用。

将社会主义核心价值观融入社会生活，强调"礼法合治"，宪法宣誓，重视日常生活节日礼仪教化功能；坚持依法治国和以德治国相结合，把社会主义核心价值观融入法治建设，完善弘扬社会主义核心价值观的法律政策体系；积极探索社会主义核心价值观大众化、时代化传播路径，建设一大批新时代文明实践中心与县级融媒体中心，融入社会发展、融入日常生活，推动形成适应新时代要求的思想观念、精

---

[1]《赓续历史文脉 谱写当代华章》，《人民日报》2023年6月4日。
[2]《十九大以来重要文献选编》（上），中央文献出版社2019年版，第30页。

神面貌、文明风尚、行为规范。在全社会弘扬劳动精神、奋斗精神、奉献精神、创造精神、勤俭节约精神，培育时代新风新貌。完善志愿服务制度和工作体系，推动学雷锋活动、学习宣传道德模范常态化，深入实施公民道德建设工程，推进社会公德、职业道德、家庭美德、个人品德教育，培育良好道德风尚。完善思想政治工作体系，推进大中小学思想政治教育一体化建设，抓好未成年人思想道德建设和大学生思想政治教育。弘扬诚信文化，健全诚信建设长效机制，深化文明旅游，不断提高国民素质和社会文明程度。通过这些做法，社会主义核心价值观得到越来越广泛的弘扬，逐渐深入人心、深入基层。

"文艺是铸造灵魂的工程，承担着以文化人、以文育人的职责，应该用独到的思想启迪、润物无声的艺术熏陶启迪人的心灵，传递向善向上的价值观。"[1]党的十八大以来改革文艺评奖制度，规范片酬制度，加大对文艺精品扶持力度，完善文艺创作生产、流通、传播机制，通过国家艺术资金、出版基金、影视专项资助项目、国家创作工程、政府购买等形式形成价值引导机制，对影视领域资本运作及其乱象进行规范，取得明显成效，建构主流文化认同，使现实主义的新主流影视剧呈现出蓬勃生机，产生了《我和我的祖国》《长津湖》《守岛人》《中国机长》《悬崖之上》《攀登者》《觉醒年代》《大江大河》《山海情》《人世间》《对手》《狂飙》《三体》《大山的女儿》《我们的日子》《警察荣誉》《人生之路》《叛逆者》《向风而行》《理想之城》《小舍得》《超越》《幸福到万家》《风吹半夏》《县委大院》《大考》《功勋》等一大批广受欢迎的优秀影视作品。

---

[1] 习近平：《在文艺工作座谈会上的讲话》，《人民日报》2015年10月15日。

四、推动中华优秀传统文化创造性转化、创新性发展

"双创"凸显出中国传统文化的主体性、传承性与内在的自我扬弃和自我超越性。近代以来,西方列强凭借其坚船利炮打开了中国的大门,中华民族遭遇到了"三千年未有之大变局"。在现代化的狂飙突进中,中国传统文化一度被视为实现现代化的障碍和阻力,出现"全盘西化"思潮。但随着现代性内在危机的逐步暴露,诸如人与自然、人与社会、人与人、人与自我之间的紧张和冲突,个人主义、功利主义、拜金主义、消费主义膨胀,中华优秀传统文化"在引导心灵稳定、精神向上、行为向善、社会和谐等方面"[1]的积极价值逐步彰显。新时代,习近平总书记重申党的文化立场——中国共产党是中华优秀传统文化的忠实传承者、弘扬者和建设者,并在"古为今用""推陈出新"的基础上提出"创造性转化和创新性发展"的"双创"方针。"双创"是建立在对中华文化自信的基础上的。他从大历史观、中国精神谱系形成和发展的理论高度认识中华传统文化。他指出:"中华文明探源工程等重大工程的研究成果,实证了我国百万年的人类史、一万年的文化史、五千多年的文明史。"[2]中华文明在农业文明时代遥遥领先,只是在西方工业文明的挑战中"蒙尘",一度落后于现代世界文明进程。"中华文明源远流长、博大精深,是中华民族独特的精神标识,是当代中国文化的根基,是维系全世界华人的精神纽带,也是中国文化创新

---

[1] 陈来:《如何看待儒家文化与中国传统文化》,《中国哲学史》2018年第1期。
[2] 习近平:《把中国文明历史研究引向深入 增强历史自觉坚定文化自信》,《求是》2022年第14期。

的宝藏。"[1]中华文明是世界上唯一自古延续至今、从未中断的文明，"向世界贡献了深刻的思想体系、丰富的科技文化艺术成果、独特的制度创造"[2]，深刻影响了世界文明进程。中华优秀传统文化中的诸多重要元素，如天下为公、天下大同的社会理想，民为邦本、为政以德的治理思想，九州共贯、多元一体的大一统传统，修齐治平、兴亡有责的家国情怀，厚德载物、明德弘道的精神追求，富民厚生、义利兼顾的经济伦理，天人合一、万物并育的生态理念，实事求是、知行合一的哲学思想，执两用中、守中致和的思维方法，讲信修睦、亲仁善邻的交往之道等，共同塑造出中华文明连续性、创新性、统一性、包容性、和平性的突出特性，早已融入中华民族血脉深处，是中华民族生生不息、长盛不衰的文化基因，是中华文明为什么能够成为世界上唯一绵延不断并以国家形态发展至今的伟大文明的根本原因，也是中国式现代化道路得以形成和继续发展的文化基因和精神支撑。[3]实现传统文化的创造性转化、创新性发展，"使中华民族最基本的文化基因与当代文化相适应、与现代社会相协调"。"中国优秀传统文化的丰富哲学思想、人文精神、教化思想、道德理念等，可以为人们认识和改造世界提供有益启迪，可以为治国理政提供有益启示，也可以为道德建设提供有益启发。"[4]由此也明晰了文化自信的历史底蕴，建构了其理论基础，将文化自信与道路自信、理论自信、制度自信并列，确立了

---

[1] 习近平：《把中国文明历史研究引向深入 增强历史自觉坚定文化自信》，《求是》2022年第14期。
[2] 习近平：《建设中国特色中国风格中国气派的考古学 更好认识源远流长博大精深的中华文明》，《求是》2020年第23期。
[3] 《担负起新的文化使命 努力建设中华民族现代文明》，《人民日报》2023年6月3日。
[4] 习近平：《在纪念孔子诞辰2565周年国际学术研讨会暨国际儒学联合会第五届会员大会开幕会上的讲话》，《人民日报》2014年9月25日。

"四个自信"。

明确中华优秀传统文化是社会主义先进文化的源头活水。党的十九大报告明确，中国特色社会主义文化"源自于中华民族五千多年文明历史所孕育的中华优秀传统文化，熔铸于党领导人民在革命、建设、改革中创造的革命文化和社会主义先进文化，植根于中国特色社会主义伟大实践"[1]。发展中国特色社会主义文化，要"以马克思主义为指导，坚守中华文化立场"[2]，"要挖掘中华优秀传统文化的思想观念、人文精神、道德规范"，"把中华美学精神和当代审美追求结合起来，激活中华文化生命力"，[3]在实践锻造中不断增强做中国人的志气、骨气、底气。

"不忘本来才能开辟未来，善于继承才能更好地创新。"[4]只有全面深入了解中华文明的历史，才能更有效地推动中华优秀传统文化创造性转化、创新性发展，更有力地推进中国特色社会主义文化建设。2017年1月，党的历史上第一次以中央文件形式发布《关于实施中华优秀传统文化传承发展工程的意见》，专题阐述中华优秀传统文化的传承发展工作，明确中华优秀传统文化传承发展的主要内容、发展路径。要求加强理论阐释，挖掘文化典籍中的丰富思想；加强教育普及，形成中华优秀传统文化教育格局；做好文化遗产保护工作，促进文化创意产业开发；创新传播方式与手段，提升中华文化的世界影响力与感染力。

---

[1]《十九大以来重要文献选编》（上），中央文献出版社2019年版，第29页。
[2]《十九大以来重要文献选编》（上），中央文献出版社2019年版，第29页。
[3] 习近平：《在中国文联十一大、中国作协十大开幕式上的讲话》，《人民日报》2021年12月15日。
[4]《习近平谈治国理政》第1卷，外文出版社2018年版，第164页。

提出"第二个结合",巩固文化主体性。文化主体性是文化自信的来源与根基。习近平总书记在庆祝中国共产党成立100周年大会上发表的重要讲话中,首次提出坚持马克思主义基本原理同中国具体实际相结合、同中华优秀传统文化相结合的观点。以往党强调马克思主义基本原理同中国具体实际相结合,"中国具体实际"当然包括了中华优秀传统文化,提出"第二个结合",是突出中华优秀传统文化是我们党创新理论的"根"。"坚持和发展马克思主义,必须同中华优秀传统文化相结合。只有植根本国、本民族历史文化沃土,马克思主义真理之树才能根深叶茂。"[1]"结合"的前提是彼此契合。马克思主义和中华优秀传统文化来源不同,但彼此存在高度的契合性。"中国人民在长期生产生活中积累的宇宙观、天下观、社会观、道德观的重要体现,同科学社会主义价值观主张具有高度契合性。"[2]相互契合才能有机结合。"把马克思主义思想精髓同中华优秀传统文化精华贯通起来、同人民群众日用而不觉的共同价值观念融通起来,不断赋予科学理论鲜明的中国特色,不断夯实马克思主义中国化时代化的历史基础和群众基础,让马克思主义在中国牢牢扎根。"[3]这就是说,我们推进马克思主义中国化时代化的根本途径是"两个结合"。

"结合"的结果是互相成就,造就了一个有机统一的新的文化生命体,让马克思主义成为中国的,中华优秀传统文化成为现代的,让经由"结合"而形成的新文化成为中国式现代化的文化形态。"结合"巩固了文化主体性,创立新时代中国特色社会主义思想就是这一文化主

---

[1]《中国共产党第二十次全国代表大会文件汇编》,人民出版社2022年版,第15页。
[2]《中国共产党第二十次全国代表大会文件汇编》,人民出版社2022年版,第15页。
[3]《中国共产党第二十次全国代表大会文件汇编》,人民出版社2022年版,第15—16页。

体性的最有力体现。[1]马克思主义作为我们的指导思想能给中国文化以有力的指导，也变成中国文化的一部分。习近平新时代中国特色社会主义思想，是"中华文化和中国精神的时代精华"[2]，"是马克思主义与新时代中国国情、中华优秀传统文化相结合的产物，是推进'两个结合'的光辉典范和最新成果，既贯穿了马克思主义活的灵魂，又保持着鲜明而独特的民族特色、文化特色，既是对马克思主义的新发展新贡献，又使中华文化、中国精神在新时代获得新突破新升华"[3]。"两个结合"是我们取得成功的最大法宝。

文化遗产承载着中华民族的基因和血脉。新时代强调要像爱惜自己的生命一样保护历史文化遗产，加强文物保护利用和文化遗产保护传承，守护好中华文脉，强化文化遗产保护中政府的主体责任，并通过立法，鼓励社会、个人积极参与保护传承，增强全社会的保护意识，通过中华文化资源普查工程、国家古籍保护工程、中国传统村落保护工程、振兴传统工艺等23个重点计划项目，大规模整理梳理我国传统文化资源，挖掘文化遗产的多重价值，传播承载中华文化、中国精神的价值符号和文化产品，千方百计让收藏在博物馆里的文物、陈列在广阔大地上的遗产、书写在古籍里的文字都活起来，并加强文物和文化遗产保护的国际交流合作，扩大我国在国际文化遗产领域影响力。党的十八大以来，国家层面实施传统村落保护工程，已有8155个传统村落列入名录、实施挂牌保护制度，53.9万栋历史建筑和传统民

---

[1]《担负起新的文化使命 努力建设中华民族现代文明》，《人民日报》2023年6月3日。
[2]《中共中央关于党的百年奋斗重大成就和历史经验的决议》，人民出版社2021年版，第26页。
[3] 王一彪：《全面领会习近平总书记对推进马克思主义中国化时代化的卓越贡献》，《人民论坛》2022年第13期。

居得到保护，4789项省级以上非物质文化遗产得到传承和发展。我国形成了世界上规模最大、内容和价值最丰富、保护最完整、活态传承的农耕文明遗产保护群。[1]建设国家文化公园，已开始建设长城、大运河、长征、黄河、长江五大国家文化公园。新时代的"博物馆热"是文物活起来的一个见证。据文旅部统计，博物馆参观人数不断增加，从2014年到2019年，参观人数从7亿人次增至12.27亿人次，即便受到新冠疫情的影响，2021年也多达7.79亿人次。[2]博物馆不只意味着凝固的历史，而且通过展陈、讲解其中蕴藏的人文情怀、价值理念和时代精神，引发了人们的文化自信，文创产品、数字传播与沉浸体验，有力推动了中华优秀传统文化的创造性转化与创新性发展，在开放中启迪新知，丰富人民的精神文化生活。丰富多彩的传统文化资源转化为作品、产品、精品，转化为现实生产力。中华文明探源工程对中华文明的起源、形成、发展的历史脉络，对中华文明多元一体格局的形成和发展过程，对中华文明的特点及其形成原因等，都有了较为清晰的认识。

五、坚持以人民为中心，满足人民日益增长的美好生活需要

文化建设要坚持人民立场是党的宗旨的体现。习近平总书记在十八届中央政治局常委同中外记者见面时就明确宣示，人民对美好生活的向往，就是我们的奋斗目标。"满足人民过上美好生活的新期待，必须提供丰富的精神食粮。"[3]同时，"人民是文艺创作的源头活水"[4]，

---

[1]《传统村落保护，总书记这样强调》，新华网，2023年4月27日，www.xinhuanet.com/2023-04/27/c_1129574797.htm。

[2] 数据来自中国政府网统计数据。

[3]《十九大以来重要文献选编》（上），中央文献出版社2019年版，第31页。

[4] 习近平:《在文艺工作座谈会上的讲话》，《人民日报》2015年10月15日。

人民群众是文化的创造主体，是推动文化创新的决定性力量。新时代强调坚持以人民为中心的创作导向，把社会效益放在首位，推出更多增强人民精神力量的优秀作品。

保障人民文化权益，丰富人民精神生活。为了解决人民日益增长的美好生活需要和不平衡不充分的发展之间的矛盾，党的十八届三中全会提出必须"坚定不移将文化体制改革引向深入"，激发文化创新创造活力，壮大文化事业、繁荣文化产业、提振文化优势、进一步保障人民文化权益。新时代，实施国家文化数字化战略，健全现代公共文化服务体系，创新实施文化惠民工程，提高基本公共文化服务的覆盖面和适用性，切实保障人民群众基本文化权益。坚持以文塑旅、以旅彰文，推进文化和旅游深度融合发展。健全现代文化产业体系和市场体系，实施重大文化产业项目带动战略，推动各类文化市场主体发展壮大，培育新型文化业态和文化消费模式，增强文化整体实力和竞争力。

为建立健全现代公共文化服务体系，先后颁发了《关于鼓励和引导民间资本进入文化领域的实施意见》《关于政府向社会力量购买服务的指导意见》《关于加快构建现代公共文化服务体系的意见》等，并推动文化立法，完善公共文化服务机构的法人治理结构，颁布了《中华人民共和国公共文化服务保障法》《中华人民共和国公共图书馆法》《博物馆条例》，推动公共文化服务标准化、均等化，坚持政府主导、社会参与、重心下移、共建共享，完善公共文化服务体系，提高基本公共文化服务的覆盖面、适用性和社会性。培养、壮大文化服务志愿者队伍，建立文化结对帮扶机制，健全支持开展群众性文化活动机制，激发人民群众的文化创造活力。截至2022年末，全国共有公共图书馆3303个，总流通72375万人次；文化馆3503个。有线电视实际用户1.99亿户,其中有线数字电视实际用户1.90亿户。年末广播节目综合人口覆盖率为99.6%,电视节目综合人口覆盖率为99.8%。全年生产电视剧160部5283集,电视动画片89094分钟。全年生产故事影片380部,科教、纪录、动画和特种影片105部。出版各类报纸266亿份,各类期刊20亿册,图书114亿册(张),人均图书拥有量8.09册(张)。互联网上网人数10.67亿人,其中手机上网人数10.65亿人。互联网普及率为75.6%,其中农村地区互联网普及率为61.9%。[1]58.7万家农家书屋已遍布全国各地,有基本条件的行政村都建了书屋,累计配送图书超12.4亿册。[2]2020年初,新冠疫情暴发,公共文化机构纷纷开设了网上博物馆、网上剧院、网上音乐厅、网上演播室等,内容丰富、形式多样、手法新颖,起到了慰藉心灵、娱乐身心,增强信心、鼓舞士气的重要作用。

健全现代文化产业体系,推动文化产业高质量发展,为人民提供了更多更好的精神食粮。"衡量文化产业发展质量和水平,最重要的不是看经济效益,而是看能不能提供更多既能满足人民文化需求、又能增强人民精神力量的文化产品。"[3]新时代繁荣发展文化事业和文化产业,把握好意识形态属性和产业属性、经济效益与社会效益关系,始终坚持社会主义先进文化前进方向,始终把社会效益放在首位。2015年9月,中共中央办公厅、国务院办公厅印发《关于推动国有文化企业把社会效益放在首位、实现社会效益和经济效益相统一的指导意

---

[1] 国家统计局:《中华人民共和国2022年国民经济和社会发展统计公报》,《光明日报》2023年3月1日。

[2] 《书香萦绕在乡土中国》,《光明日报》2022年7月24日。

[3] 习近平:《在教育文化卫生体育领域专家代表座谈会上的讲话》,《光明日报》2020年9月23日。

见》，明确文化企业提供精神产品，传播思想信息，担负文化传承使命，国有文化企业要着力建立有文化特色的现代企业制度，充分发挥示范引领和表率带动作用，在推动两个效益相统一中走在前列，"始终坚持正确文化立场，推出更多思想性艺术性观赏性俱佳的文化产品，提供更多有意义有品位有市场的文化服务"[1]。党的十八大以来，完善文化产品创作生产传播的引导激励机制，全面繁荣新闻出版、广播影视、文学艺术事业，不断扩大优质文化产品供给，着力增强人民文化获得感、幸福感。文化数字化推进文化产业转型升级，新型文化企业、文化业态、文化消费模式蓬勃发展。2022 年，文化新业态特征较为明显的 16 个行业小类实现营业收入 43860 亿元，比上年增长 5.3% 亿元，[2]占文化企业营收的三分之一；此前两年平均增长 20.5%，高于文化企业平均水平 11.6 个百分点[3]。数字文化消费创造的巨大生产力，正在成为文化企业乃至我国经济社会发展的重要支撑。

文艺在满足人民精神文化需求方面发挥着特殊重要的作用。习近平总书记强调，文艺的根本宗旨"是为人民创作"，"把人民作为文艺表现的主体，把人民作为文艺审美的鉴赏家和评判者，把为人民服务作为文艺工作者的天职"。[4]新时代加强文艺创作引导，抵制低俗庸俗媚俗，广大文艺工作者坚持以人民为中心的创作导向，深入生活、扎根人民，努力推出更多反映新时代新气象、讴歌人民新创造的文艺精

---

[1]《关于推动国有文化企业把社会效益放在首位、实现社会效益和经济效益相统一的指导意见》，《光明日报》2015 年 9 月 15 日。

[2]《中华人民共和国文化和旅游部 2022 年文化和旅游发展统计公报》，《中国文化报》2023 年 7 月 14 日。

[3]《2021 年全国规上文化及相关产业企业营收 119064 亿元》，搜狐网，2022 年 2 月 2 日，https://www.sohu.com/a/520296951_362042。

[4] 习近平：《在文艺工作座谈会上的讲话》，《人民日报》2015 年 10 月 15 日。

品。贴近时代、贴近民众生活的现实主义题材广受欢迎。中国电影总票房由 2012 年的 173.13 亿元增长到 2019 年的 642.66 亿元，国产电影市场份额均超过一半，2019 年国产电影票房 411.75 亿元，占市场份额 64.07%。[1]网络文学主流化、精品化进程明显加快。2022 年新增作品 300 多万部，其中，现实题材作品新增 20 余万部，同比增长 17%；科幻题材作品新增 30 余万部，同比增长 24%；新增历史题材作品 28 万余部，同比增长 9%。[2]2022 年网络文学市场规模 389.3 亿元，同比实现了 8.8% 的高速增长；2022 年网络文学用户规模达 4.92 亿人；中国网络文学作家数量累计超 2278 万人。网络文学带动了有声、动漫、影视、游戏、衍生品等下游产业的发展，产生了不少优秀作品。

六、加强中外文明交流互鉴，坚守和弘扬全人类共同价值

一个大国发展兴盛，必然要求文化传播力、文明影响力大幅提升，实现软实力和硬实力相得益彰。随着中国综合国力和国际影响力的持续提升，国际社会对中国共产党的了解意愿更加强烈，了解程度更深，了解面更广。在我们党的对外交往过程中，外国政党政要、智库学者、工商界人士、青年学生等通过多种渠道表达了对新时代中国共产党的关注和看法。同时，国际社会对我们的误解也不少，或出于意识形态偏见，或出于所谓"西方文明优越"的傲慢，"中国威胁论"与"唱衰"中国并存。习近平总书记指出："我们在国际上还存在着信息流进流出的'逆差'、中国真实形象和西方主观印象的'反差'、软实力和硬实

---

[1] 欧阳雪梅主编：《新时代的文化建设》，当代中国出版社、重庆出版社 2022 年版，第 256 页。

[2] 《〈2022 中国网络文学蓝皮书〉发布》，《光明日报》2023 年 4 月 9 日。

力的'落差'。"[1]提高国家文化软实力"行于中"而"发于外"。中国式现代化的探索过程是中西方思想、价值观相遇、碰撞、激荡,并逐步走向文化自信和历史主动的过程。新时代强调提升国家文化软实力和中华文化影响力,加强国际传播能力建设,讲好中国故事,推动中华文化更好走向世界。中华文明崇尚"各美其美,美美与共"[2],主张和合共生、互利共赢。2014年3月,习近平在联合国教科文组织总部发表演讲时,强调文明交流互鉴。他回顾了中外悠久的文明交往史,从丝绸之路到盛唐景象、从郑和下西洋到西学东渐,外来文明为中华文明的发展提供了有益滋养。提倡文明交流互鉴,驳斥了不同价值观导致文明的冲突不可避免的论断,也推动了国内民众对西方文明从仰视到平视的转变。

"中华文明自古就以开放包容闻名于世,在同其他文明的交流互鉴中不断焕发新的生命力。中华文明五千多年发展史充分说明,无论是物种、技术,还是资源、人群,甚至于思想、文化,都是在不断传播、交流、互动中得以发展、得以进步的。"[3]因此,要坚持"以我为主、为我所用",不能搞"全盘西化",不能搞"全面移植"。针对"文明冲突"论,习近平总书记指出,文明多样性是世界的基本特征,也是人类进步的源泉。"要以文明交流超越文明隔阂、文明互鉴超越文明冲突、文明共存超越文明优越,推动各国相互理解、相互尊重、相互信任。"[4]他反复强调,要摒弃冷战思维和零和博弈,反对任何形式的

---

[1]《习近平新时代中国特色社会主义思想学习纲要》(2023年版),学习出版社、人民出版社2023年版,第207页。

[2] 费孝通:《从实求知录》,北京大学出版社1998年版,第435—436页。

[3] 习近平:《把中国文明历史研究引向深入 增强历史自觉坚定文化自信》,《求是》2022年第14期。

[4]《习近平谈治国理政》第2卷,外文出版社2017年版,第513页。

"新冷战"和意识形态对抗。

新时代加快构建中国话语和中国叙事体系，讲好中国故事、传播好中国声音，展示真实、立体、全面的中国，促进中外民众相互了解和理解。讲好中国故事根本在于传播理念，以理服人，以情动人，以我为主，融通中外。要客观真实向世界讲好中国故事，讲好中国共产党故事，讲好我们正在经历的新时代故事，帮助国外民众了解中国共产党为什么能、马克思主义为什么行、中国特色社会主义为什么好。坚守中华文化立场，提炼展示中华文明的精神标识和文化精髓，"讲清楚中国是什么样的文明和什么样的国家，讲清楚中国人的宇宙观、天下观、社会观、道德观，展现中华文明的悠久历史和人文底蕴"[1]。习近平率先垂范，是"中国故事第一讲解人"。他在双边、多边外交场合以中国话语向世界介绍中国，提出了"人类命运共同体""国家治理体系和治理能力现代化""以人民为中心""人与自然是生命共同体""绿水青山就是金山银山""人类文明新形态"等富有中国特色、风格和气派的话语体系，这"是对马克思主义实践观、辩证法、自然观、政治观、群众观、文化观、生态观、国际观等的生动阐释"[2]。《习近平谈治国理政》已出版4卷、37个语种版本，发行覆盖全球170多个国家和地区[3]，成为国际社会了解中国、读懂中国的重要思想之窗，受到众多国际政要、专家学者好评。中华学术外译项目、中国当代作品翻译项目也产生了一定影响。

---

[1]《把中国文明历史研究引向深入 推动增强历史自觉坚定文化自信》，《光明日报》2022年5月29日。

[2] 单传友：《中国马克思主义哲学话语体系的百年探索》，《华中科技大学学报（社会科学版）》2021年第2期。

[3]《让世界进一步读懂中国——〈习近平谈治国理政〉第四卷中、英文版在法兰克福书展上展出》，《光明日报》2022年10月25日。

弘扬全人类共同价值。2015年9月28日，习近平在第70届联合国大会一般性辩论时的讲话中首次明确"和平、发展、公平、正义、民主、自由，是全人类的共同价值"[1]。此后，他面对"世界怎么了、我们怎么办"的时代之问，不断阐释"人类共同价值"，为构建人类命运共同体提供核心理念。2021年7月，习近平在庆祝中国共产党成立100周年大会上的讲话表明了坚守和弘扬全人类共同价值的决心："中国共产党将继续同一切爱好和平的国家和人民一道，弘扬和平、发展、公平、正义、民主、自由的全人类共同价值，坚持合作、不搞对抗，坚持开放、不搞封闭，坚持互利共赢、不搞零和博弈，反对霸权主义和强权政治，推动历史车轮向着光明的目标前进！"[2]2021年7月，他出席中国共产党与世界政党领导人峰会并发表主旨讲话，指出：我们要"做全人类共同价值的倡导者，以宽广胸怀理解不同文明对价值内涵的认识，尊重不同国家人民对价值实现路径的探索，把全人类共同价值具体地、现实地体现到实现本国人民利益的实践中去"[3]。他强调，坚持和平、发展、合作、共赢，就是站在历史正确的一边、站在人类进步的一边。胸怀天下，同世界上一切进步力量携手前进，坚守全人类共同价值，共同推动构建持久和平、普遍安全、共同繁荣、开放包容、清洁美丽的世界，为维护人类文明多样性贡献更多智慧、为维护世界和平增添更多力量。这些帮助国际社会了解中国和中国共产党的价值追求，为赢得更多的国际尊重和认同奠定基础。

---

[1] 习近平：《携手构建合作共赢新伙伴 同心打造人类命运共同体》，《光明日报》2015年9月29日。

[2] 习近平：《在庆祝中国共产党成立100周年大会上的讲话》，《人民日报》2021年7月2日。

[3] 习近平：《加强政党合作 共谋人民幸福》，《人民日报》2021年7月7日。

"国之交在于民相亲,民相亲在于心相通。"[1] 新时代加快发展对外文化交流、文化传播和文化贸易。除了最具特色的元首外交、主场外交、公共外交外,通过增加主题峰会和具体合作项目等方式,专家、学者、高校、智库等研究机构提升了对外传播的理论高度,加深了外界对中国的了解和理解。中国媒体走出去力度加大,中国国际电视台(CGTN)开播放大了"中国之声"。国家媒体和境外媒体融合了传统媒体和新媒体手段,以"线下+线上"的文字、图片、视频、音频、漫画等多种形式,多语种的直播、录像、纪录片、图书出版物等,全媒体对外传播;个人、企业、民间团体等以大众化、生活化的方式传播了中华文化。2013年提出共建"丝绸之路经济带"和"21世纪海上丝绸之路"倡议以来,中国与沿线国家的各类文化交流进一步密切,各类高级别文化对话与磋商陆续建立,各类主题艺术节、博览会、交易会、论坛、公共信息服务等逐步规范和常态化。中外文化年、旅游年、艺术节、影视节、研讨会等人文合作项目的质量与效益不断提升。在国际文化传播领域,展示了具有中国特色、体现中国精神、蕴藏中国智慧的优秀文化。比如,2022年北京冬奥会这场冰雪盛会,除了展现运动员精彩卓越的竞技水平,赛场内外的中国元素同样引人瞩目,以别样的中华文化魅力收获了来自世界的掌声。汉学热在世界各地不断蔓延,折射出中华文化的影响力正在不断扩大。亚洲是人类文明重要发祥地,孕育并保有着极其丰富的文化遗产,为世界文明发展史书写了浓墨重彩的篇章。2019年,习近平在亚洲文明对话大会上倡议开展亚洲文化遗产保护行动。四年来,各方积极响应、共同努力,在古代文明研究、联合考古、古迹修复、博物馆交流等方面开展务实合作,

---

[1] 习近平:《携手推进"一带一路"建设——在"一带一路"国际合作高峰论坛开幕式上的演讲》,《人民日报》2017年5月15日。

为保护人类文明精华作出亚洲新贡献。

以艺通心。2014年，美国托尔书局出版了刘慈欣的《三体》，受到读者热烈欢迎，登上了"2014年全美百佳图书榜"。2015年，《三体》获得科幻类国际大奖雨果奖。网络文学的海外传播是中国文化"走出去"的一张重要名片。网络文学海外市场规模突破30亿元，累计向海外输出网文作品16000余部，其中，实体书授权超5000部，上线翻译作品9000余部；海外用户超过1.5亿人，覆盖200多个国家和地区，培养海外本土作者60余万人，外语作品达到数十万部。[1]刻画当代女性自强不息破茧成蝶的《许你万丈光芒好》阅读量突破4亿。2022年，《大国重工》《大医凌然》等16部中国网文作品被收录至大英图书馆的中文馆藏书目之中，显示出中国网络文学正成为极具全球意义的内容产品和文化现象。[2]文化产品出口近年稳居全球第一。中国的影视剧、网络文学、网络视听、创意产品等领域出口迅速发展、广受欢迎，也进口国外的优质图书、影视剧等文化产品和服务，满足了人民群众多样化的文化需要。商务部数据显示，我国对外文化贸易额2021年首次突破2000亿美元，同比增长38.7%，[3]丰富世界文明百花园。

党的十八大以来，围绕建设社会主义文化强国的战略目标，提出一系列新思想新观点新论断，重视文化的意识形态属性与中国精神特质，并站在中华民族伟大复兴的道义制高点，极大增强了党和人民的文化自信，凝聚了社会各阶层的共识，提升了中华民族的精神家园意

---

[1]《〈2022中国网络文学蓝皮书〉发布》，《光明日报》2023年4月9日。
[2]《全球共创"好故事"网文"出海"再升级》，中国作家网，2023年3月22日，http://image.chinawriter.com.cn/n1/2023/0322/c404027-32648858.html。
[3]《对外文化贸易额首次突破2000亿美元》，《人民日报海外版》2022年7月22日。

识，为实现中华民族伟大复兴注入了更为主动的精神力量。党的二十大强调，以中国式现代化全面推进中华民族伟大复兴，而中国式现代化是物质文明与精神文明协调发展的现代化，丰富人民精神世界是中国式现代化的本质要求之一。在新的历史起点上继续推动文化繁荣、建设文化强国，要坚定文化自信，坚持走自己的路，立足中华民族伟大历史实践和当代实践，用中国道理总结好中国经验，把中国经验提升为中国理论，实现精神上的独立自主。要秉持开放包容，坚持马克思主义中国化时代化，传承发展中华优秀传统文化，促进外来文化本土化，不断培育和创造新时代中国特色社会主义文化。要坚持守正创新，以守正创新的正气和锐气，赓续历史文脉、谱写当代华章。[1]

---

[1]《担负起新的文化使命 努力建设中华民族现代文明》，《人民日报》2023年6月3日。

略论十八大以来我国意识形态领域形势发生的全局性根本性转变[*]

意识形态工作是为国家立心、为民族立魂的工作。党的十九届六中全会通过的《中共中央关于党的百年奋斗重大成就和历史经验的决议》（以下简称《决议》）肯定了新时代我国意识形态工作的巨大成就，指出："党的十八大以来，我国意识形态领域形势发生全局性、根本性转变，全党全国各族人民文化自信明显增强，全社会凝聚力和向心力极大提升，为新时代开创党和国家事业新局面提供了坚强思想保证和强大精神力量。"[1]这些成就的取得得益于以习近平同志为核心的党中央高度重视意识形态工作，并正本清源、守正创新、立破并举，推动我国意识形态领域形势发生全局性、根本性转变。

---

[*] 本文系中国社会科学院习近平新时代中国特色社会主义思想研究中心2019年度重点项目"习近平总书记关于中华文化认同重要论述研究"（项目编号：2019XYZD03）的阶段性研究成果，原载于《毛泽东研究》2022年第4期。原标题为《新时代我国意识形态领域发生的全局性根本性变化》。

[1]《中共中央关于党的百年奋斗重大成就和历史经验的决议》，人民出版社2021年版，第46页。

一、加强党对意识形态工作的全面领导

党管意识形态是传统。在社会主义建设时期，毛泽东指出，"要责成省委、地委、县委书记管思想工作"[1]，"各地党委的第一书记应该亲自出马来抓思想问题，只有重视了和研究了这个问题，才能正确地解决这个问题"[2]。改革开放后，邓小平提出，反对资产阶级自由化要求各级党委尤其是主要负责同志，对思想战线的问题密切关注、深入研究并实现有效改进。江泽民强调，"党委书记主管思想政治和意识形态工作，这是我们党的一个好传统"[3]，并将是否重视、能否做好意识形态工作作为其工作考核的重要指标。胡锦涛明确，党管意识形态是坚持党的领导的重要方面，要"形成党委统一领导、党政各部门和各人民团体齐抓共管、各负其责的工作体制"[4]。尽管党中央一直强调意识形态工作，但在实践中，一些单位和党政干部政治敏锐性、责任感不强，认为意识形态工作只是"说起来重要"，并视作只是宣传部及相关部门的"分内事"；一些党员干部政治立场模糊，"骑墙派""看风派"有之，社会上"去意识形态化"论调甚嚣尘上。习近平当选总书记伊始即强调意识形态工作的重要性，指出"经济建设是党的中心工作，意识形态工作是党的一项极端重要的工作"[5]；"能否做好意识形态工作，事关党的前途命运，事关国家长治久安，事关民族凝聚力和向

---

[1]《毛泽东文集》第7卷，人民出版社1999年版，第247页。

[2]《毛泽东文集》第7卷，人民出版社1999年版，第282页。

[3]《江泽民文选》第3卷，人民出版社2006年版，第96—97页。

[4] 胡锦涛：《坚持用"三个代表"重要思想统领宣传思想工作 为全面建设小康社会提供科学理论指导和强大舆论力量》，《人民日报》2003年12月8日。

[5]《习近平谈治国理政》第1卷，外文出版社2018年版，第153页。

心力"[1]，必须凝聚起全党和各界积极参与意识形态工作的思想共识。

做好意识形态工作，首要的是加强党对意识形态工作的全面领导。面对改革发展稳定的复杂局面和社会思想意识的多元多样、媒体格局的深刻变化，习近平总书记要求党"必须把意识形态工作的领导权、管理权、话语权牢牢握在手中，任何时候都不能旁落，否则就要犯无可挽回的历史性错误"[2]。因此，"要压实压紧各级党委（党组）责任"[3]，让各级党委及领导干部切实承担起意识形态工作的主体责任，严格落实意识形态工作责任制。中共中央办公厅印发《党委（党组）意识形态工作责任制实施办法》《党委（党组）网络意识形态工作责任制实施细则》《中国共产党宣传工作条例》等法规，对各级党委及领导干部承担的意识形态工作责任加以明确并细化，即坚持各级党委（党组）班子负主体责任，党委（党组）书记是第一责任人，并将落实党中央和上级党委的工作部署及指示精神、研判并应对意识形态领域情况、加强本单位意识形态工作的统一领导、管理意识形态阵地等，作为意识形态工作责任清单的重要内容，坚持主管主办和属地管理原则，形成"党委统一领导、党政齐抓共管、宣传部门组织协调、有关部门分工负责"的工作新格局，并不断强化意识形态问责力度，守土有责、守土负责、守土尽责，成为全党的思想自觉和行动自觉。深化中央宣传口机构改革，2018年4月，中央宣传部加挂国家新闻出版署、国家版权局、国家电影局牌子，加强党对新闻舆论、出版、电影工作的统一管理；整合中央电视台（中国国际电视台）、中央人民广播电台、中国国

---

[1]《习近平总书记系列重要讲话读本》，学习出版社、人民出版社2014年版，第105页。
[2]《习近平关于社会主义文化建设论述摘编》，人民出版社2017年版，第21页。
[3]《举旗帜聚民心育新人兴文化展形象 更好完成新形势下宣传思想工作使命任务》，《人民日报》2018年8月23日。

际广播电台，组建中央广播电视总台，归口中央宣传部领导；整合组建文化市场综合执法队伍。这为新时代意识形态领域的历史性巨变提供了保障。

二、确立和坚持马克思主义在意识形态领域的指导地位的根本制度

马克思主义是社会主义意识形态的旗帜和灵魂。苏联和东欧国家放弃马克思主义，搞所谓的指导思想"多元化"，最终让国家陷入分崩离析的境地，有人因此提出了"历史终结论"。一些研究马克思主义的学者面对现实问题处于失语状态，有人断言马克思主义"过时"。社会主义意识形态的境遇窘迫。"实际工作中，在有的领域中马克思主义被边缘化、空泛化、标签化，在一些学科中'失语'、教材中'失踪'、论坛上'失声'。"[1]

习近平总书记强调守正创新。守正，是坚持马克思主义基本原理不动摇。列宁指出：马克思学说"完备而严密，它给人们提供了决不同任何迷信、任何反动势力、任何为资产阶级压迫所作的辩护相妥协的完整的世界观"[2]。这种完备而严密体现在它"是人类在 19 世纪所创造的优秀成果——德国的哲学、英国的政治经济学和法国的社会主义的当然继承者"[3]。马克思的全部天才"正是在于他回答了人类先进思想已经提出的种种问题"。继承与创新相结合是马克思主义的力量之所在。习近平总书记进一步阐释了这一思想。他指出：马克思主义是科学的理论，深刻揭示了自然界、人类社会、人类思维发展的普遍规

---

[1]《习近平关于社会主义文化建设论述摘编》，中央文献出版社 2017 年版，第 76 页。
[2]《列宁选集》第 2 卷，人民出版社 1995 年版，第 309 页。
[3]《列宁选集》第 2 卷，人民出版社 1995 年版，第 309—310 页。

律，为人类社会发展进步指明了方向；马克思主义是人民的理论，坚持实现人民解放、维护人民利益的立场，以实现人的自由而全面的发展和全人类解放为己任，反映了人类对理想社会的美好憧憬；马克思主义是实践的理论，具有鲜明的实践品格，为改变人民历史命运而创立，为人民认识世界、改造世界提供强大思想武器；马克思主义是开放的理论，始终站在时代前沿，不断探索时代和实践发展提出的新课题、回应人类社会面临的新挑战。因此，"马克思主义就是我们共产党人的'真经'"[1]，是"伟大的认识工具"[2]。"在近代中国最危急的时刻，中国共产党人找到了马克思列宁主义，并坚持把马克思列宁主义同中国实际相结合，用马克思主义真理的力量激活了中华民族历经几千年创造的伟大文明。"[3]"人类社会至今仍然生活在马克思所阐明的发展规律之中"[4]，马克思主义始终"是我们认识世界、把握规律、追求真理、改造世界的强大思想武器"[5]。

同时，"马克思主义与中华优秀传统文化和中华文明具有内在契合性"[6]。马克思主义传入中国后受到人民的热烈欢迎，并最终扎根中国大地、开花结果，是因为马克思主义的人民立场、探求理想社会追求、讲究一切从实际出发、唯物辩证法思想，与中华优秀传统文化"大道之行也，天下为公"的大同理想，"民惟邦本"的民本思想，"天行健，君子以自强不息"的奋斗观念，周虽旧邦、其命维新的改革精神，扶

---

[1] 习近平：《在全国党校工作会议上的讲话》，《求是》2016年第9期。
[2] 习近平：《在哲学社会科学工作座谈会上的讲话》，《人民日报》2016年5月19日。
[3] 习近平：《在党史学习教育动员大会上的讲话》，《求是》2021年第7期。
[4] 习近平：《在哲学社会科学工作座谈会上的讲话》，《人民日报》2016年5月19日。
[5] 习近平：《在纪念马克思诞辰200周年大会上的讲话》，《人民日报》2018年5月5日。
[6] 姜辉：《"两个结合"是马克思主义中国化的必然途径》，《当代中国史研究》2021年第5期。

贫济困的共富观念，知行合一的实践哲学、"穷则变，变则通，通则久"的朴素辩证法等思想观念、价值追求与方法论，具有内在契合性。马克思主义推动了中华优秀传统文化创新发展，中华优秀传统文化则助推马克思主义的民族化、本土化，并实现了马克思主义中国化的三次历史性飞跃，创立了毛泽东思想，形成了中国特色社会主义理论体系，创立了习近平新时代中国特色社会主义思想。习近平总书记把马克思主义基本原理同中华优秀传统文化相结合，充分吸取其哲学思想、人文精神、道德价值、历史智慧，提出了许多新观点新论断。比如，要求"深入挖掘和阐发中华优秀传统文化讲仁爱、重民本、守诚信、崇正义、尚和合、求大同的时代价值，使中华优秀传统文化成为涵养社会主义核心价值观的重要源泉"[1]；将马克思主义群众观同中华传统文化的民本思想相结合，提出坚持以人民为中心的发展思想；将马克思主义自然观与中国天人合一的传统思想相结合，深刻阐明生态文明理念，提出人与自然生命共同体的重大论断；关于"人类命运共同体"的国际关系理念体现了对传统文化中"世界大同""协和万邦"思想的弘扬。习近平新时代中国特色社会主义思想是中华文化和中国精神的时代精华，谱写了马克思主义中国化的新篇章。

马克思、恩格斯指出："一切划时代的体系的真正的内容都是由于产生这些体系的那个时期的需要而形成起来的。"[2]新时代，"我国正处在大发展大变革大调整时期，国际国内形势的深刻变化使我国意识形态领域面临着空前复杂的情况"[3]，坚持和巩固马克思主义在我国意识形态领域的指导地位，必须"坚持用马克思主义观察时代、解读时代、

---

[1]《习近平关于社会主义文化建设论述摘编》，中央文献出版社2017年版，第141页。
[2]《马克思恩格斯全集》第3卷，人民出版社1960年版，第544页。
[3]《习近平关于总体国家安全观论述摘编》，中央文献出版社2018年版，第109页。

引领时代，用鲜活丰富的当代中国实践来推动马克思主义发展"[1]。习近平总书记把握我国社会发展的时代脉搏，"对关系新时代党和国家事业发展的一系列重大理论和实践问题进行了深邃思考和科学判断，就新时代坚持和发展什么样的中国特色社会主义、怎样坚持和发展中国特色社会主义，建设什么样的社会主义现代化强国、怎样建设社会主义现代化强国，建设什么样的长期执政的马克思主义政党、怎样建设长期执政的马克思主义政党等重大时代课题，提出一系列原创性的治国理政新理念新思想新战略"[2]，科学回答中国之问、世界之问、人民之问、时代之问，是当代中国马克思主义、二十一世纪马克思主义，推动了党和国家事业的发展，彰显了马克思主义真理的力量。

新时代，党以制度化的方式增强马克思主义在我国意识形态领域指导地位的强制力和约束力。党的十九届四中全会把坚持马克思主义在意识形态领域指导地位确立为国家制度体系中一项根本制度，把马克思主义在文化领域、意识形态领域的指导功能和引领作用制度化。"这是中国特色社会主义制度在意识形态和文化领域的具体体现，表明我们党对坚持以马克思主义为指导的意识形态工作规律的认识达到一个新高度。"[3]

三、正本清源，加强意识形态阵地的建设

思想阵地是意识形态工作的基本依托。党的十八大以来，习近平

---

[1] 习近平：《在纪念马克思诞辰200周年大会上的讲话》，《人民日报》2018年5月5日。
[2] 《中共中央关于党的百年奋斗重大成就和历史经验的决议》，人民出版社2021年版，第25—26页。
[3] 姜辉：《坚持马克思主义在意识形态领域指导地位的根本制度》，《红旗文稿》2020年第5期。

总书记对意识形态建设的重点领域，包括文艺工作、媒体舆论、学术研究以及网络安全等进行整体、系统谋划，"动员各条战线各个部门一起来做"，调动各方力量，运用多种资源，自觉承担起"举旗帜、聚民心、育新人、兴文化、展形象的使命任务"[1]。党从正本清源入手加强宣传思想工作，先后主持召开了全国宣传思想工作、文艺工作、网络安全和信息化工作、党校工作、新闻舆论工作、哲学社会科学工作座谈会和全国高校思想政治工作会议，"就一系列根本性问题阐明原则立场，廓清了理论是非，校正了工作导向"[2]。

新时代一再强调坚持以人民为中心，坚持党性和人民性相统一，确保意识形态工作的正确价值取向。习近平总书记指出：我党以全心全意为人民服务为根本宗旨，"体现党的意志就是体现人民的意志，宣传党的主张就是宣传人民的主张，坚持党性就是坚持人民性"[3]。他强调所有宣传思想阵地上的党员干部、所有媒体都要坚持党性原则，"无论是理论研究、宣传报道还是文艺创作、思想教育，都要把坚持正确导向摆在首位，始终绷紧导向这根弦，讲导向不含糊、抓导向不放松"[4]。

舆论导向是事关党和人民之祸福、安邦定国之大事。但改革开放以来，有的媒体陷入绝对的新闻客观主义的"窠臼"，为了表面的客观、中性而丧失应有的是非判断和价值立场。习近平总书记明确，党的新闻舆论工作的职责和使命是"高举旗帜、引领导向，围绕中心、

---

[1]《举旗帜聚民心育新人兴文化展形象 更好完成新形势下宣传思想工作使命任务》，《人民日报》2018年8月23日。
[2]《中共中央关于党的百年奋斗重大成就和历史经验的决议》，人民出版社2021年版，第44—45页。
[3] 习近平：《论党的宣传思想工作》，中央文献出版社2020年版，第182页。
[4]《习近平关于社会主义文化建设论述摘编》，中央文献出版社2017年版，第26页。

服务大局，团结人民、鼓舞士气、成风化人、凝心聚力、澄清谬误、明辨是非、联接中外、沟通世界"[1]。他要求新闻舆论工作"尊重新闻传播规律，创新方法手段，切实提高党的新闻舆论传播力、引导力、影响力、公信力"[2]。要做到这点，新闻舆论工作者必须"转作风改文风，俯下身、沉下心、察实情、说实话、动真情，努力推出有思想、有温度、有品质的作品"[3]。

文艺深深融入人民生活，承载着塑造人们精神家园的重任。"改革开放以来，我国文艺创作迎来了新的春天，产生了大量脍炙人口的优秀作品。同时，也不能否认，在文艺创作方面，也存在着有数量缺质量、有'高原'缺'高峰'的现象"[4]，有些作品调侃崇高，有的以丑为美，有的一味媚俗、低级趣味。作为社会主义意识形态建设格局中不可或缺的重要一环，习近平总书记开宗明义：文艺是时代前进的号角，文艺工作要坚持以人民为中心的创作导向，"努力创作生产更多传播当代中国价值观念、体现中华文化精神、反映中国人审美追求，思想性、艺术性、观赏性有机统一的优秀作品"[5]。他要求"引导文艺工作者树立正确的历史观、民族观、国家观、文化观，自觉讲品位、讲格调、讲责任"，[6]坚决抵制低俗庸俗媚俗，坚守艺术理想，追求德艺双馨。这推动了广大文艺工作者为人民放歌、为时代铸魂，创作出了一批群众喜闻乐见的文艺精品。

---

[1]《习近平谈治国理政》第2卷，外文出版社2017年版，第332页。
[2]《习近平谈治国理政》第2卷，外文出版社2017年版，第331页。
[3]《习近平谈治国理政》第2卷，外文出版社2017年版，第333—334页。
[4] 习近平：《在文艺工作座谈会上的讲话》，《人民日报》2015年10月15日。
[5] 习近平：《在文艺工作座谈会上的讲话》，《人民日报》2015年10月15日。
[6]《举旗帜聚民心育新人兴文化展形象 更好完成新形势下宣传思想工作使命任务》，《人民日报》2018年8月23日。

明确"党校姓党"。在全国党校工作会议上,习近平总书记指出:"党校因党而立,党校姓党是天经地义的要求。"他针对党校一些人讲课时传播西方资本主义价值观念,妄议党和国家大政方针的现象,强调党校是教育培训干部的地方,要以党的旗帜为旗帜,以党的意志为意志,以党的使命为使命。"党校要旗帜鲜明、大张旗鼓讲马克思主义、讲中国特色社会主义、讲共产主义。"[1]党校的一切教学、科研、办学活动都要坚持党性原则,把党性教育作为共产党人修身养性的必修课。中央党校为此成立了马克思主义学院。

哲学社会科学兼具意识形态与学术属性,是人们认识世界、改造世界的重要工具。改革开放以来流行的一种看法是,学术就要远离现实生活,离现实愈远,学术价值愈高,"为学术而学术"才是学术的正道、学者的本分。有的人学习西方理论时依附于"西方理论",缺乏"理论自我"。习近平总书记为中国哲学社会科学正名。他强调:"坚持以马克思主义为指导,是当代中国哲学社会科学区别于其他哲学社会科学的根本标志。"[2]他反对以国外哲学社会科学作为标准和模式,要求我国哲学社会科学应从我国的实践中"挖掘新材料、发现新问题、提出新观点、构建新理论"[3],以解决在建设以马克思主义为指导的学科体系、学术体系、话语体系上功力不够、成果不多的问题,"按照立足中国、借鉴国外,挖掘历史、把握当代,关怀人类、面向未来的思路"[4],加快构建中国特色哲学社会科学,"建构中国自主的知识体系"[5]。

---

[1] 习近平:《在全国党校工作会议上的讲话》,《求是》2016年第9期。
[2] 习近平:《在哲学社会科学工作座谈会上的讲话》,《人民日报》2016年5月19日。
[3] 习近平:《在哲学社会科学工作座谈会上的讲话》,《人民日报》2016年5月19日。
[4] 习近平:《在哲学社会科学工作座谈会上的讲话》,《人民日报》2016年5月19日。
[5]《坚持党的领导传承红色基因扎根中国大地 走出一条建设中国特色世界一流大学新路》,《光明日报》2022年4月26日。

新时代以此为着力点和着重点谋划和推进加快构建中国特色哲学社会科学；新型智库以公共政策为研究对象，在咨政建言、创新理论、服务社会等领域积累了丰富经验，取得了明显成效。

高校立身之本在于立德树人。培养人才是高校的根本使命，为社会服务是高校的基本职能，高校又最易受各种错误思潮冲击，是意识形态工作前沿阵地。习近平总书记强调，"要坚持把立德树人作为中心环节"[1]，"帮助学生形成正确的世界观、人生观、价值观，提高道德修养和精神境界，养成科学思维习惯，促进身心和人格健康发展"[2]。加强马克思主义学院建设，推动马克思主义及其中国化最新成果进课堂、进教材，入脑入心，并积极推进思政课教学改革创新，不仅把思想政治工作贯穿教育教学全过程，而且，思政课除了在课堂上讲，也在社会生活中来讲，跟现实结合起来，将小课堂与社会大课堂有机结合，善用"大思政课"，实现全程育人、全方位育人，引导学生树立正确的理想信念、学会正确的思维方法，培养德智体美劳全面发展的社会主义建设者和接班人，培养堪当民族复兴大任的新时代的奋斗者。

推动媒体融合发展，建设清朗的网络空间。信息化时代，互联网已是舆论生成的策源地、信息传播的集散地、思想交锋的主阵地，以前所未有的冲击力重塑文化环境、舆论生态。西方反华势力将互联网视为"扳倒中国"的一把利刃，多年前有西方政要声称"有了互联网，对付中国就有了办法"；[3] 有人利用网络鼓吹推翻国家政权，煽动宗教极端主义，宣扬民族分裂思想，教唆暴力恐怖活动等。这直接关系国

---

[1]《习近平谈治国理政》第 2 卷，外文出版社 2017 年版，第 376 页。
[2] 习近平：《在哲学社会科学工作座谈会上的讲话》，《人民日报》2016 年 5 月 19 日。
[3]《习近平关于社会主义文化建设论述摘编》，中央文献出版社 2017 年版，第 28—29 页。

家的意识形态安全和政权安全。党接受善意的批评，无论是和风细雨的还是忠言逆耳的，但反对搬弄是非、颠倒黑白、造谣生事、违法犯罪。习近平总书记多次强调，"要把网上舆论工作作为宣传思想工作的重中之重来抓"[1]，解决好"本领恐慌"问题，真正成为运用现代传媒体新手段新方法的行家里手。

党高度重视互联网这个意识形态斗争的主阵地、主战场，为打好网络意识形态攻坚战，"坚持发展和治理相统一、网上和网下相融合，广泛汇聚向上向善力量"[2]，以"提高用网治网水平，使互联网这个最大变量变成事业发展的最大增量"[3]。一是健全互联网领导和管理体制，实行多主体协同共治，确保互联网可控可管。习近平总书记指出："打赢网络意识形态斗争，必须提高网络综合治理能力，形成党委领导、政府管理、企业履责、社会监督、网民自律等多主体参与，经济、法律、技术等多种手段相结合的综合治网格局。"[4]为加强党对互联网工作的领导，2014年，中央网络安全和信息化领导小组成立，2018年改为中央网络安全和信息化委员会，建立中央、省、市甚至到县的各级网信管理工作体系。坚持依法治网同技术治网并举。近年来，国家出台了《中华人民共和国网络安全法》《全国人民代表大会常务委员会关于维护互联网安全的决定》《互联网信息服务管理办法》《网络出版服务管理规定》《互联网文化管理暂行规定》《网络信息内容生态治理规定》《最高人民法院 最高人民检察院关于办理利用信息网络实施诽

---

[1]《习近平关于社会主义文化建设论述摘编》，中央文献出版社2017年版，第29页。
[2]《习近平致首届中国网络文明大会的贺信》，新华网，2021年11月19日，http://www.xinhuanet.com/2021-11/19/C_1128079505.htm。
[3]《举旗帜聚民心育新人兴文化展形象 更好完成新形势下宣传思想工作使命任务》，《人民日报》2018年8月23日。
[4]《习近平关于网络强国论述摘编》，中央文献出版社2021年版，第56—57页。

谤等刑事案件适用法律若干问题的解释》《即时通信工具公众信息服务发展管理暂行规定》等法规，依法净化网络生态。二是深刻认识全媒体时代的挑战和机遇，加强网络内容建设。党中央以内容建设为根本，推动传统媒体和新兴媒体深度融合，着力打造一批形态多样、手段先进、具有竞争力的新型主流媒体，加强网上正面宣传，壮大主流思想舆论，"形成网上网下同心圆，使全体人民在理想信念、价值理念、道德观念上紧紧团结在一起，让正能量更强劲、主旋律更高昂"[1]，根本扭转了过去网上乱象丛生的状况；网络文艺从流量至上回归内容为王，网络文化生态发生深刻变化。

经过上述努力，我国意识形态领域形成了齐抓共管的工作格局，全面落实了党管宣传、党管意识形态、党管媒体的要求，思想文化领域向上向好态势不断发展，意识形态工作的引领力不断增强。

四、立破并举，既解疑释惑，也敢于发声亮剑

"先进的思想文化一旦被群众掌握，就会转化为强大的物质力量；反之，落后的、错误的观念如果不破除，就会成为社会发展进步的桎梏。"[2]巩固马克思主义在意识形态领域的指导地位、巩固全党全国人民团结奋斗的共同思想基础是意识形态建设的中心环节。我们的挑战是，国内外敌对势力想让我们党改旗易帜、改名换姓，其要害就是要我们丢掉马克思主义的信仰，丢掉对共产主义、社会主义的信念。有些人甚至党内有的同志却没有看清这暗藏的玄机，认同西方"普世价值"，"有的人奉西方理论、西方话语为金科玉律，不知不觉成了西方

---

[1]《习近平谈治国理政》第3卷，外文出版社2020年版，第317页。
[2] 习近平：《在纪念马克思诞辰200周年大会上的讲话》，《光明日报》2018年5月5日。

资本主义意识形态的吹鼓手"[1]。习近平总书记强调："坚持以立为本、立破并举。"[2]他要求宣传思想战线"在基础性、战略性工作上下功夫，在关键处、要害处下功夫，在工作质量和水平上下功夫"[3]，增强意识形态正面宣传的吸引力、影响力和感染力。

办好中国的事情，关键在党。切实加强对党员干部教育、引导和管理。党的十八大报告指出："对马克思主义的信仰，对社会主义和共产主义的信念，是共产党人的政治灵魂，是共产党人经受住任何考验的精神支柱。"[4]推动用党的创新理论武装全党、教育人民、指导实践是意识形态建设中最基础性的工作。针对党内不重视马克思主义理论学习的现象，习近平总书记多次强调，"共产党人要把读马克思主义经典、悟马克思主义原理当作一种生活习惯、当作一种精神追求，用经典涵养正气、淬炼思想、升华境界、指导实践"[5]。完善中央政治局集体学习、党委（党组）理论学习中心组、基层党组织"三会一课"等各层级学习制度，并积极探索建立网络在线学习制度，健全用党的创新理论武装全党的工作体系，推动理想信念教育常态化制度化，使广大党员干部树牢"四个意识"，坚定"四个自信"，坚决做到"两个维护"，牢牢把握意识形态的正确方向。

教育引导党员、干部矢志不渝为中国特色社会主义共同理想而奋斗，牢固树立正确的世界观、权力观、事业观，做社会主义道德的示

---

[1] 习近平：《在全国党校工作会议上的讲话》，《求是》2016年第9期。
[2] 《举旗帜聚民心育新人兴文化展形象 更好完成新形势下宣传思想工作使命任务》，《人民日报》2018年8月23日。
[3] 《举旗帜聚民心育新人兴文化展形象 更好完成新形势下宣传思想工作使命任务》，《人民日报》2018年8月23日。
[4] 《十八大以来重要文献选编》（上），中央文献出版社2014年版，第39页。
[5] 习近平：《在纪念马克思诞辰200周年大会上的讲话》，《人民日报》2018年5月5日。

范者、诚信风尚的引领者、公平正义的维护者，以实际行动彰显共产党人的人格力量。党中央把党内经常性教育和集中性教育相结合，从2013年开始的党的群众路线教育实践活动到"不忘初心、牢记使命"主题教育，反复强调"革命理想高于天"[1]，并切实解决好执政"为了谁、依靠谁、我是谁"的问题，努力实现好、维护好、发展好最广大人民根本利益。革命传统和优良作风薪火相传，才能使我们的党永远不变质、我们的红色江山永远不变色。习近平总书记强调："共和国是红色的，不能淡化这个颜色。"[2]赓续红色血脉、凝聚中国力量。2014年设立烈士纪念日，每年9月30日，国家举行纪念烈士活动，缅怀烈士丰功伟绩，弘扬爱国主义精神，增强中华民族的凝聚力。建立健全党和国家的功勋荣誉表彰制度，并在庆祝改革开放40周年时表彰了100名改革先锋；在中华人民共和国成立70周年时授予42人国家勋章和国家荣誉称号，其中，8人被授予"共和国勋章"；在中国共产党成立100周年时给29名优秀党员颁发"七一勋章"，发挥杰出人物的精神引领、典型示范作用。党的十九届六中全会审议通过《决议》，以统一全党的思想，坚定历史自信。

新时代大力推动马克思主义大众化。马克思主义是一个博大精深的理论体系，怎样增强理论对大众的吸引力和感染力？毛泽东曾在《关于正确处理人民内部矛盾的问题》中指出："不能强制人们放弃唯心主义，也不能强制人们相信马克思主义。"[3]列宁用一个公式简洁直观地解决了这一问题："最高限度的马克思主义=（Umschlag）最高

---

[1]《十八大以来重要文献选编》（上），中央文献出版社2014年版，第470页。
[2]《习近平关于"不忘初心、牢记使命"论述摘编》，党建读物出版社、中央文献出版社2019年版，第17页。
[3]《毛泽东文集》第7卷，人民出版社1999年版，第209页。

限度的通俗化"。[1]即宣传马克思主义理论要"通俗化",应"善于用简单、明了、群众易懂的语言讲话"[2]。2012年11月15日,习近平总书记在与中外记者见面时庄严宣示:"我们的责任,就是要团结带领全党全国各族人民,接过历史的接力棒,继续为实现中华民族伟大复兴而努力奋斗";"人民对美好生活的向往,就是我们的奋斗目标";"人世间的一切幸福都需要靠辛勤的劳动来创造";"坚定不移走共同富裕的道路",[3]明确党和国家事业发展的目标是"实现中华民族伟大复兴",根本遵循是"坚持以人民为中心的发展思想",鼓励华夏儿女同心共筑实现中华民族伟大复兴的中国梦。十九大报告正式提出并阐述了党的初心和使命就是"为中国人民谋幸福,为中华民族谋复兴"[4]。并把铸牢中华民族共同体意识作为新时代党的民族工作的"纲",绘就民族团结最大"同心圆"。

培养和践行社会主义核心价值观,注重用社会主义先进文化、革命文化、中华优秀传统文化培根铸魂,广泛开展中国特色社会主义和中国梦宣传教育,党推动"四史"学习,建成中国共产党历史展览馆,开展庆祝建党百年、中华人民共和国成立70周年、建军90周年、改革开放40周年和纪念中国人民抗日战争暨世界反法西斯战争胜利70周年、抗美援朝出国作战70周年等活动,在全社会唱响主旋律、弘扬正能量。党推进文化事业和文化产业全面发展,繁荣文艺创作,完善公共文化服务体系,创新实施文化惠民工程,为人民提供了更多更好的精神食粮。

---

[1]《列宁全集》第36卷,人民出版社1959年版,第468页。
[2]《列宁全集》第14卷,人民出版社1988年版,第89页。
[3]《习近平谈治国理政》第1卷,外文出版社2018年版,第4页。
[4]《十九大以来重要文献选编》(上),中央文献出版社2019年版,第1页。

坚持正面宣传为主，决不意味着放弃舆论斗争。针对少数干部用"不争论""不炒热""让说话"为自己不作为开脱的情况，习近平总书记指出："在重大意识形态问题上含含糊糊、遮遮掩掩，助长了错误思潮的扩散。"[1]"对重大政治原则和大是大非问题，要敢于交锋、敢于亮剑。对恶意攻击、造谣生事，要坚决回击、以正视听。"[2]党中央一再要求"对各种政治性、原则性、导向性问题要敢抓敢管，对各种错误思想必须敢于亮剑，帮助人们明辨是非，牢牢掌握意识形态工作主动权"[3]。对历史虚无主义、"新自由主义"、民主社会主义、西方宪政民主、"公民社会"论等错误思潮，"组织力量对错误思想观点进行批驳"[4]，用唯物主义的观点说明，"一个国家选择什么样的国家制度和国家治理体系，是由这个国家的历史文化、社会性质、经济发展水平决定的"[5]。习近平总书记明确在意识形态领域斗争上作战士而不作绅士，这是所有意识形态工作者的自觉意识和必备素质。

针对一些西方国家把我国发展进步视为对西方制度和价值观的威胁，一些西方媒体长期妖魔化中国，肆意挑动意识形态对抗，并就人权、宗教、疫情、新疆、西藏、香港、台湾等议题，蓄意制造反华分裂言论的现象，习近平总书记指出："中国从不搞意识形态对抗"，但是，"我们也不会坐视国家主权、民族尊严、发展空间受损，会坚定维护自身正当权益，维护国际公平正义。"[6]他强调，"对那些妖魔化、污

---

[1]《习近平关于社会主义文化建设论述摘编》，中央文献出版社2017年版，第35页。
[2] 习近平：《论党的宣传思想工作》，中央文献出版社2020年版，第189页。
[3]《习近平关于社会主义文化建设论述摘编》，中央文献出版社2017年版，第53页。
[4]《十八大以来重要文献选编》（上），中央文献出版社2014年版，第465页。
[5]《习近平谈治国理政》第3卷，外文出版社2020年版，第119页。
[6]《习近平关于统筹疫情防控和经济社会发展重要论述选编》，中央文献出版社2020年版，第29页。

名化中国和中国人民的言论，要及时予以揭露和驳斥"[1]，坚决开展国际意识形态斗争。国务院新闻办公室发布了《新疆的宗教信仰自由状况》《伟大的跨越：西藏民主改革60年》《西藏和平解放与繁荣发展》《中国与世界贸易组织》《中国的全面小康》《人类减贫的中国实践》《中国的核安全》《中国的生物多样性保护》《中国的出口管制》《"一国两制"下香港的民主发展》《中国的民主》等白皮书，以事实与数据介绍中国、说明真相。

"思想舆论领域大致有红色、黑色、灰色'三个地带'。红色地带是我们的主阵地，一定要守住；黑色地带主要是负面的东西，要敢于亮剑，大大压缩其地盘；灰色地带要大张旗鼓争取，使其转化为红色地带。"[2]在党的领导下，努力把握网络传播规律，掌握网络舆论宣传和舆论斗争艺术，提高巩固和拓展"红色地带"、进入和改变"黑色地带"、争取和转化"灰色地带"的能力，为我国营造有利外部舆论环境。

"人心是最大的政治。"[3]意识形态有没有强大的凝聚力，关键要看人心向背，即党和政府能否获得人民群众的大力支持和积极拥护。新时代呼应人民的关切，针对"由于一度出现管党不力、治党不严问题，有些党员、干部政治信仰出现严重危机"[4]，特权思想和特权现象较为普遍存在，严重影响党的形象和威信问题，习近平总书记明确提出"全面从严治党"。从中央八项规定破题，以上率下抓作风建设，以雷霆万钧反腐败破局，"打虎""拍蝇""猎狐"多管齐下，推动反腐败

---

[1]《习近平关于社会主义文化建设论述摘编》，中央文献出版社2017年版，第202页。
[2]《习近平谈治国理政》第2卷，外文出版社2017年版，第328页。
[3]《习近平关于网络强国论述摘编》，中央文献出版社2021年版，第77—78页。
[4]《中共中央关于党的百年奋斗重大成就和历史经验的决议》，人民出版社2021年版，第29页。

斗争取得压倒性胜利并全面巩固。从党的十八大到十九届六中全会前，全国纪检监察机关共立案审查调查407.8万件、437.9万人，其中立案审查调查中管干部484人，给予党纪政务处分399.8万人。[1]虽然反腐败斗争任重道远，但以习近平同志为核心的党中央以永远在路上的坚定执着，将党的自我革命进行到底的精神，对腐败问题无禁区、全覆盖、零容忍的态度，日益完善"把权力关进制度的笼子"的制度建设的努力，取信于民。

更重要的是，党中央团结带领全党全国各族人民着力解决人民日益增长的美好生活需要和不平衡不充分的发展之间的矛盾，全面深化改革加强顶层设计和整体谋划，激发人民首创精神，健全全面、广泛、有机衔接的人民当家作主制度体系，增进民生福祉，关注人民对民主、法治、公平、正义、安全、环境等方面的要求，在幼有所育、学有所教、劳有所得、病有所医、老有所养、住有所居、弱有所扶上持续用力，增强人民获得感、幸福感、安全感。打赢了脱贫攻坚战，近一亿农村贫困人口实现脱贫，实现全面小康；应对新冠疫情的过程中，举全国之力实施规模空前的生命大救援，最大限度保护了人民生命安全和身体健康。由于中国共产党人着力解决人民群众急难愁盼问题，"民之所忧，我必念之；民之所盼，我必行之"[2]，不断积累人民群众对党中央的信心、信任和信赖。据全球知名公关咨询公司爱德曼发布的《2022年度爱德曼信任晴雨表》报告显示，2021年中国民众对政府信任度高达91%，同比上升9个百分点，蝉联全球第一。在国家综合信任指数方面，中国高达83%，同比增长11个百分点，位列全球首位。哈佛大学肯尼迪学院连续十年在中国开展的民调结果显示，中国民众

---

[1] 赵林：《何谓零容忍》，《中国纪检监察报》2022年1月20日。
[2] 《国家主席习近平发表二〇二二年新年贺词》，《光明日报》2022年1月1日。

对政府满意度连年都保持在90%以上,同上述民调数据吻合。[1]中国民众这份信任源于中国共产党和中国政府担当作为。

五、坚定文化自信,讲好中国故事

国际话语权是意识形态话语权的重要组成部分。当前国际舆论格局中,西方把持了话语权。习近平总书记要求精心做好对外宣传工作,创新对外宣传方式,改变中国的国家形象长期被他塑、被扭曲的状况,着力打造融通中外的新概念新范畴新表述,努力"用中国理论阐释中国实践,用中国实践升华中国理论,更加鲜明地展现中国思想,更加响亮地提出中国主张"[2]。

新时代树立大历史观,坚定文化自信,平视世界。中华民族有着5000多年的文明史,工业革命发生之前,中国处于世界先进甚至领先地位,1600年中国国内生产总值在世界所占的比重为34.6%。[3]工业革命后,西方开启现代化,东西方差距越来越大。鸦片战争后,西方列强用坚船利炮打开中国国门,由于封建统治腐败,中国逐步沦为半殖民地半封建社会,中华文明蒙尘。率先开展现代化的西方建构了"西方中心论",表现出西方文化优越感,对其他文明充满"傲慢与偏见",形成了"东方与西方"、"传统与现代"的二元思维:"充满活力的西方"代表着创新、理性、科学、文明和进步,而"停滞不前的东方"则意味着愚昧、迷信、无序、野蛮和落后。[4]在此种逻辑框架下,伴随着西

---

[1]《〈2022年度爱德曼信任晴雨表〉报告显示:中国民众对政府信任度蝉联全球第一》,京报网,2022年1月21日,http://news.bjd.com.cn/2022/01/21/10032928.shtml。
[2]《习近平总书记重要讲话文章选编》,中央文献出版社2016年版,第417页。
[3] 金星晔、管汉晖、李稻葵:《中国在世界经济中相对地位的演变(公元1000—2017年)——对麦迪逊估算的修正》,《经济研究》2019年第7期。
[4] 杨一:《西学东渐之外 还有中学西传》,《光明日报》2020年1月11日。

方的殖民扩张，整个东方一起从属于西方，西方文明观主导了世界。西方文化及价值观被仰望与仰视。"自从中国在异质文化的冲击下失落了自己的天朝传统以来"，中国知识界"要么是鼓吹中国事事不如人，而唯洋是崇；要么是宣扬狭隘民族主义，而盲目排外"。[1]西方主导的国际话语体系中，中华文化的海外传播也受制于西方的"中国叙事"，以"东方主义"的认知框架，以主客体二元对立的思维为基础建构中国文明、文化的形象，被曲解、矮化、丑化。中国成为世界第二大经济体后，作为世界经济发展的引擎，理应受到尊敬，但以美国为代表的西方价值观联盟排斥中国，放大差异，一些政客和媒体渲染"中国威胁论"，刻意抹黑中国。

新时代提出大历史观，重塑文明间的对话与交流。针对"文明冲突论""种族优越论"等，习近平总书记强调坚持弘扬平等、互鉴、对话、包容的文明观。2013年3月23日，他在莫斯科国际关系学院发表演讲，指出："要跟上时代前进步伐，就不能身体进入21世纪，而脑袋还停留在过去，停留在殖民扩张的旧时代里，停留在冷战思维、零和博弈的老框框内。""各国应该共同推动建立以合作共赢为核心的新型国际关系，各国人民应该一起来维护世界和平、促进共同发展。"[2]同年9月，他在哈萨克斯坦倡议共建"一带一路"。中国与丝绸之路沿线国家联合申遗，通过有上千年历史、跨越近5000公里、连接整个亚欧大陆文明和文化的遗迹，向世界展示文明交流互鉴推动人类进步的故事。他在联合国教科文组织总部的演讲指出：文明是多彩的，

---

[1] 罗荣渠：《现代化新论：世界与中国的现代化进程》，商务印书馆2009年版，第402—403页。

[2] 《习近平谈治国理政》第1卷，外文出版社2018年版，第273页。

各种人类文明在价值上是平等的,"文明没有高低、优劣之分"[1]。中国的"四大发明带动了世界变革,推动了欧洲文艺复兴。中国哲学、文学、医药、丝绸、瓷器、茶叶等传入西方,渗入西方民众日常生活之中"[2]。傲慢和偏见是文明交流互鉴的最大障碍,要以文明交流超越文明隔阂,以文明互鉴超越文明冲突,以文明共存超越文明优越。"现代化道路并没有固定模式,适合自己的才是最好的,不能削足适履。"[3]多样性是人类文明的魅力所在,更是世界发展的活力和动力之源。那种"认为自己的人种和文明高人一等,执意改造甚至取代其他文明,在认识上是愚蠢的,在做法上是灾难性的!"[4]我们应该"推动不同文明交流对话、和谐共生"[5],"弘扬和平、发展、公平、正义、民主、自由的全人类共同价值,倡导不同文明交流互鉴,促进人类文明发展"[6]。

针对一些人精神上迎合西方,丧失了独立性和自主性的现象,习近平总书记强调文化的主体性,在 2014 年 2 月举行的中央政治局第十三次集体学习时明确要"增强文化自信和价值观自信"。他指出,在解读中国实践、构建中国理论上,我们应该最有发言权,"如果我们用西方资本主义价值体系来剪裁我们的实践,用西方资本主义评价体系来衡量我国发展,符合西方标准就行,不符合西方标准就是落后的陈

---

[1] 习近平:《在联合国教科文组织总部的演讲》,《光明日报》2014 年 3 月 28 日。

[2] 习近平:《在联合国教科文组织总部的演讲》,《光明日报》2014 年 3 月 28 日。

[3] 习近平:《加强政党合作 共谋人民幸福——在中国共产党与世界政党领导人峰会上的主旨讲话》,《光明日报》2021 年 7 月 7 日。

[4] 习近平:《深化文明交流互鉴 共建亚洲命运共同体——在亚洲文明对话大会开幕式上的主旨演讲》,《光明日报》2019 年 5 月 16 日。

[5] 习近平:《深化文明交流互鉴 共建亚洲命运共同体——在亚洲文明对话大会开幕式上的主旨演讲》,《光明日报》2019 年 5 月 16 日。

[6] 习近平:《同舟共济克时艰,命运与共创未来——在博鳌亚洲论坛 2021 年年会开幕式上的视频主旨演讲》,《人民日报》2021 年 4 月 21 日。

旧的，就要批判、攻击，那后果不堪设想！"[1]要加快构建中国话语和中国叙事体系，在发展、文明、安全、人权、生态、国际秩序和全球治理等方面对"中国问题"进行探索，说明中国发展本身就是对世界的最大贡献、为解决人类问题贡献了智慧，解决"有理会讲"的问题，不断增强中华文化感召力、中国形象亲和力、中国话语说服力、国际舆论引导力。

在世界正经历百年未有之大变局，"世界怎么了，我们怎么办"的时代之问中，以习近平同志为核心的党中央形成具有原创性、主体性、时代性的重大创新理论，引导国际舆论走向。在国际社会经历多边和单边、开放和封闭、合作和对抗的重大考验中，2012年11月，党的十八大报告正式提出"要倡导人类命运共同体意识"[2]概念。此后，在国内外多个场合，习近平不断深入地进行阐释，从国与国的命运共同体，到区域内命运共同体，再至人类命运共同体，内涵不断丰富延展。2020年初，新冠疫情暴发，在同严重疫情的殊死较量中，3月26日，习近平出席二十国集团领导人应对新冠肺炎特别峰会并发表《携手抗疫，共克时艰》讲话；5月18日，习近平在第73届世界卫生大会视频会议开幕式上强调团结合作战胜疫情，共同构建人类卫生健康共同体。"一带一路"倡议、建设人类命运共同体、"亲、诚、惠、容"的周边外交理念、"共同、综合、合作、可持续"的新型外交观、"共建、共商、共享"的全球治理理念、"平等、互鉴、对话、包容"的文明观等重大理论，符合世界上绝大多数国家特别是发展中国家的利益，受到他们的热烈欢迎。更为重要的是，上述理论打破了长期以来西方国家对国际事务的话语垄断权，为解决贫穷、饥饿、疾病、环境污染、恐怖主

---

[1] 习近平：《在全国党校工作会议上的讲话》，《求是》2016年第9期。
[2]《十八大以来重要文献选编》（上），中央文献出版社2014年版，第37页。

义、民族宗教矛盾等人类难题提供了中国智慧和中国方案。

世界也不断加深对中国主张的认识和理解。中方倡议构建网络空间、核安全、海洋、人类卫生健康等命运共同体理念，契合了各国人民的共同价值和精神追求，多次写入联合国、上海合作组织等多边机制重要文件。"一带一路"倡议激发起各国互联互通、合作发展、创新发展的澎湃活力，不到9年，已有140多个国家、30多个国际组织同中国签署200多份共建"一带一路"合作文件，沿线国家一起建设和平之路、繁荣之路、开放之路、绿色之路、创新之路、文明之路，使"一带一路"成为当今世界深受欢迎的国际公共产品和国际合作平台。文明交流互鉴思想深化为实践路径，成为国之交、民相亲、心相通的行动纲领。

中国共产党不仅以中国式现代化道路创造了人类文明新形态，并且"坚持胸怀天下"，认识思考中国与世界的前途命运，"从人类发展大潮流、世界变化大格局、中国发展大历史"[1]的视角来正确认识和处理中国同外部世界的关系，坚持互利共赢、不搞零和博弈，践行正确义利观，义利相兼，义重于利，并践行党的十八大报告中提出的"为人类作出新的更大贡献"的承诺，站在历史正确的一边，站在人类进步的一边，同世界各国人民一道，推动历史车轮向着光明的前途前进。

综上所述，党的十八大以来，党中央把意识形态工作提到前所未有的高度，系统阐述了新时代意识形态工作的若干重大问题，对意识形态工作的重要地位、根本任务、重点领域、领导权与管理权等提出一系列新理念新思想新观点，标志着党对意识形态工作规律的认识达到了新的境界，为马克思主义意识形态理论宝库增添了新的内容，增

---

[1]《中共中央关于党的百年奋斗重大成就和历史经验的决议》，人民出版社2021年版，第68页。

强了社会主义意识形态的凝聚力与引领力，凝聚党心民心，重塑了中华文明、中华文化形象，这是党的十九届六中全会《决议》作出我国意识形态领域形势发生了全局性、根本性转变判断的基本依据。

建设网络文明，共建网上美好精神家园*

随着互联网的发展，网络空间成为人类生产生活的新空间，对舆论生态、媒体格局、传播方式也带来了深刻变革，互联网成为意识形态斗争的主战场、主阵地、最前沿。2023年6月2日，习近平总书记出席文化传承发展座谈会并发表重要讲话，总结了党的十八大以来在文化建设中提出的一系列新思想新观点新论断，"强调过不了互联网这一关就过不了长期执政这一关，要把互联网这个变量变成事业发展的增量，培育积极健康向上向善的网络文化，建设网络文明"；"强调提高新闻舆论传播力引导力影响力公信力，弘扬主旋律、传播正能量，巩固壮大奋进新时代的主流思想舆论"。[1]党的十八大以来，以习近平同志为核心的党中央面对互联网这个"最大变量"，把握大势、举旗定向，强调网络空间不是"法外之地"[2]，建立健全网络综合治理体系，主力军挺进主战场，弘扬新风正气，建设网络文明，以党的创新理论

---

* 本文原载于《当代中国史研究》2023年第5期。中国社会科学院大学硕士研究生冀新婷对本文有贡献。

[1]《赓续历史文脉 谱写当代华章》，《光明日报》2023年6月4日。

[2]《习近平外交演讲集》第1卷，中央文献出版社2022年版，第363页。

团结凝聚亿万网民,大力弘扬和践行社会主义核心价值观,网络空间更加清朗,网络行为日益规范,文明办网、文明用网、文明上网蔚然成风,网络文明对于建设社会文明的意义和作用更加凸显,逐步变成事业发展的增量。

一

党的宣传工作史上,报纸、杂志、书籍、广播、电影等传统大众媒介,以及民歌、秧歌、街头剧、快板、说书、墙报、漫画、宣传画、小人书、展览会、幻灯片、标语口号、生活用具,都是宣传媒介,把党的思想路线、方针政策传递到人民群众中。信息技术的飞速发展和互联网的普及,深刻变革了人类信息传播方式,互联网融入了人们的生产生活,有力推动着社会发展,也重塑了舆论生态、媒体格局、文化环境:互联网已是舆论生成的策源地、信息传播的集散地、思想交锋的主阵地。我国出现两个舆论场:一个是以党报党刊、电台电视台、通讯社为主体的传统媒体舆论场,一个是以民间尤其是以互联网为基础的新兴媒体舆论场。传统媒体传播国家大政方针、主流文化和价值观以及反映经济社会发展的进展情况,有权威性、公信力,但信息传播和获取渠道较为单一,有的不够接地气。面对突发事件,传统媒体的时效性落后于新兴媒体,"有的人反应迟钝,信息发布跟不上,真理还在穿鞋、谣言已经跑遍天下"[1]。新兴媒介传播速度快,"一张图、一段视频经由全媒体几个小时就能形成爆发式传播";[2]网络自媒体便捷、交互性强,"人即终端","人人都有麦克风,个个都是通讯社",但这

---

[1]《彩云长在有新天——习近平总书记指引清朗网络空间建设纪实》,《中国网信》2022年第2期。

[2]《习近平谈治国理政》第3卷,外文出版社2020年版,第319页。

个舆论场因为民众文化水平、认知水平参差不齐,信息来源复杂多元,加之一些人动机不纯,导致网络空间众声喧哗、肆意表达、无序流淌,借各类耸人听闻的八卦、闹剧、绯闻吸引关注、博得流量,文娱类话题或"花边新闻"霸榜热搜,"网络推手""网络水军""网络暴力"等制造的网络舆情波诡云谲。更为严峻的是,有人利用网络鼓吹编造政治谣言,恶意抹黑党和政府形象,推翻国家政权,煽动宗教极端主义,宣扬民族分裂思想,教唆暴力恐怖活动等。西方反华势力将互联网视为"扳倒中国"的一把利刃,多年前有西方政要就声称"有了互联网,对付中国就有了办法","社会主义国家投入西方怀抱,将从互联网开始"。[1]美国前国务卿奥尔布赖特早就毫不掩饰地说过:"中国不会拒绝互联网这种技术,因为它要现代化。这是我们可乘之机,我们要利用互联网把美国的价值观送到中国去。"[2]西方国家把互联网变为对我国进行意识形态渗透的新战场。"互联网已经成为舆论斗争的主战场。"[3]

这个复杂的大舆论场具有自发性、突发性、公开性、多元性、冲突性、匿名性、无界性等特点,难以被约束和监管,这对网络意识形态建设构成了巨大的挑战。习近平总书记深刻指出:"互联网是我们面临的最大变量,在互联网这个战场上,我们能否顶得住、打得赢,直接关系国家政治安全。"[4]"当今世界,谁掌握了互联网,谁就把握住了时代主动权;谁轻视互联网,谁就会被时代所抛弃。一定程度上可以说,得网络者得天下。"[5]"过不了互联网这一关,就过不了长期执政这

---

[1]《习近平关于网络强国论述摘编》,中央文献出版社2021年版,第50—51页。
[2] 转引自罗忠荣、杨永志:《论树立互联网的"阵地"意识》,《重庆邮电大学学报(社会科学版)》2011年第2期。
[3]《习近平关于网络强国论述摘编》,中央文献出版社2021年版,第50页。
[4]《习近平关于网络强国论述摘编》,中央文献出版社2021年版,第56页。
[5]《习近平关于网络强国论述摘编》,中央文献出版社2021年版,第41页。

一关。"[1]他敏锐把握信息时代媒介环境发生的结构性巨变,坚定地提出,"我们必须科学认识网络传播规律,提高用网治网水平,使互联网这个最大变量变成事业发展的最大增量"[2]。这就充分认识到互联网信息传播技术所带来的既是挑战,也是机遇。2013年,我国网民有近6亿人,手机网民有4.6亿多人,其中微博用户达到3亿多人,[3]网民数量世界第一,很多人特别是年轻人基本不看主流媒体,大部分信息都从网上获取。我国要从网络大国迈向网络强国,如何把网络空间塑造成凝心聚力、引领风尚、丰富人民精神世界、增强人民精神力量的新空间,是必须回答的时代课题。建设网络文明势在必行。

二

党的十八大以来,以习近平同志为核心的党中央强调,"管好用好互联网,是新形势下掌控新闻舆论阵地的关键"[4]。坚持正能量是总要求、管得住是硬道理,加强网络内容建设,做强网上正面宣传,坚决打赢网上舆论斗争。[5]2016年4月19日,习近平总书记在网络安全和信息化工作座谈会上指出:"依法加强网络空间治理,加强网络内容建设,做强网上正面宣传,培育积极健康、向上向善的网络文化,用社会主义核心价值观和人类优秀文明成果滋养人心、滋养社会,做到正能量充沛、主旋律高昂,为广大网民特别是青少年营造一个风清气正的网络空间。"[6]2018年4月,他进一步强调:"构建网上网下同

---

[1]《习近平关于社会主义文化建设论述摘编》,中央文献出版社2017年版,第42页。
[2] 习近平:《论党的宣传思想工作》,中央文献出版社2020年版,第339页。
[3]《习近平关于网络强国论述摘编》,中央文献出版社2021年版,第51页。
[4] 习近平:《论党的宣传思想工作》,中央文献出版社2020年版,第183页。
[5]《习近平关于网络强国论述摘编》,中央文献出版社2021年版,第79页。
[6] 习近平:《论党的宣传思想工作》,中央文献出版社2020年版,第196页。

心圆,更好凝聚社会共识,巩固全党全国人民团结奋斗的共同思想基础。"[1]2020年10月,党的十九届五中全会明确提出了"加强网络文明建设,发展积极健康的网络文化"的构想。2021年,我国网络文明建设领域的第一份指导性中央文件——《关于加强网络文明建设的意见》发布,全面系统部署网络文明建设。该意见指出,加强网络文明建设,是推进社会主义精神文明建设、提高社会文明程度的必然要求,是适应社会主要矛盾变化、满足人民对美好生活向往的迫切需要,是加快建设网络强国、全面建设社会主义现代化国家的重要任务。[2]网络文明是建设社会文明的重要内容。新时代,党中央不断完善顶层设计,以引领网络文明建设开局破题,向纵深发展。

坚持党的全面领导。党管互联网和党管媒体是核心原则。党管互联网主要以组织领导、决策部署、路线开辟等方式领导,将网络治理纳入党的统一领导,核心机构是中央与地方各级网络安全和信息化委员会及其办公室,意识形态工作责任制贯穿整个网络综合治理体系建设。互联网作为新闻舆论阵地,"最根本的是坚持党对新闻舆论工作的领导"[3],"要把党管媒体的原则贯彻到新媒体领域,所有从事新闻信息服务、具有媒体属性和舆论动员功能的传播平台都要纳入管理范围,所有新闻信息服务和相关业务从业人员都要实行准入管理"[4]。

坚持以人民为中心的发展思想。互联网已成为民众获取信息、交流思想、表达诉求的主渠道。网络空间要成为亿万民众共同的精神家

---

[1]《敏锐抓住信息化发展历史机遇 自主创新推进网络强国建设》,《人民日报》2018年4月22日。
[2]《中办国办印发〈关于加强网络文明建设的意见〉》,《人民日报》2021年9月15日。
[3] 习近平:《论党的宣传思想工作》,中央文献出版社2020年版,第181页。
[4] 习近平:《论党的宣传思想工作》,中央文献出版社2020年版,第183—184页。

园，必须坚持以人民为中心的价值导向。2016年召开的全国网络安全和信息化工作会议，主题就是"让互联网更好地造福国家和人民"。习近平总书记强调："网信事业发展必须贯彻以人民为中心的发展思想，把增进人民福祉作为信息化发展的出发点和落脚点，让人民群众在信息化发展中有更多获得感、幸福感、安全感。"[1]要发挥网络传播互动、体验、分享的优势，听民意、惠民生、解民忧，凝聚社会共识，"让互联网成为我们同群众交流沟通的新平台，成为了解群众、贴近群众、为群众排忧解难的新途径，成为发扬人民民主、接受人民监督的新渠道"[2]。做正面宣传，要注重提高质量和水平，要用心用情做，让群众爱听爱看，不能搞假大空式的宣传，不能停留在不断重复喊空洞政治口号的套话上，不能用一个模式服务不同类型的受众，要贴近网民。对思想认识问题，要解疑释惑，及时引导；对建设性意见和建议，要认真研究，及时吸纳；对合理的困难和诉求，要想方设法帮助解决；对需要长期解决的问题，要做好解释工作，争取群众理解。要善于运用网言网语，不要板起脸来说教；要重视技术创新，在可视化呈现、互动化传播上做文章，用网民喜闻乐见的方式。

要传播正能量。"舆论导向正确，就能凝聚人心、汇聚力量，推动事业发展；舆论导向错误，就会动摇人心、瓦解斗志，危害党和人民事业。"[3]因此，娱乐类、社会类新闻等也要强调导向。"如果这类新闻中充斥着纸醉金迷、花天酒地、勾心斗角、炫耀财富、移情别恋、杀人越货等方面的内容，充斥着有关大款、老板、名人、明星等人物的八卦新闻，就不能对人民群众起到正面引导作用。要让主旋律和正能

---

[1]《习近平关于网络强国论述摘编》，中央文献出版社2021年版，第25页。
[2] 习近平：《论党的宣传思想工作》，中央文献出版社2020年版，第195—196页。
[3] 习近平：《论党的宣传思想工作》，中央文献出版社2020年版，第185页。

量主导报刊版面、广播电台、电视荧屏，主导网络空间、移动平台等传播载体，不能搞两个标准、形成'两个舆论场'。"[1]要加强网络伦理、网络文明建设，发挥道德教化引导作用，用人类文明优秀成果滋养网络空间、修复网络生态；[2]以时代新风塑造和净化网络空间，巩固全党全国人民团结奋斗的共同思想基础，为推进中国式现代化凝聚精神动力，为中华民族伟大复兴提供网络意识形态安全保障。

依法加强网络空间治理。依法治网是网络文明建设的前提条件，是守好网络舆论阵地的重要保障。"没有规矩不成方圆。无论什么形式的媒体，无论网上还是网下，无论大屏还是小屏，都没有法外之地、舆论飞地。主管部门要履行好监管责任，依法加强新兴媒体管理，使我们的网络空间更加清朗。"[3]要"推动依法管网、依法办网、依法上网，确保互联网在法治轨道上健康运行"[4]。在法治化背景下管网、办网、上网，有助于网络运行与内容的规范化，既是对管理者提出的要求，也是对使用者的媒介素养提出要求并提供法治化保障。党的十九大明确"建立网络综合治理体系，营造清朗的网络空间。"[5]党的十九届四中全会进一步强调，建立健全网络综合治理体系，全面提高网络治理能力。

推进传统媒体和新兴媒体融合发展。为占领网络舆论阵地，坚决打赢网络意识形态斗争，才能赢得网上主导权。"新闻宣传是否善于创新，是否能够做到常做常新，是其发展壮大、保持强大生命力的关

---

[1] 习近平：《论党的宣传思想工作》，中央文献出版社2020年版，第186页。
[2] 《习近平外交演讲集》第1卷，中央文献出版社2022年版，第363页。
[3] 习近平：《论党的宣传思想工作》，中央文献出版社2020年版，第356页。
[4] 《敏锐抓住信息化发展历史机遇 自主创新推进网络强国建设》，《人民日报》2018年4月22日。
[5] 《十九大以来重要文献选编》（上），中央文献出版社2019年版，第30—31页。

键。"[1]面对社会信息化持续推进的现实情况,2013年8月19日,习近平总书记在全国宣传工作会议上首次提出"加快传统媒体和新兴媒体融合发展,充分运用新技术新应用创新媒体传播方式,占领信息传播制高点"[2]。2014年8月18日,习近平总书记在中央全面深化改革领导小组第四次会议上指出,要遵循新闻传播规律和新兴媒体发展规律,强化互联网思维,坚持传统媒体和新兴媒体优势互补、一体发展,推动传统媒体和新兴媒体在内容、渠道、平台、经营、管理等方面的深度融合,着力打造一批形态多样、手段先进、具有竞争力的新型主流媒体。[3]打造新型主流媒体、建成新型媒体集团、形成现代传播体系[4],是媒体行业改革的重点。媒体融合的阶段目标是从相"加"迈向相"融"。2018年6月15日,习近平总书记科学分析传统媒体和新兴媒体的迭代关系,提出了"构建全媒体传播格局,不断提升传播力、引导力、影响力、公信力"[5]的要求。2019年1月25日,在主持中央政治局第十二次集体学习时,习近平总书记进一步根据"全程媒体、全息媒体、全员媒体、全效媒体"的"四全媒体"发展格局,要求加快媒体深度融合,建立融合传播矩阵,放大一体效能,打造一批具有强大影响力、竞争力的新型主流媒体,扩大主流价值影响力版图,让党的声音传得更开、传得更广、传得更深入,"牢牢占据舆论引导、

---

[1] 习近平:《干在实处 走在前列——推进浙江新发展的思考与实践》,中共中央党校出版社2006年版,第311页。
[2]《习近平关于全面深化改革论述摘编》,中央文献出版社2014年版,第84—85页。
[3]《共同为改革想招一起为改革发力 群策群力把各项改革工作抓到位》,《人民日报》2014年8月19日。
[4]《推动主流媒体在融合发展之路上走稳走快走好》,《人民日报》2014年8月21日。
[5] 习近平:《忠实履行党的新闻舆论工作职责使命 不断提升传播力引导力影响力公信力》,《人民日报》2018年6月16日。

思想引领、文化传承、服务人民的传播制高点";并统筹处理好传统媒体和新兴媒体、中央媒体和地方媒体、主流媒体和商业平台、大众化媒体和专业性媒体的关系,形成协同高效的全媒体传播体系。[1] 2020年9月,中共中央办公厅、国务院办公厅印发《关于加快推进媒体深度融合发展的意见》,落实加快构建全媒体传播体系部署。为打通媒体的"最后一公里",2018年提出建设县级融媒体中心,立足"本乡本土""身边故事",更好引导群众、服务群众。2022年4月,实施地市级媒体加快深度融合发展方案。加强全媒体传播体系建设,塑造主流舆论新格局是网络文明建设的抓手。

发扬斗争精神。"互联网等新媒体快速发展,如果我们不主动宣传、正确引导,别人就可能先声夺人,抢占话语权。"[2] 要敢抓敢管,敢于亮剑。对那些恶意攻击党的领导、攻击社会主义制度、歪曲党史国史、造谣生事的言论,一切数字报刊、移动电视、手机媒体、手机短信、微信、博客、播客、微博客、论坛等新兴媒体都不能为之提供方便。[3] 宣传思想战线的同志要当战士、不当绅士,不做"骑墙派"和"看风派",不能搞"爱惜羽毛"那一套[4]。要"开展网络斗争、加强网络管理、弘扬网上主旋律"[5]。邪不压正,网上正面声音强大了,就可以减少负面舆论的影响。2016年10月,习近平总书记在党的十八届六中全会第二次全体会议上的讲话中再次强调,"要高度重视网上舆论斗争,加强网上正面宣传,消除生成网上舆论风暴的各种隐患"[6]。对

---

[1]《习近平谈治国理政》第3卷,外文出版社2020年版,第317—319页。
[2]《习近平关于网络强国论述摘编》,中央文献出版社2021年版,第49页。
[3]《习近平关于网络强国论述摘编》,中央文献出版社2021年版,第50页。
[4]《习近平关于网络强国论述摘编》,中央文献出版社2021年版,第57页。
[5]《习近平关于网络强国论述摘编》,中央文献出版社2021年版,第49页。
[6]《习近平关于网络强国论述摘编》,中央文献出版社2021年版,第55页。

网上热点问题，要线上线下共同发力。既不能只看到黑暗、负面，也要直面我们工作中存在的问题，直面社会丑恶现象和阴暗面，激浊扬清，针砭时弊。发生突发事件时，正是各方关注、需要提供权威信息发布、引导网上舆情的时候，决不能失语失声。[1]

技术赋能。新媒体源于新技术的发展和应用，媒体组织和生态在技术变革中产生系统性颠覆和结构性重建，先进的信息传播技术在媒体融合发展中至关重要。媒体平台是基于大数据的采集、存储、处理、共享和利用，平台构建要依靠基础网络和基础技术。因此，建设网络文明要"将技术建设和内容建设摆在同等重要的位置"[2]，提升技术驱动力，以先进技术引领驱动融合发展，加强新技术在新闻传播领域的前瞻性研究和应用，推动关键核心技术自主创新。媒体智能化进入快速发展阶段，"我们要增强紧迫感和使命感，推动关键核心技术自主创新不断实现突破，探索将人工智能运用在新闻采集、生产、分发、接收、反馈中，用主流价值导向驾驭'算法'，全面提高舆论引导能力"[3]。

新时代，党中央从理念、制度、技术三维规划网络文明建设路径，重点加强网络空间思想引领、加强网络空间文化培育、加强网络空间道德建设、加强网络空间行为规范、加强网络空间生态治理、加强网络空间文明创建等[4]方面的工作，抑制负能量，扩大正能量，建构网络文明。

---

[1]《习近平关于网络强国论述摘编》，中央文献出版社2021年版，第76页。
[2]《推动主流媒体在融合发展之路上走稳走快走好》，《人民日报》2014年8月21日。
[3]《习近平谈治国理政》第3卷，外文出版社2020年版，第318页。
[4]《中办国办印发〈关于加强网络文明建设的意见〉》，《人民日报》2021年9月15日。

三

习近平总书记亲自谋划、亲自部署、亲自推动网络文明建设，坚持发展和治理相统一、网上和网下相融合，广泛汇聚向上向善力量，共建网上美好精神家园。

建立健全网络综合治理体系。这是清朗网络空间的治本之策。我国的网络治理从最初形成的从技术到内容、从日常安全到打击犯罪的互联网管理合力，到党的十九大以来强化网络综合治理体系，形成了党委领导、政府管理、企业履责、社会监督、网民自律等多主体参与，经济、法律、技术等多种手段相结合的综合治网格局。党的十八大以来，我国加快推进网络空间法治建设，建立健全互联网内容建设与管理相关法律法规。国家先后出台了《中华人民共和国网络安全法》《中华人民共和国电子商务法》《中华人民共和国数据安全法》《中华人民共和国个人信息保护法》以及《互联网信息服务管理办法》《网络出版服务管理规定》《互联网文化管理暂行规定》《网络信息内容生态治理规定》《关于切实加强网络暴力治理的通知》《关于加强"自媒体"管理的通知》等30多部政策法规，为依法治网提供依据。各级党委和领导干部实施网络意识形态工作责任制，守土尽责。加强网络新技术新应用的管理，确保互联网可管可控；不断压实互联网企业的主体责任，强化行业自律，积极守好网络治理的"第一道关口"；新华网等主流媒体，抖音、哔哩哔哩等自媒体平台都专门开通了违法和不良信息的举报通道和审查机制。连续开展"净网""护苗""清朗"等系列专项整治行动，治理网络生态，加大对网络负面有害信息整治力度，清扫各种网络文化垃圾，维护文明健康的网络环境。中央网信办实施"争做中国好网民"工程，共青团开展"青年网络文明志愿行动"，鼓励广大网民参与网络文明建设。经过有力有效治理，我国网络生态持续向好。[1]

主力军全面挺进主阵地，提升传播力、引导力、影响力和公信力。主流媒体担负着意识形态领域的新闻传播、舆论引导和文化传承功能。主流媒体面向公众具有权威性和公共性两大优势，"媒体融合是媒体的自我革命，肩负着繁荣宣传思想文化工作的重要使命"[2]。自2013年正式提出"媒体融合"，到2014年上升成为国家战略，到2018年打造县级融媒体中心，到2019年建设全媒体传播矩阵，再到2020年党的十九届五中全会提出"推进媒体深度融合，实施全媒体传播工程，做强新型主流媒体"[3]，传播新格局稳步构建，主流媒体焕发新生。党的十九届六中全会把"高度重视传播手段建设和创新"作为重要历史经验写入《中共中央关于党的百年奋斗重大成就和历史经验的决议》。自2014年起，人民日报、新华社等中央媒体积极探索，打造以"两微一端""三微一端"为代表的融媒体矩阵。此后，从中央到地方的许多主流媒体，坚持导向为魂、移动为先、内容为王、创新为要，在体制机制、政策措施、流程管理、人才技术等方面采取措施，进行全新变革，构建了集采写编于一体的生产体系，通过全媒布局，包括电视、报纸、广播、杂志、图书、手机报、门户网站、微博、微信、客户端等在内的多种媒体形态，实施多终端协同、多元联动，吸引细分市场用户群，

---

[1] 习近平：《高举中国特色社会主义伟大旗帜 为全面建设社会主义现代化国家而团结奋斗——在中国共产党第二十次全国代表大会上的报告》，人民出版社2022年版，第44页。

[2] 张明新、袁向玲：《媒体深度融合发展的基本向度与当下坐标》，《中国编辑》2023年第3期。

[3]《中华人民共和国国民经济和社会发展第十四个五年规划和2035年远景目标纲要》，人民出版社2021年版，第106页。

真正实现优势互补,达成精准化个性化传播,形成聚合效应,建成了一批具有强大国际影响力和竞争力的新型主流媒体集群。迄今,人民日报社已是一家拥有报刊网端微屏等10多种载体、综合覆盖用户超过13亿人次的全媒体方阵。[1]在B站,主流媒体进驻数量超2000家。[2]截至2022年,新华社社交媒体账号总粉丝量超8.6亿,新华网各终端日均访问人数接近1亿,新华社客户端下载量4.4亿,2022年涨粉1.8亿。中央广播电视总台首个国家级5G新媒体平台央视频累计下载量达4.1亿,累计激活用户数达1.4亿。[3]中国日报全媒体用户总数超过4.4亿,脸谱(Facebook)账号粉丝超1亿,稳居全球媒体主账号粉丝第二位。[4]这体现人民群众对主流新媒体的积极认可。

党的创新理论成为网络空间最强音。新时代,主流新媒体始终把习近平新时代中国特色社会主义思想的宣传作为网上宣传的头等大事,组织"学习大军"学习宣传习近平新时代中国特色社会主义思想。如人民网"时习之"、求是网"学而时习工作室"、新华网"讲习所"、光明网"学习时刻"等融媒体专栏,结合党的十九大、中华人民共和国成立70周年、中国共产党成立100周年、党的二十大等重要节点,聚焦生态文明建设、脱贫攻坚、乡村振兴等重大主题,精心策划组织宣传报道,利用文字、图解、音视频、直播等全媒体报道方式,网上网下,同频共振、同向发力,宣传党的创新理论、展示领袖的崇高风范、

---

[1] 于绍良:《加快推进媒体深度融合发展》,《人民日报》2023年4月24日。
[2] 《重温"8·19"重要讲话,对媒体融合有哪些新启示?》,红网百家号,2023年8月19日,https://baijiahao.baidu.com/s?id=1774654736509984035&wfr=spider&for=pc。
[3] 慎海雄:《坚持守正创新 深化媒体融合 奋力打造国际一流新型主流媒体》,《中国网信》2022年第3期。
[4] 《主流媒体粉丝哪家强?一份报告曝光"家底儿"》,网易,2023年7月13日,https://www.163.com/dy/article/I9HQA4SL0519QQUP.html。

记录伟大时代。《求是》在其全媒体平台发布党的二十大专刊、党的二十大报告诞生记、二十大精神系列学习阐释文章，将纸媒内容、理论权威与网评、网文、微理论视频、H5等新媒体手段全面融合，筑牢二十大融媒体产品矩阵。正能量牵引大流量。《求是》杂志每期配发一篇学习阐释习近平总书记重要文章的本刊编辑部文章，篇均阅读量1800万。[1]新华社推出"点赞十九大，中国强起来"系列融媒互动报道产品，总点赞数超过1.241亿。[2]新闻联播首发新闻在新媒体同步推发，《新闻联播》各平台粉丝量突破9000万，仅微博阅读量就超140亿；《主播说联播》的新媒体产品话题阅读量已超126.5亿，期期热搜置顶，每期全网平均播放量1200万。[3]中央广播电视总台关于党的十九届六中全会相关报道总触达22.24亿人次，对外发稿累计触达海外受众4.8亿人次。《平"语"近人——习近平喜欢的典故（第二季）》，总触达47.98亿人次。[4]中宣部打造的"学习强国"于2019年1月1日上线，截至2023年7月1日零点，用户总数超过3.2亿人，每天平均阅读量超过7.2亿次。[5]省部级分平台置顶区展示习近平总书记调研考察该地区该行业时作出的重要指示，用习近平总书记原话、原文统领各专题、各频道、各板块、各终端，做到重点突出、特点鲜明，成为人民了解国内外、本地大事的主渠道、新途径，并通过解答重大理论和现实问

---

[1] 党史学习教育领导小组办公室：《百年初心成大道——党史学习教育案例选编》，人民出版社2022年版，第105页。

[2] 《弘扬主旋律 传播正能量》，《人民日报》2023年7月18日。

[3] 慎海雄：《与时代共进 为人民讴歌——〈新闻联播〉勇毅前行45载》，《求是》2023年第14期。

[4] 慎海雄：《坚持守正创新 深化媒体融合 奋力打造国际一流新型主流媒体》，《中国网信》2022年第3期。

[5] 刘汉俊：《推动党媒融合发展 占领党建宣传高地》，党建网微平台，2023年7月4日。

题，在解疑释惑中实现理论的内化，使党的创新理论广为传播，"飞入寻常百姓家"。

健康向上的网络文化塑造了网络空间。用社会主义核心价值观作为引领，倡导网络文明新风，提升网络道德素质，是网络文明建设的基本要求。各地各部门广泛开展劳动模范、时代楷模、道德模范、最美人物、身边好人等模范人物和先进事迹网络宣传，深入实施网络公益工程。文化类电视节目《中国诗词大会》《典籍里的中国》《古韵新春》《古韵新声》《美术里的中国》《我们，从延安走来》《故事里的中国（第三季）》《人世间》《绝笔（第二季）》《种子种子》《经典咏流传·大美中华》等剧目、作品网上网下热播，广受好评。云音乐会、云展览、云旅游、云观影等线上文化消费内容不断丰富，"数字中轴""数字故宫""数字敦煌""云游长城""京戏云剧场"最受欢迎，国潮文创、古风汉服等成为网络时尚。红色资源成为融媒体中央内容。中国共产党成立100周年，红网与江西大江网联动开展"情牵红土地"大型融媒体报道，全网总点击累计6.7亿次。[1] 重庆华龙网推出"人间正道是沧桑——百年百篇 留声复兴之路"专题，对文物文献进行挖掘、解读，讲好红色故事，线上浏览量突破3亿人次。[2] 网络文学以庞大的体量及主流化、精品化的趋势极大地丰富了人民的精神生活。2022年，中国网络文学作家数量累计超2278万，新增作品300多万部，其中现实题材新增20余万部，科幻题材新增30余万部，历史题材新增28万余部，网络文学用户规模达4.92亿。[3] 网络文学带动了有声、动漫、影

---

[1]《红网"媒体融合"这十年：从矩阵布局走向超级风口》，红网百家号，2023年7月12日，https://baijiahao.baidu.com/s?id=1771179776206316302&wfr=spider&for=pc。
[2]《弘扬主旋律 传播正能量》，《人民日报》2023年7月18日。
[3]《〈2022中国网络文学蓝皮书〉发布》，《光明日报》2023年4月9日。

视、游戏、衍生品等下游产业的发展，产生了不少优秀作品。人民日报社新媒体中心以活泼的形式，吸引受众互动。如《快看呐！这是我的军装照》浏览次数突破10亿，创下目前单个H5产品访问量最高纪录。[1]中华人民共和国成立70周年，围绕"我爱你中国"的主题推出全媒体策划，H5产品《56个民族服装任你选》，成为全媒体时代寓教于乐的创新性典型案例。

提高群众与服务群众相结合。习近平总书记多次强调："人在哪儿，宣传思想工作的重点就在哪儿，网络空间已经成为人们生产生活的新空间，那就也应该成为我们党凝聚共识的新空间。"[2]我国已基本建立起中央级、省级、地市级、区县级四级融媒体中心的纵向发展链条，重庆市通过"重庆发布"政务新媒体矩阵和"渝快发"权威政务信息社群化推广平台，建立市、区县、乡镇（街道）、村（社区）信息发布四级联动协作机制，打通权威信息四级传播链路，实现"上情下达、下情上传、信息直达"，将权威信息通达社群、直通市民、融入生活，有效推动了社会公众通过新闻发布渠道获取权威信息的习惯养成。截至2022年8月，2585个县级融媒体中心建成运行[3]，建立"新闻＋政务服务商务"的运营模式，把新闻宣传与政务服务、民生服务、AI应用、数字经济等结合，强化用户连接、公共服务和思想引领，创新构建各类服务群众生产生活应用场景的传播平台，媒体融合传播体系深刻嵌入群众日常生产生活，增强了吸引力。一些县级融媒体中心社会效益

---

[1]《重温"8·19"重要讲话，对媒体融合有哪些新启示？》，红网百家号，2023年8月19日，https://baijiahao.baidu.com/s?id=1774654736509984035&wfr=spider&for=pc。
[2]《习近平谈治国理政》第3卷，外文出版社2020年版，第318页。
[3]《弘扬主旋律 传播正能量——中国网络媒体10年发展成就综述》，《人民日报》2023年7月18日。

与经济效益双丰收。如浙江省安吉县融媒体中心2022年营收达到4.85亿元。[1]走好网上群众路线，努力做到民有所呼、必有所应。各大主流新闻网站纷纷开设留言建议栏目，开通网上民意直通车，畅通民意表达新渠道。大数据显示，2023年上半年，人民网"领导留言板"共收到32.2万件群众有效留言，27.4万件得到各级领导干部回应和解决。湖南各级党委、政府及有关单位在红网回应或解决问题81216次。[2]主流媒体在引领社会舆论方向、把握社会重大问题、凝聚社会共识和构建社会认同等方面发挥了积极的作用。

　　加强了国际传播能力。互联网把世界变成了"地球村"，为我们对外讲好中国故事、把中国声音传得更远、传得更广提供了便利。习近平总书记要求媒体"统筹国内国际两个大局"[3]，"积极推进深度融合、优势集聚、资源共享，深入宣传党的理论和路线方针政策，着力打造精品力作，创新对外宣传，为人民提供丰富的精神食粮，向世界展现了真实、立体、全面的中国"[4]。在中华民族伟大复兴战略全局和世界百年未有之大变局交织激荡的背景下，以习近平同志为核心的党中央构建中国话语和中国叙事体系，创造了的一批叫得响、传得开的标识性概念，引领新时代的对外话语创新。新安全观、新发展观、新全球

---

[1] 肖彤:《我国基本建立四级融媒体中心纵向发展链条，2585个县级融媒体中心建成》，上观新闻，2023年7月22日，https://www.shobserver.com/wx/detail.do?id=635042。

[2] 段宗科:《让"最大变量"成为"最大增量"——迈向网络强国新征程⑥》，红网百家号，2023年7月26日，https://baijiahao.baidu.com/s?id=1772450114812703901&wfr=spider&for=pc。

[3]《更好统筹国内国际两个大局 夯实走和平发展道路的基础》，《人民日报》2013年1月30日。

[4]《锐意改革创新 壮大主流舆论 努力打造具有强大引领力传播力影响力的国际一流新型主流媒体》，《光明日报》2018年9月27日。

治理观、全球文明倡议等新理念，既向世界传达了中国愿景，又为解决全球性问题提供了中国方案，逐渐上升为国际共识，"新型国际关系""全人类共同价值""人类命运共同体""一带一路"等话语逐渐为国际社会所熟知与认可。

2018年9月、2021年12月，习近平总书记在先后致中央电视台建台及中华人民共和国电视事业诞生60周年、中国人民对外广播事业创建80周年的贺信中，都强调"打造具有强大引领力、传播力、影响力的国际一流新型主流媒体"。10年来，国家支持中央主要媒体走出去，参与国际传媒市场竞争，取得重要成果。纪录片《中国：习近平时代》在探索频道亚太电视网完成首播，覆盖37个国家和地区逾2亿收视户。[1]2022年10月，人民日报客户端、英文客户端同时发布了中国共产党国际形象网宣片《CPC》，在12种外国语的媒体和网站上传播，海外传播总量超6000万次[2]，将一个有理想、有信念、有责任、有担当的大国大党形象展现在世人面前。加强国际传播能力建设，支持中央主要媒体走出去，参与国际传媒市场竞争，取得重要成果。北京冬奥会央视开播全球首个24小时上星播出的4K和高清同播的专业体育频道——央视奥林匹克频道及其数字平台，覆盖用户超4.46亿，多平台跨媒体总触达超628.14亿人次。国际奥委会主席巴赫盛赞总台"报道和传播达到了史无前例的规模和成功"[3]。在"讲好中国故事"方面，主流媒体注意从"人"本身和中华文化本身出发，创作了许多优

---

[1] 转引自解辛平：《忠心赤胆永向党》，《解放军报》2017年12月7日。
[2] 《弘扬主旋律 传播正能量——中国网络媒体10年发展成就综述》，《人民日报》2023年7月18日。
[3] 慎海雄：《坚持守正创新 深化媒体融合 奋力打造国际一流新型主流媒体》，《中国网信》2022年第3期。

秀的作品，"以文载道、以文传声、以文化人"[1]，引起外国网友的情感共鸣。纪录片《我在故宫修文物》重点纪录故宫所藏的稀世珍奇文物的修复过程和修复者的生活故事，完整呈现世界级的中国文物修复过程和技术，展现文物的原始状态和收藏状态，这部纪录片在国外反响十分热烈，被翻译成英文、德文、俄文等版本播出。"一路象北"直播、《中国三分钟》《当卢浮宫遇见紫禁城》《从长安到罗马》等作品受到国外受众喜爱。自媒体博主记录生活的视频于平凡处动人心。李子柒"用一餐一饭让四季流转与时节更迭重新具备美学意义，她让人看到'劳作'所带给人的生机"[2]。她在YouTube上拥有1740万粉丝，单个视频最高一期的播放量达1.1亿次，评论量为52942条。[3]此外，"办公室小野""滇西小哥""阿木爷爷"等自媒体博主在YouTube上也十分受欢迎。网络文学累计向海外输出网文作品16000余部，其中，实体书授权超5000部，上线翻译作品9000余部；海外用户超过1.5亿人，覆盖200多个国家和地区，培养海外本土作者60余万人，外语作品达到数十万部。[4]刻画当代女性自强不息破茧成蝶的《许你万丈光芒好》阅读量突破4亿。2022年，《大国重工》《大医凌然》等16部中国网文作品被收录至大英图书馆的中文馆藏书目之中，显示出中国网络文学正成为极具全球意义的内容产品和文化现象。[5]

---

[1]《习近平谈治国理政》第4卷，外文出版社2022年版，第317页。
[2]《李子柒：我理想的生活就是无忧无虑自给自足》，《中国新闻周刊》2019年12月30日。
[3] 数据更新截至2023年3月21日。转引自张斌、叶祝君：《论跨文化传播中文化流动的逆差现象与传播策略——基于纪录片和网络视频的示例》，《现代传播》（中国传媒大学学报）2023年第4期。
[4]《〈2022中国网络文学蓝皮书〉发布》，《光明日报》2023年4月9日。
[5]《全球共创"好故事"网文"出海"再升级》，中国作家网，2023年3月22日，http://www.chinawriter.com.cn/n1/2023/0322/c404027-32648858.html。

中央主要媒体加快实施本土化战略，成为国际传播生力军，已对"一带一路"沿线国家和地区实现了融媒覆盖。新华社在全球142个国家和地区有分社，与110多个国家和地区的媒体机构签署了新闻合作协议，2022年海外社交媒体账号总粉丝量达2.7亿。央媒在坚持不懈讲好中国故事时，也针对在国际舆论场西方势力别有用心的恶意抹黑与双重标准，及时揭露。如央视充分发挥44种语言、中国国际广播电视台（CGTN）融媒体平台、国际视频通讯社、海外总站等海外传播平台优势，抢首发、敢亮剑、争独家。在中美高层战略对话、阿富汗局势、美国国会骚乱、几内亚局势、汤加灾情、俄乌局势等重大报道中，一大批独家新闻屡屡成为全球唯一信源，被CNN、BBC等大量转发，让全世界听到中国媒体的声音。针对美国等西方国家在经贸、科技、新冠疫情、自由、人权、宗教和涉台、涉港、涉疆、涉藏、涉海等问题上，对我遏制打压、造谣抹黑、恶意攻击等恶劣行径，进行坚决斗争，批驳反击，宣示立场、澄清真相。2019年12月3日，美国国会通过所谓"2019年维吾尔人权政策法案"，肆意歪曲中国治疆政策，粗暴干涉中国内政。为此，中国国际广播电视台于12月5日和7日播出《中国新疆，反恐前沿》和《幕后黑手——"东伊运"与新疆暴恐》两部英文纪录片及系列评论，被美、英、法、意、德、日、俄等30多个国家的200多家媒体广泛转载和使用，仅一个星期，总观看量达到1.43亿，海外网友评论量达10万余条，支持率超过90%，[1]提升了国际传播效能。

"互联网核心技术是我们最大的'命门'，核心技术受制于人是我们最大的隐患。"[2]新时代，我国科技工作人员瞄准国家重大战略需求，

---

[1]《真实的力量：总台多语种新疆反恐纪录片引发海外热议》，央广网，2019年12月14日，http://news.cnr.cn/native/gd/20191214/t20191214_524898226.shtml。

[2]《习近平关于总体国家安全观论述摘编》，中央文献出版社2018年版，第171页。

集中资源力量攻关，取得了一系列突破：超算、大数据、云计算、人工智能、区块链等取得极大进展，量子通信、量子计算等新兴领域实现了原创性的突破。近年来，5G、大数据、云计算、全息投影、增强现实、人工智能等各种新技术被应用到数据采集、新闻生产、新闻编辑和推荐分发等环节，提升了内容生产效率，助力媒体网络传播的创新。中央广播电视总台持续升级算法技术，兼顾信息环境均衡，帮助用户突破信息茧房。

媒体竞争关键是人才竞争，媒体优势核心是人才优势。推进媒体深度融合中，深化人才发展体制机制改革，真心爱才、悉心育才、倾心引才、精心用才，大胆地任用和信任年轻人，许多"90后"和"00后"在主流媒体担纲，这些朝气蓬勃的年轻人富有爱国情怀，思维敏捷，工作极富创造性，开辟了新媒体的生动格局。

党的十八大以来，以习近平同志为核心的党中央深刻回答了为什么建设网络文明、建设什么样的网络文明、如何建设网络文明等重大问题，确立了我国网络文明建设的指导思想，指明了前进方向，擘画了发展蓝图，推动网络文明建设取得了历史性成就，形成网上网下同心圆，使全体人民在理想信念、价值理念、道德观念上紧紧团结在一起，让正能量更强劲、主旋律更高昂，也为网络空间命运共同体和全球网络文明建设提供了借鉴。截至 2022 年底，我国网民规模为 10.67 亿人，手机网民规模达 10.65 亿人，互联网普及率达到 75.6%，[1]并在不断增长。在巨大的网络空间建设网络文明，以助力网络强国建设，是中国式现代化的题中应有之义，是进行时，需要继续创新创造，任重而道远。

---

[1]《第 51 次〈中国互联网络发展状况统计报告〉》，中国互联网信息中心，2023 年 3 月 2 日，https://www.cnnic.cn/n4/2023/0303/c88-10757.html。

关于将续编《当代中国》丛书列入国家"十四五"规划的建议[*]

为深入贯彻落实习近平总书记关于学习和宣传新中国史的系列重要讲话精神，充分发挥以史鉴今、修史护国、资政育人作用，为"四史"学习教育奠基，建议把续编《当代中国》丛书工作列入"十四五"规划。

一、续编丛书的意义

一是为坚定"四个自信"提供生动教材。在20世纪80年代，时任中央书记处书记的胡乔木倡议《当代中国》丛书编纂出版的主旨是，对中华人民共和国成立以来的历史经验作出有科学价值的总结，又可以为干部教育提供教材。薄一波在讲话中肯定编写《当代中国》丛书有非常重要的意义："它能把我们30多年的历史、成就告诉大家，使大家有一个统一的看法。"《当代中国》丛书1984年开始出版至1999年完成，共出版150卷，是党政军各条战线、各个领域、各地区大规

---

[*] 中国社会科学院当代中国研究所副所长李正华对本文写作进行了指导。

模收集整理中华人民共和国历史史料、研究中华人民共和国历史的开端，但主要记录的是1949年中华人民共和国成立到20世纪80年代初期的历史，总结改革开放前国家和社会各方面发展的历史经验，有关改革开放以后的内容较少涉及。现在，改革开放已逾40年，续编《当代中国》丛书，全面记录和总结党领导人民开辟中国特色社会主义道路、形成中国特色社会主义理论体系、确立中国特色社会主义制度、发展中国特色社会主义文化的伟大成就及成功经验，对动员全党全国各族人民在新时代继续把改革开放推向前进，为实现"两个一百年"奋斗目标、实现中华民族伟大复兴的中国梦不懈奋斗，具有重要意义。

二是对党以学术讲政治传统的继承。《当代中国》丛书是1982年由胡乔木倡议、中国社会科学院提出方案、由中央宣传部上报中央书记处讨论决定并向全国部署落实编写的中华人民共和国史大型图书。这项工作得到了中央领导人的普遍关注和支持。1983年10月，中顾委把编写《当代中国》丛书作为今后工作六个重点之一。党和国家许多领导人，如邓小平、江泽民、陈云、徐向前、聂荣臻、薄一波等都为丛书题词；李先念、杨尚昆、万里、邓颖超等为丛书写序；张爱萍、朱镕基、王兆国、刘延东等担任过丛书分卷的主编；还有领导参加编写会议，或提出意见等。据统计，有49位党和国家领导人为该丛书的有关各卷题词、撰写序言，或亲自担任某分卷的主编。这为高标准、高质量地完成编写工作打下基础。

"灭人之国，必先去其史。""八九"政治风波平息以后，胡乔木听取著名科学家李政道的意见，向中央建议成立一个专门研究中华人民共和国史的机构，1990年6月即以《当代中国》丛书编辑部为基础，成立了当代中国研究所。稍后成立当代中国出版社，加快编辑出版《当代中国》丛书。1999年6月30日，《当代中国》丛书暨电子版完成总结大会在人民大会堂举行，江泽民、朱镕基、李岚清等领导同志会见大会代表，江泽民讲话祝贺这件"全国国史研究和文化出版事业的一件喜事"。丛书主编邓力群在总结大会上讲话说："为了记载伟大中国过去的历史、将来的历史，应该把《当代中国》丛书再版、续编问题提上日程。社会各界，尤其是学术界和出版界，以及参与丛书编写工作的人们，要出好续史，使丛书源远流长，任重而道远。"表达了对作为国家主导的连续记录和总结自身发展历史的长期性文化工程——《当代中国》丛书续编下去的期望。丛书续编工作只有列入规划，在中央的领导和支持之下才能动员各方，保证这项大型文化工程的顺利开展及质量。

三是丛书是中国故事的最好表达方式，已产生并将继续产生良好的社会效益和经济效益。当时出版这套丛书包含了"把中国的发展变化报告给全世界"的目的。《当代中国》丛书共150卷211册，1亿字3万幅图片，被称为最有代表性的当代中国史著作之一，是国史学界迄今非常完整、系统、全面的大型国史基础丛书，在国内外均引起很大反响，作为权威信史广泛引用。国外如美国国会图书馆、哈佛大学图书馆等大图书馆都收藏有该丛书。一些外国的中国学家还把《当代中国》丛书称为"绿皮书"，一直关注其出版情况。丛书的外交卷、航空卷、国防科技卷等出版了英文版。2009年，香港祖国出版社与当代中国出版社在中华人民共和国成立60周年之际，联合出版了《当代中国》丛书海外版，再度引起了海内外读者的注意。该书总发行量为491万余册，平均每卷发行3.2万册，最多的一卷发行15万册。聂荣臻元帅把自己作序的《当代中国的航天事业》作为礼物赠送外国友人。朱镕基访问德国把自己主编的《当代中国的经济管理》送友人，在国外产生了影响。续编丛书无论是对于向广大干部、群众普及正确的中华人民共和国史知识,还是向国际社会"展示中国形象、传播中国声音、讲好中国故事"均具有积极作用。

四是续编丛书本身就是开展生动的中华人民共和国史、改革开放史的研究和教育过程。丛书涵盖各部门、行业、地区,继续由中央、国务院各部门各行业及各省市委领导同志挂帅担任分卷的主编或编委,数以千计的专家执笔,数以万计的各界人士接受有关采访或帮助查询资料、参与讨论、审阅稿件,分门别类地全面记述和总结体现各自实际与特点的改革开放以来光辉历史,这实际是一个贯彻落实习近平新时代中国特色社会主义理论的过程,也是全面深化中国国情研究、求真求实,进行爱国主义、集体主义、社会主义教育的过程,也抢救和积累国史资料。

二、续编丛书的可行性

一是有强有力的指导思想。丛书续编的是20世纪80年代以来中国共产党领导推进中华人民共和国改革发展的历史,是改革开放以来中国共产党推进社会主义制度自我完善和发展的历史,是在中国共产党的正确领导下,我国国家制度和国家治理体系体现出显著优势,科学社会主义在中国焕发出强大生机活力的历史,习近平总书记对改革开放40年与中华人民共和国成立70年均作了系统全面的总结,为丛书续编提供了重要指导与思想遵循。丛书续编不仅很有必要,也正当其时。

二是丛书编纂出版的学术基础仍在。当年胡乔木、薄一波、邓力群与有关部门负责人讨论丛书的编写出版工作;时任中央书记处书记、中宣部部长邓力群,中国社会科学院院长马洪和国家科委副主任武衡担任丛书主编。邓力群等不仅领导,还亲力亲为推进这项工程的展开,解决了编写的指导思想、地方特色、体例格局、组织领导等问题。在丛书写作中，要求"充分说理、有史有论、材料丰富、个性共性、创新意识、问题意识等"，这部书每一卷都要有高标准，要有丰富的确凿的证据，后来他进一步强调"要写的有血有肉，有声有色，有情有理"，形成了良好的学术传统。学界对丛书续编很期待，尤其在筹备2020年当代中国研究所成立30周年纪念活动时，许多专家学者再一次提出续编《当代中国》丛书的动议。

三是当年编纂《当代中国》丛书的部分机构队伍仍在，有的保留在社科院，有的在党史研究室、地方志，而且党中央直属机关、国务院各部委、解放军各大单位有相关的研究机构，地方有党史研究室、地方志，不同程度地积累了这方面的史料，立项后，即可激活、号召、动员、凝聚各条战线的力量来完成鸿篇巨制。自《当代中国》丛书第一期工作结束以来，有不少部门、行业和地区表示希望进行续编，有的已在独立进行。如中国石油天然气集团公司、中国石化集团公司、中国海洋石油总公司合作编写了《当代中国石油工业（1986—2005）》，中国海洋石油总公司还单独撰写了《当代中国海洋石油工业》。

所有这些都说明，续编《当代中国》丛书，全面记述、系统总结改革开放以来中国特色社会主义历史经验，不仅十分必要，而且条件已经成熟。9月25日，当代中国研究所召开续编《当代中国》丛书论证会，邀请全国人大民族委员会调研室、中央档案馆、国务院研究室、国家发改委经济体制与管理研究所以及部分地方社科院同志与会，大家均表示续编《当代中国》丛书意义重大，建议重大文化工程列入国家"十四五"规划，借鉴《当代中国》丛书的组织形式，整合各方面力量，积极推进《当代中国》丛书续编工作。

三、续编《当代中国》丛书的指导思想、编写原则和主要内容

1. 坚持马克思主义辩证唯物史观和习近平新时代中国特色社会主义思想的指导，是续编《当代中国》丛书工作的基本要求，尤其要正确认识和处理改革开放前后两个历史时期的关系，自觉抵制唯心主义和历史虚无主义等错误思潮的干扰，深刻阐明中国特色社会主义道路、理论、制度、文化发展的必然性、规律性，科学分析和准确评价这一过程中的历史人物和历史事件，充分反映人民群众在建设中国特色社会主义伟大实践中的主体地位和作用。

2. 坚持为党、为国家、为人民修史立言。坚持实事求是的科学态度，不虚美，不掩过，用可靠的事实资料，如实写出中华人民共和国的发展历程，为世人留下一部科学的信史，是《当代中国》丛书立项时就确立的编撰原则。这个原则也将是续编《当代中国》丛书遵循的原则。要站在党和国家及人民根本利益的立场上，发扬中华民族治史的优良传统和中国共产党研究历史的世界观和方法论，实事求是、秉笔直书，全面客观地反映历史的本来面目，深刻揭示历史的本质特征及其发展规律。

3. 坚持以翔实准确的档案文献为基本依据。真实、客观地记述和评价历史，是历史著作的生命所在。"据史立论、论从史出"是《当代中国》丛书编写过程所坚持的原则，续编工作也要按照这一原则，在结构上编排严谨、条理清晰、逻辑缜密，在叙述上论从史出、史论结合、夹叙夹议，在行文上运用正史笔法，做到质文兼备，注释规范，为国家写出一部能传之后世的信史。

4. 基本框架。以《当代中国》丛书既有框架为基础，分部门类、行业类、地区类、军事类、专题类五大类；对新增的、机构改革和社

会经济发展不复存在的，视变化的情况调整。每卷在统一规划的前提下，可以根据自身的情况，体现特色，字数约 40 万字。续编《当代中国》丛书以纸质图书、电子图书和数据库的形式呈现。

5. 进度安排。《当代中国》丛书历时 15 年，续编《当代中国》丛书工程浩大，涉及面广，已有的 150 卷绝大部分需修订、续编，原来没有而要新写的估计约 50 余卷。"十四五"时期启动，分批组织落实，可在 2021 年中国共产党成立 100 周年之际先行出版成熟的几种，在 2029 年中华人民共和国成立 80 周年完成全部的续写出版任务。

以流域治理推动全流域高质量发展

——访中国社会科学院研究员欧阳雪梅[*]

生态文明思想是习近平新时代中国特色社会主义思想的重要组成部分。在习近平生态文明思想中，重视流域文化与流域治理一以贯之。习近平总书记强调："长江、黄河都是中华民族的发源地，都是中华民族的摇篮"，"保护黄河是事关中华民族伟大复兴和永续发展的千秋大计"，"推动长江经济带发展必须从中华民族长远利益考虑，把修复长江生态环境摆在压倒性位置，共抓大保护、不搞大开发"。那么，流域文化与文明的形成有怎样的关系？流域文化对于流域治理有怎样的意义？"两山"理论与流域治理、流域治理与区域经济高质量发展有怎样的内在联系？湖南日报记者近日就此采访了中国社会科学院欧阳雪梅研究员。

一、流域文化与流域治理研究是时代的重大课题；重视流域文化、加强流域治理，是践行新发展理念的题中应有之义

湖南日报：近年来，社科理论界对于流域治理、流域文化的研究

---

[*] 本文原载于《湖南日报》2020年11月24日，记者奉清清。

方兴未艾，以流域文化保护传承利用为旨归的流域文化带建设也不断提速，请问其背景是什么？

欧阳雪梅：流域治理和流域文化研究近几年成为热点问题，有其深刻背景。

首先，2014年，中国大运河列入《世界遗产名录》，打造大运河文化带作为我国第一条以文化建设为主要指向的发展战略进入党和政府的视野，其沿线8省份也纷纷聚焦如何保护传承大运河文化。以流域文化保护传承利用为旨归的流域文化带建设从而按下"快进键"。

其次，聚焦流域文化加强流域治理，更是践行创新、协调、绿色、开放、共享新发展理念的题中应有之义。习近平总书记在党的十八届五中全会上强调，下好"十三五"时期发展的全国一盘棋，协调发展是制胜要诀；绿色是永续发展的必要条件和人民对美好生活追求的重要体现。此外，他先后于2016年1月、2018年4月、2020年11月就推动长江经济带高质量发展召开座谈会，并多次实地考察黄河流域生态保护和发展情况，于2019年9月主持召开黄河流域生态保护和高质量发展座谈会，科学统筹流域的治理与发展。

最后，在国家确立的京津冀协同、长江经济带、粤港澳大湾区、长三角一体化、黄河流域生态保护和高质量发展、成渝地区双城经济圈六大区域发展的重大战略中，长江经济带和黄河流域是重点通过"一体化"系统治理，探索全流域生态保护绿色发展的新模式，推动流域经济与行政区经济的联动协同。我们知道，长江经济带覆盖沿江11省市，黄河流域横贯9个省区，均横跨我国东中西三大板块，对东中西部地区协调发展所起的拉动支撑作用是非常巨大的。

时代课题是理论创新的驱动力。正是在这样的背景下，以黄河、长江、大运河三大流域为主，包括淮河、闽江等流域文化与流域治理问题越来越受到重视，推进流域治理和流域文化整理与保护，相关智库及研究成果不断涌现，会逐步成为新时代改革开放和社会主义现代化建设实践和研究的"富矿"之一。

二、文明的兴衰基于多种因素，文明的肇始与河流相关，文明的延续却与这个文明的建构主体相关度更大

湖南日报： 自古以来，人类逐水而居，文明伴水而生。有专家说，一部世界文化史，就是一部流域文化的兴衰史。请问，流域文化与区域文明有怎样的因果关系？以世界几大文明的流传兴衰为标的，文明是否可以从流域的视角触碰到它的内在规律？

欧阳雪梅： 从文化史来看，河流与文化的关系十分密切。人类逐水而居，很早，流域便成了人类聚居之地，并通过人的交流沟通产生文化和文明。世界四大文明都发源于大江大河。古埃及文明得益于尼罗河；巴比伦文明即"两河文明"得益于底格里斯河和幼发拉底河；古印度文明得益于恒河；中华文明得益于黄河、长江。古希腊虽然没有河，但得益于爱琴海。人类文明受地理环境影响，河流给生产生活贸易都带来了便利，但不是决定因素，人类文明与这个文明的建构主体相关度更大。

众所周知，在各大文明中，唯有中华民族文化没有中断。尼罗河依然存在，但当代埃及与古埃及没有一脉相承；两河流域依然存在，但叙利亚并非当年的巴比伦；爱琴海仍然是爱琴海，但当代希腊已无当年的古希腊哲学文化盛况；恒河仍然是恒河，但当代印度并不是古代印度的继承者。

为什么会这样？因为中国有一个一以贯之的东西，这就是中华民族的传统文化。因为天人一体、天下一家、和而不同的智慧，大一统

的思想观念对国家的统一和稳定一直发挥着深远而积极的影响,这是中华文化的基因。总的说来,自秦始皇统一中国后,车同轨、行同伦、书同文。最重要的是,中国没有发生长期分裂,它始终是一个中央集权的由郡县制支撑的统一的国家。虽然存在过不同的民族政权,但统一的中国及其文化始终处于主导地位,仍然是尊孔、读儒家经典,中华民族文化始终是中华民族的文化,完整地保留并自强不息地发展了自己的原生文明。可以说,没有文化的断裂就不会发生国家的分裂,反之,只要国家不分裂,就不会发生文化中断,它们是相互作用的。

三、一部中华文明史,在一定意义上,就是水旱灾害防御史。无论是黄河、长江,还是大运河,都是一条经济之河、生态之河、文化之河

湖南日报:流域治理的重点是科学统筹人与水的关系。流域治理对推动区域经济高质量发展有什么样的逻辑关系?

欧阳雪梅:在我国辽阔国土上,星罗棋布着无数的江与河,仅流域面积超过1000平方公里的河流就有1500多条。所以,"治国必先治水"。一部中华文明史,在一定意义上,就是水旱灾害防御史。习近平总书记强调:"人与水的关系很重要。世界几大文明都发源于大江大河。人离不开水,但水患又是人类的心腹大患。人类在与自然共处、共生和斗争的进程中不断进步。和谐是共处平衡的表现,但达成和谐需要有很多斗争。中华民族正是在同自然灾害做斗争中发展起来的伟大民族。"流域治理关键在治水思路,必须全局统筹,他提出十六字治水方针,即"节水优先、空间均衡、系统治理、两手发力",统筹做好水灾害防治、水资源节约、水生态保护修复、水环境治理。对于推动黄河流域高质量发展,他强调"要从实际出发,宜水则水、宜山则山,

宜粮则粮、宜农则农、宜工则工、宜商则商，积极探索富有地域特色的高质量发展新路子。"

四、黄河文化和长江文化是中华文明中最具代表性、最具影响力的两大主体文化，是中华民族的根和魂

湖南日报：流域文化对推动流域经济高质量发展起什么样的特殊作用？请以黄河、长江、大运河为例，谈谈文化如何推动高质量发展。

欧阳雪梅：文化是反映一个地区内涵特质和核心竞争力的重要战略资源，是区域高质量一体化发展的凝聚力和创新力的基础。就黄河、长江、大运河本身来说，它们不仅是一条经济之河、生态之河，也是一条文化之河。黄河文化和长江文化是中华文明中最具代表性、最具影响力的两大主体文化，是中华民族的根和魂，是实现中华民族伟大复兴的力量源泉。

我认为，江河承载了"水利—物质""国家—社会""精神—行为"三个层面的内容，是包含经济、政治、思想、意识等层面交互作用的统合体，包括了技术文化、制度文化、社会文化。有2500多年历史的大运河是人工河，大规模的漕运，跨流域商贸经济带的形成，吸引了不同民族、不同阶层的群体与当地居民杂居共处于大运河沿线，担当了"文化使者"的形象。因此，国家倡导建设的"大运河文化带"，就是从强化文化遗产保护传承、推进河道水系治理管护、加强生态环境保护修复、推动文化和旅游融合发展、促进城乡区域统筹协调、创新保护传承利用机制等方面入手的。这说明流域经济社会文化是紧密联系在一起的。

同时，文化不仅为经济转型升级提供新思维，更为现代化经济体系构建提供文化资源和智力支持。在规划流域高质量发展中，最亮丽的字眼是文化和文化旅游。而文化旅游业与生态文明成为紧密联系的两个主体，也使"文化传承＋旅游发展＋生态保护"变为不可分割的有机整体。相比于其他产业，文化产业具有创意性、引领性、低投入、低消耗的鲜明特点和优结构、扩消费、增就业、促转型、可持续等作用，是推动高质量发展的重要支点。

五、"两山"理论解决的，实际上是关于如何处理经济发展和生态环境保护的关系问题

湖南日报：习近平总书记提出的"两山"理论，生动又深刻地揭示了绿色发展与高质量发展的内在关系和必然逻辑。当下，流域治理有一些怎样的着力点？

欧阳雪梅："两山"理论是习近平任浙江省委书记时提出的。2005年8月24日，他在《浙江日报》"之江新语"专栏短论中写道："我们追求人与自然的和谐，经济与社会的和谐，通俗地讲，就是既要绿水青山，又要金山银山。"2013年9月，习近平总书记在哈萨克斯坦纳扎尔巴耶夫大学发表演讲，在回答学生关于环境保护的问题时说："我们既要绿水青山，也要金山银山。宁要绿水青山，不要金山银山，而且绿水青山就是金山银山。我们绝不能以牺牲生态环境为代价换取经济的一时发展。""两山"理论实际是关于如何处理经济发展和生态环境保护的关系问题。在一段时间里，我国一些地方以国内生产总值增速为尺子衡量各项工作的成就，依赖物质资源消耗、规模粗放式扩张。这虽然短期内带来经济效益的增长，但环境破坏反过来影响经济增长质量、人民身心健康和生活质量，为了追求"金山银山"而破坏"绿水青山"，以致发展不可持续。党的十八大提出生态文明建设思想，习近平总书记把"绿水青山就是金山银山"作为生态文明建设的核心理念，明确"生态优先、绿色发展"，毫不动摇把生态环境保护作为经济社会发展的先决条件。绿水青山既是自然财富、生态财富，又是社会财富、经济财富。保护生态环境就是保护自然价值和增值自然资本，就是保护经济社会发展潜力和后劲，绿水青山可以转化为金山银山，实现新旧动能转化，把保护和利用统筹起来。总书记要求像保护眼睛一样保护生态环境，像对待生命一样对待生态环境，体现的是大智慧。

关于流域治理，总书记一语中的，切中要害。他坚决纠正先污染后治理、先破坏后修复的旧观念，指出在生态环境保护上一定要算大账、算长远账、算整体账、算综合账，不能因小失大、顾此失彼、寅吃卯粮、急功近利。他在主持召开推动长江经济带发展座谈会时强调，"推动长江经济带发展必须从中华民族长远利益考虑，把修复长江生态环境摆在压倒性位置，共抓大保护、不搞大开发，努力把长江经济带建设成为生态更优美、交通更顺畅、经济更协调、市场更统一、机制更科学的黄金经济带，探索出一条生态优先、绿色发展新路子"。2019年9月，他在主持召开黄河流域生态保护和高质量发展座谈会时，对推动黄河流域高质量发展提出了如下要求：以水而定、量水而行，因地制宜、分类施策，上下游、干支流、左右岸统筹谋划，共同抓好大保护，协同推进大治理。2020年1月3日，总书记又主持召开中央财经委员会第六次会议，专题研究黄河流域生态保护和高质量发展问题。总书记的要求部署，无疑是各级党委、政府和领导干部的根本遵循。

六、人类对大自然的伤害最终会伤及人类自身，这是无法抗拒的规律。流域治理要坚持系统观念

湖南日报：习近平总书记在《国家中长期经济社会发展战略若干

重大问题》中强调，要深化对人与自然生命共同体的规律性认识，站在人与自然和谐共生的高度来谋划经济社会发展。党的十九届五中全会提出：坚持尊重自然、顺应自然、保护自然。这对流域治理和高质量发展提供了怎样的依循？

欧阳雪梅：十九届五中全会提出，坚持尊重自然、顺应自然、保护自然，坚持节约优先、保护优先、自然恢复为主，守住自然生态安全边界。推动绿色发展，促进人与自然和谐共生，为我国新发展阶段树立了目标，指明了方向。人与自然是生命共同体，人类必须尊重自然、顺应自然、保护自然。人类只有遵循自然规律才能有效防止在开发利用自然上走弯路，人类对大自然的伤害最终会伤及人类自身，这是无法抗拒的规律。我们要建设的现代化是人与自然和谐共生的现代化，既要创造更多物质财富和精神财富以满足人民日益增长的美好生活需要，也要提供更多优质生态产品以满足人民日益增长的优美生态环境需要。这就要求完善生态文明领域统筹协调机制，构建生态文明体系。

流域治理也要坚持系统观念。习近平总书记从生态文明建设的整体视野提出"山水林田湖草是生命共同体"的论断，强调"全方位、全地域、全过程开展生态文明建设"，促进人与自然的和谐发展，为实现"十四五"发展蓝图和2035年远景目标绘就生态底色。

11月14日，总书记在南京主持召开全面推动长江经济带发展座谈会并发表重要讲话，提出一系列要求。如从生态系统整体性和流域系统性出发，追根溯源、系统治疗，防止头痛医头、脚痛医脚；要找出问题根源，从源头上系统开展生态环境修复和保护；构建综合治理新体系，统筹考虑水环境、水生态、水资源、水安全、水文化和岸线等多方面的有机联系，推进长江上中下游、江河湖库、左右岸、干支流协同治理，改善长江生态环境和水域生态功能，提升生态系统质量和稳定性；加快建立生态产品价值实现机制，让保护修复生态环境获得合理回报，让破坏生态环境付出相应代价等等。这些，都是我们建设美丽、富饶、安澜长江所必须遵循的。

七、要从根本上解决生态环境问题，必须把经济活动、人的行为限制在自然资源和生态环境能够承受的限度内。愿湖湘"一江一湖四水"清澈绵延后世，惠泽亿万人民

湖南日报：作为从湖南走出去的学者，您认为以"一江一湖四水"为载体的湖湘流域文化，有哪些显著特质？以流域治理推动高质量发展，可以有一些怎样的抓手？

欧阳雪梅：生态环境问题归根结底是发展方式和生活方式的问题，要从根本上解决生态环境问题，必须把经济活动、人的行为限制在自然资源和生态环境能够承受的限度内，促进产业结构、生产方式和生活方式全面绿色转型。湖南在1998年的洪涝灾害之后，开始跟自然"和解"，政府开始实施"平垸行洪、退田还湖"工程，对湘、资、沅、澧泥沙淤积与废水排放进行治理，清理西洞庭欧美黑杨，禁止洞庭湖捕捞等，成效明显。但长期过度开发利用和自然因素的双重作用，河湖的许多问题具有累积性，河湖管理保护中还存在不少薄弱环节，河湖生态环境形势依然严峻。需要对标长江经济带高质量发展要求尤其是生态修复要求，以"一江一湖四水"系统联治为重点，做好全面规划，统筹抓好长江流域江河湖库系统性保护和修复，打好污染防治持久战、水安全保卫战，统筹推进长江岸线治污治岸治渔，落实长江"十年禁渔"，力求在恢复生物多样性上取得新进展。

具体抓手是强化绿色发展的法律和政策保障；压实党政领导特别

是主要领导负责制为主的河湖长制责任；同时，通过发展文化和生态特色旅游等新业态，让当地居民基于自然资源环境也能直接受益，这样让当地居民因为成为利益共同体而成为生命共同体；并贯以屈原的求索精神，范仲淹的忧患意识，周敦颐贯通天人的德性修养，王船山的"实事求是"思想，曾国藩"结硬寨，打呆仗"的实干，如此，长江"双肾"之一的洞庭湖一定能早日恢复昔日浩渺无边的模样，确保"一江一湖四水"清澈绵延后世，惠泽亿万人民。

第三部分

中华优秀传统文化的

传承创新与文明交流互鉴

呵护农耕文明根脉　促进乡村振兴[*]

我国农耕文明源远流长、博大精深，承载着中华文明生生不息的基因密码，彰显着中华民族的思想智慧和精神追求。习近平总书记2022年12月在中央农村工作会议上指出："我国拥有灿烂悠久的农耕文明，必须确保其根脉生生不息，做到乡村社会形态完整有效，文化基因、美好品德传承弘扬，农耕文明和城市文明交相辉映，物质文明和精神文明协调发展"。党的二十大报告提出："加快建设农业强国，扎实推动乡村产业、人才、文化、生态、组织振兴。"推进有中国特色的农业强国建设，必须立足农耕文明的历史底蕴，系统挖掘农耕文化深层价值，积极探索乡村文化振兴，加强农村精神文明建设，从优秀农耕文化中汲取乡村振兴的精神力量。

党的十八大以来，以习近平同志为核心的党中央高度重视传承发展提升农耕文明，引领推动农耕文明创造性转化和创新性发展，为建设农业强国注入精神力量。2018年中央一号文件提出，"切实保护好优秀农耕文化遗产，推动优秀农耕文化遗产合理适度利用"，"深入挖掘

---

[*] 本文原载于《经济日报》2023年4月27日。

农耕文化蕴含的优秀思想观念、人文精神、道德规范，充分发挥其在凝聚人心、教化群众、淳化民风中的重要作用"。习近平总书记2022年12月在中央农村工作会议上指出，"农村精神文明建设要同传承优秀农耕文化结合起来，同农民群众日用而不觉的共同价值理念结合起来"。这些都为我们传承发展提升农村优秀传统文化、加快建设农业强国、推进农业农村现代化指明了方向，提供了重要遵循。

近年来，随着农村精神文明建设深入推进，乡村文化振兴取得重大成就，农民精神风貌得到明显改善，乡村社会文明程度显著提高，乡村文明焕发出新气象。在乡风文明建设方面，各地深入挖掘乡村熟人社会蕴含的道德规范，常态化开展道德模范、文明家庭、星级文明户等评选活动，将社会主义核心价值观宣传教育融入戏曲、民间小调、剪纸等传统文化中，开展社会主义先进文化教育，引导农民向上向善、孝老爱亲、重义守信、勤俭持家。在乡村公共文化服务体系建设方面，加强公共文化基础设施建设，逐步构建起多层次、多方式的公共文化服务供给体系，推进优质公共文化资源向乡村延伸。在农村文化遗产保护与利用方面，加强中国传统村落保护与开发，深入挖掘民间艺术、戏曲曲艺、手工技艺、民族服饰等非物质文化遗产，让活态的乡土文化传下去，同时，以非遗发展带动乡村产业融合升级、促进农民增收、拓展农村就业渠道。在发展文化产业新业态方面，加快发展乡村文创产业、生态休闲旅游业等，建成民俗博物馆、民宿，丰富人们的文化体验形式和消费模式。

我国古老的农耕文明诞生于乡土之间，反映了中国人对人与自然、人与人、人与社会关系的认识和把握，孕育出的优秀传统乡土文化深刻影响着中国人的精神世界。不违农时、精耕细作、重视天地人和的农耕传统，家庭和睦、邻里相助、诚信重礼的道德规范等，与今天所提倡的和谐、共享、低碳等理念十分契合，对全面推进乡村振兴有着不可忽视的意义。新征程上，要把赓续农耕文明与实施乡村振兴战略结合起来，在创造性转化、创新性发展中激活传统农耕文化中的优秀因子，为农业强国建设注入强大力量。

妥善处理传承与发展的关系。一方面，要加强传承保护，积极推进文物保护利用和文化遗产保护传承，加大对传统村落、民族村寨和乡村风貌等的保护力度，让人们望得见山、看得见水、记得住乡愁；另一方面，要推动创新发展，坚持古为今用、推陈出新，围绕经济社会发展和群众文化生活需要，推出一批符合时代特点、群众喜闻乐见的优秀农耕文化项目和创意产品，增强乡村文化自信。

推动乡村公共文化服务提质升级。现阶段，我国优秀乡村文化供给水平与城市相比还有一定差距。要推进城乡公共文化服务体系一体建设，优化城乡文化资源配置，完善农村文化基础设施网络，增加农村公共文化服务总量供给，缩小城乡公共文化服务差距。同时，乡村公共文化服务体系建设要体现农村特点，遵循乡村自身发展规律，不断丰富农民群众的文化生活。

推动乡村文化产业发展。产业振兴是乡村振兴的重中之重，文化是推动高质量发展的重要支点。要坚持文化引领、产业带动，以文化产业赋能乡村人文资源和自然资源保护利用，推动农村一二三产业融合发展，拓展手工艺、数字文化、文旅融合等重点领域，促进文化产业人才、资金等要素向乡村涌流，培育乡村发展新动能，让农民更多分享产业增值收益。

提升乡村治理水平。要维护乡村秩序，创新乡村社会治理模式，健全自治、法治、德治相结合的乡村治理体系，推进乡村治理现代化。发挥自治基础作用，将传统乡贤文化与现代治理理念有机结合；发挥法治保障作用，增强农民尊法、学法、守法、用法的思想意识和行为自觉；发挥德治引领作用，将社会主义核心价值观与诚信、友善、孝德等道德教化结合起来，营造风清气正、崇德向善、明德惟馨的文明乡风、良好家风、淳朴民风。

立足农耕文明的历史底蕴建设农业强国*

中国农耕文明源远流长、博大精深,是中华优秀传统文化的根。党的十八大以来,习近平总书记高度重视传承发展提升农耕文明,走乡村文化兴盛之路,强调要把我国农耕文明优秀遗产和现代文明要素结合起来,赋予新的时代内涵,让我国历史悠久的农耕文明在新时代展现其魅力和风采。2022年12月召开的中央农村工作会议上,习近平总书记进一步强调,建设农业强国要立足农耕文明的历史底蕴,赓续农耕文明,加强农村精神文明建设。习近平总书记的一系列重要论述,为我们建设农业强国、加快推进农业农村现代化、全面推进乡村振兴指明了方向,提供了遵循。

一、传承发展提升农耕文明,走乡村文化兴盛之路

习近平总书记强调:"乡村振兴,既要塑形,也要铸魂,要形成文明乡风、良好家风、淳朴民风,焕发文明新气象。"优秀乡村文化能够提振农村精气神,增强农民凝聚力,孕育社会好风尚。党的十九大提

---

* 本文原载于《红旗文稿》2023年第4期。

出实施乡村振兴战略，把乡风文明作为乡村振兴战略的五大要求之一。

2017年12月中央农村工作会议上，习近平总书记强调，中华文明根植于农耕文明。从中国特色的农事节气，到大道自然、天人合一的生态伦理；从各具特色的宅院村落，到巧夺天工的农业景观；从乡土气息的节庆活动，到丰富多彩的民间艺术；从耕读传家、父慈子孝的祖传家训，到邻里守望、诚信重礼的乡风民俗，等等，都是中华文化的鲜明标签，都承载着华夏文明生生不息的基因密码，彰显着中华民族的思想智慧和精神追求。他强调要深入挖掘、继承、创新优秀传统乡土文化，把保护传承和开发利用有机结合起来，把我国农耕文明优秀遗产和现代文明要素结合起来，赋予新的时代内涵，让我国历史悠久的农耕文明在新时代展现其魅力和风采。习近平总书记的一系列重要论述，明确了乡村文化振兴与城市文化建设的不同特征，为以赓续农耕文明为根基推进乡村精神文明建设、实现乡风文明指明了方向。

从2013年到2023年，每年中央一号文件多次就乡村优秀传统文化的传承与保护作出具体部署。2018年初，《中共中央国务院关于实施乡村振兴战略的意见》提出，要切实保护好优秀农耕文化遗产，推动优秀农耕文化遗产合理适度利用。深入挖掘农耕文化蕴含的优秀思想观念、人文精神、道德规范，充分发挥其在凝聚人心、教化群众、淳化民风中的重要作用。划定乡村建设的历史文化保护线，保护好文物古迹、传统村落、民族村寨、传统建筑、农业遗迹、灌溉工程遗产。支持农村地区优秀民族、民间、民俗文化等传承发展。将乡村自然资源和人文资源有机结合，在深入挖掘乡村特色文化符号的基础上，通过盘活特色文化资源，大力发展乡村特色文化产业，推动乡村生产、生活、生态协同发展，推动乡村振兴。

二、新时代乡村文化建设取得巨大成就

习近平总书记指出："精神文明建设特别是思想道德建设一定要通过看得见、摸得着的方式，创造实实在在的载体，寓教于乐，入耳入脑，深入人心，潜移默化。"中国特色社会主义进入新时代，加强农村思想道德建设和公共文化建设，以社会主义核心价值观为引领，深入挖掘优秀传统农耕文化蕴含的思想观念、人文精神、道德规范，培育挖掘乡土文化人才，弘扬主旋律和社会正气，培育文明乡风、良好家风、淳朴民风，改善农民精神风貌，提高乡村社会文明程度，焕发乡村文明新气象。

以社会主义核心价值观为引领，推进乡风文明建设。挖掘乡村熟人社会蕴含的道德规范，常态化开展道德模范、文明家庭、五星级文明户等评选活动；将社会主义核心价值观宣传教育融入戏曲、民间小调、剪纸、乡村春晚等，引导乡民向上向善、孝老爱亲、重义守信、勤俭持家；基层党员干部以身作则，用高尚的道德情操感染和带动群众；建设新时代文明实践中心（所、站）、农民夜校等，开展社会主义先进文化教育。针对一些地方在婚嫁丧娶等方面攀比炫富、铺张浪费的问题，积极发挥红白理事会、村规民约的引导作用，遏制陈规陋习，引导树立勤俭节约的文明新风。依法管理农村宗教事务，制止非法宗教活动，加强无神论宣传教育，抵制封建迷信活动。

健全乡村公共文化服务体系，以文化惠民保障村民的基本文化权益。不断增加对农家书屋、农村文化馆、群众艺术馆等乡村公共文化服务的投入，建设以县级文化馆、图书馆为中心的总分馆制度，推进优质公共文化服务资源向乡村延伸。在脱贫攻坚战中，开展精准文化扶贫，公共文化投入向贫困地区倾斜，普遍建立村级综合性文化中心。

全国已有农家书屋58.7万家，覆盖了全国有基本条件的行政村；建设村民文化广场，在特定节日组织文艺演出，为农民播放电影等，扩大了文化产品和服务供给。持续举办以农民为主体的"乡村春晚"，以其接地气、贴近生活的特性，引发广大农民群众的热情参与。

加大对农村文化遗产的保护与利用。古镇、古村落、古建筑、民族村寨、文物古迹、农业遗迹等，是农耕特质、民族特色、地域特点的集中体现。2012年至2022年，先后发布了六批中国传统村落名录，旨在对拥有丰富的文化与自然资源，具有较高历史、文化、科学、艺术、社会、经济价值的中国传统村落加强保护。2019年以来，发布四批1399个全国乡村旅游重点村和两批198个全国乡村旅游重点镇（乡），带动乡村旅游恢复发展。挖掘民间艺术、戏曲曲艺、手工技艺、民族服饰、民俗活动等非物质文化遗产，让活态的乡土文化传下去。我国已有国家、省、市、县四级非物质文化遗产代表性项目10万余项，国家级非物质文化遗产代表性项目1557项，自2013年起命名了3批共23个"国家级非遗保护研究基地"。以"非遗+"的形式发展农村经济，促进产业转型升级，帮助群众脱贫致富。截至2020年初，全国393个国家级贫困县和150个省级贫困县开展非遗助力精准扶贫的工作，共设立非遗工坊2310个，带动46.38万人参与就业，让20万建档立卡贫困户实现脱贫。截至2022年，我国全球重要农业文化遗产已达18项、世界灌溉工程遗产30项，均居世界首位。

乡村旅游、农村电商、直播带货等文化产业新样态助力乡村文化产业长足发展。乡村旅游在解决拓展农业产业链价值链、助力脱贫攻坚、城乡统筹建设等方面发挥了巨大的作用。2019年全国乡村旅游接待人次达到了30.9亿，占国内旅游人次的一半。2020年由于疫情，我国乡村旅游受到较大影响，但随着我国取得疫情防控重大决定性胜利，2022年乡村旅游市场逐渐回暖恢复，接近自然、亲近乡野的踏青、骑游、露营、旅居明显趋旺。"绿水青山就是金山银山"的生态文化理念深入人心，开展蓝天、碧水、净土保卫战，建设宜居宜业环境，推动统筹山水林田湖草沙系统治理，促进人与自然和谐相处，村民的主人翁意识逐步增强。

党的十八大以来，以习近平同志为核心的党中央重塑城乡关系，大力推进乡村文化建设，使以往"失意"的乡村、"没落"的农耕文明回归大众视野，重建有关乡村的理念与话语体系，创造性转化创新性发展优秀传统农耕文化，鼓励在有效保护的基础上将文化资源转化为生产力，推进乡村道德建设、乡村治理、乡村文化建设取得重大成就，乡村社会文明程度和农民公德素质不断提高。

三、赓续农耕文明，建设农业强国

党的二十大开启了全面建成社会主义现代化强国的新征程。在2022年12月中央农村工作会议上，习近平总书记强调，农业强国是社会主义现代化强国的根基，要全面推进产业、人才、文化、生态、组织"五个振兴"，统筹部署、协同推进，抓住重点、补齐短板。实现高质量发展、建设美丽乡村、满足人民美好生活需要、聚集人才、加强乡村治理，都离不开以农耕文明为历史底蕴的优秀乡村文化。中国的"道""天人合一"理念，高效与精耕细作的自然循环农业，理性化低消费观的传统，以及尊老爱幼、诚实守信、邻里互助、勤俭持家等传统美德，乡村的家庭、家族、邻里、亲缘关系等，契合当今所提倡的和谐、环保、低碳的理念，是美丽乡村的重要基石，对于乡村振兴和中华民族的永续发展，具有不可忽视的重要意义。

推进乡村振兴要妥善处理传承与发展的关系。珍惜和继承前人留下的优秀乡村文化，传承好乡村文脉，加大农村地区文化遗产保护力度，保护传统村落、民族村寨和乡村风貌，让居民望得见山、看得见水、记得住乡愁，实现创造性转化、创新性发展。批判和否定其中的陈规陋习、封建迷信等糟粕，在传承创新中创造出既能够在乡村振兴中起作用，又能在文化赓续中增活力的新时代优质乡村文化。

推动乡村公共文化服务提档升级，促进精神生活共同富裕。现阶段，我国乡村文化设施和公共文化服务的发展水平与城市还有较大差距。习近平总书记强调："要推进城乡公共文化服务体系一体建设，优化城乡文化资源配置，完善农村文化基础设施网络，增加农村公共文化服务总量供给，缩小城乡公共文化服务差距。"要让每个村、每个乡、每个县都可以广泛开展文化体育活动，使各族群众在业余时间有个好的去处，使未成年人能够就近经常参加文化体育活动。新农村建设一定要走符合农村实际的路子，遵循乡村自身发展规律，充分体现农村特点，注意乡土味道，保留乡村风貌，留得住青山绿水，记得住乡愁。推动文化下乡，鼓励文艺工作者深入农村、贴近农民，推出具有浓郁乡村特色、充满正能量、深受农民欢迎的文艺作品，不断丰富农民群众的文化生活，增强农民群众精神力量。

文化赋能促进乡村高质量发展。产业振兴是乡村振兴的重中之重，文化是高质量发展的重要支点。为改变乡村文化产业粗放式发展的状况，文化产业赋能乡村振兴已上升为国家战略。2022年，文旅部等联合发布《关于推动文化产业赋能乡村振兴的意见》，提出"文化引领、产业带动"原则，强化以文化产业赋能乡村人文资源和自然资源保护利用，促进一二三产业融合发展，传承发展农耕文明，激发优秀传统乡土文化活力，明确了创意设计、演出产业、音乐产业、美术产业、手工艺、数字文化、其他文化产业、文旅融合等八个文化产业赋能乡村振兴重点领域，提出了培育壮大市场主体、建立汇聚各方人才的有效机制、加强项目建设和金融支持、统筹规划发展和资源保护利用等四方面政策举措，促进文化产业人才、资金、项目、消费等要素更多向乡村流动，增强农业农村发展活力，培育乡村发展新动能，让农民更多分享产业增值收益。乡村旅游也会随着内容供给的丰富，配套服务、综合保障等的提升，融合农文旅，适应城乡居民消费需求，向有深度的休闲体验、旅居生活转变。

自治、法治、德治的结合，塑造乡村振兴的社会基础。几千年的农耕社会保持着男耕女织、自给自足、互助合作、扶困济弱的乡村习俗，乡规民约依然在发挥作用。乡村振兴依托于传统优秀治理文化的传承与弘扬，依托于现代社会治理思想的浸润实践。要尊重乡村秩序，结合乡村传统的文化元素，激活创新乡村社会治理模式，不断健全自治、法治、德治相结合的乡村治理体系。自治是乡村社会治理体系的基础，须将传统的乡贤文化与现代治理思想有机结合；法治是乡村社会治理体系的保障，须增强乡民尊法、学法、守法、用法的思想意识和行为自觉；德治是乡村社会治理体系的支撑，须让社会主义核心价值观与乡土的诚信、友善、孝德等道德教化一起，营造风清气正、崇德向善、明德惟馨的文明乡风、良好家风、淳朴民风，让农村社会既充满活力又和谐有序。

人才振兴要坚持本土培养和外部引进相结合。农民是乡村的主人，他们既是乡村文化的建设者，也是乡村文化的受益者，只有农民最理解乡村文化与生产、生活和生态的关系，以农民为主体的农业经营方式有助于维系农耕文化的代际传递，乡土人才是乡村振兴的内生动力，要坚持农民主体原则，重点加强村党组织书记和新型农业经营主体带头人培训，全面提升农民素质素养，育好用好乡土人才。近年来，在乡村非遗传承人的发现、保护并发挥他们的作用方面取得了很大成绩。要引进一批人才，有序引导大学毕业生到乡、能人回乡、农民工返乡、企业家入乡，帮助他们解决后顾之忧，让其留得下、能创业。要制定政策引导企业家、设计师、文化工作者、科普工作者、退休人员、文化志愿者、公益性文化事业社会组织等投身乡村文化建设，形成农村文化建设队伍，以满足美丽乡村建设所需要的各类人才。

中国共产党与中医药的百年传承创新[*]

中医药是中华民族的伟大创造，是中华文明瑰宝，是中华优秀传统文化的重要组成部分，为中华民族繁衍生息做出了巨大贡献，对世界文明进步产生了积极影响。百年来，中国共产党一直高度重视祖国的医学遗产，努力保护、传承和发展传统中医药，坚持不懈地推动中医药与时俱进，保障人民群众生命健康安全。

一、革命战争年代：团结中医、推动中西医结合

中医药学历史悠久，内容丰富，自成体系，自远古时代"神农尝百草""药食同源"，到春秋战国扁鹊的"望、闻、问、切"四诊合参，再到成书于战国至秦汉时期的《黄帝内经》《伤寒论》《本草纲目》《金匮要略》《温病条辨》等，是历历可数的家珍，历千年护佑着中华民族，一直在中国医学界占据主流地位。近代以来，西医因诊疗技术特别是眼科与外科等手术治疗所表现的显著疗效有别于传统医学的经验，被称为"科学医学"，中医药学遭到怀疑和否定。民国时期，医政制度

---

[*] 本文原载于《马克思主义文化研究》2020 年第 2 期。

基本仿照西方，传统中医被斥为"落后、迷信、不科学"，废止中医之争开始。1912 年，北洋政府发生"教育系统漏列中医案"，即改革学制时把中医排斥在正规教育之外。1913 年，当时的教育总长汪大燮公开提出废除中医中药。新文化运动中，中医阴阳五行等医理基础被批判为伪科学、玄学，削弱了它的文化基础。1929 年，发生了轰动一时的"废止中医案"，禁止中医中药开业，禁止中医办医院、办学校，取缔中医书刊。1936 年，国民政府又提出"国医在科学上无根据"，一律不许执业的谬论。中医在中国医学界逐渐丧失了主流地位，演变为"西医在朝，中医在野"的格局。

在中西医之争中，青年毛泽东认为中西医学各有所长、各有所偏，医理各有特点。1913 年，他在读书笔记《讲堂录》中写道：医道中西各有所长，中医言气脉，西医言实验。然言气脉者理太微妙，常人难识，故失之虚；言实验者专求质而气则离矣，故常失其本。则二者又各有所偏也。[1]在井冈山革命根据地，医生和药源都极为缺乏，毛泽东及时指导医院"用中西两法治疗"[2]。

1944 年 5 月，在延安大学开学典礼上，毛泽东进一步强调中西医要讲统一战线。他说："我们边区政府的副主席李鼎铭同志是中医，还有些人学的是西医，这两种医生历来就不大讲统一战线。我们大家来研究一下，到底要不要讲统一战线？我不懂中医，也不懂西医，不管是中医还是西医，作用都是要治好病。治不好病还有医术问题，不能因为治不好病就不赞成中医或者不赞成西医。能把娃娃养大，把生病的人治好，中医我们奖励，西医我们也奖励。我们提出这样的口号：

---

[1] 转引自林国标：《毛泽东的中西文化比较及其抉择》，《毛泽东思想研究》2005 年第 4 期。
[2]《毛泽东选集》第 1 卷，人民出版社 1991 年版，第 65 页。

这两种医生要合作。"[1]次年 3 月，陕甘宁边区成立了中西医药研究会等，为中西医结合方针的确立做了可贵的探索。中医中药在革命战争年代担负医疗救护、控制传染病等任务，为保证军民卫生健康发挥了重要作用。

二、中华人民共和国成立后：纠正错误、促进传承医学遗产

旧中国疾病丛生、缺医少药，据不完全统计，每年约有 1 亿人口患各种轻重不同的疾病，死亡人数 500 多万，各种传染病、地方病危害人民健康，"根据乡村的一般调查，其中有 80% 的患者得不到合理的治疗"[2]。面对十分严峻的卫生形势，让中西医务人员团结起来，为人民健康服务，是新中国成立初期中国共产党的举措。1949 年 9 月，毛泽东接见第一届全国卫生行政会议代表时指出："必须很好团结中医，提高中医，搞好中医工作，才能担负起几亿人口艰巨的卫生工作任务。"[3]1950 年 8 月，第一届全国卫生会议在北京召开，毛泽东为会议题词："团结新老中西各部分医药卫生工作人员，组成巩固的统一战线，为开展伟大的人民卫生工作而奋斗！"[4]中医文化中预防疾病是第一位的，治疗疾病是第二位的。会议确立了方针，将"面向工农兵""预防为主""团结中西医"作为新中国的三大卫生工作原则。1951 年春，彭真鼓励乐松生试办中药提炼厂改进中药。1952 年，乐松生邀请了北大药学系郑启栋教授在达仁堂成立国药改进研究室。1953 年，银翘解

---

[1]《毛泽东文集》第 3 卷，人民出版社 1996 年版，第 154 页。

[2] 张伯礼总主编：《百年中医史（1912—2015）》（上），上海科学技术出版社 2016 年版，第 350 页。

[3] 转引自中共北京市委党史研究室：《社会主义时期中共北京党史记事》第 1 辑，人民出版社 1994 年版，第 218 页。

[4]《毛泽东年谱（1949—1976）》第 1 卷，中央文献出版社 2013 年版，第 182—183 页。

毒片、香莲片、女金片、牛黄上清丸等四种产品试制成功，完成了中药到中成药的发展。1957年，达仁堂以文献记载为依据研制的人工牛黄，当年就开始出口。

但是，由于社会上歧视中医已久，观念绝非一日所能消除，中央关于团结中西医的指示并未被完全贯彻。如当时中医主要靠家传、师授、私人办学，甚或自学成才。而1951年卫生部公布的《中医师暂行条例》和《中医考试办法》，要求过于苛刻、不合实际，中医师资格考试的内容多是西医的，使得大多数中医师被淘汰。1953年全国92个大中城市和165个县登记、审查合格的中医只有1.4万多人。由卫生部直接领导的中医师资格审查，华北地区68个县有90%以上的中医师被认为是"不合格"的。天津市中医水平是比较高的，但参加考试的530多个中医只有55个合格。

针对上述情况，毛泽东多次做出批示和指示，要求从现实出发、从辩证唯物主义的高度来理解中西医之间的关系。他认为，中医、西医各有所长，各有所短，因此绝对肯定或绝对否定，都是错误的。他指出："我们的西医少，广大人民迫切需要，在目前是依靠中医。对中医的团结要加强，对中西医要有正确的认识。中医是在农业与手工业的基础上产生出来的。这是一大笔遗产，必须批判地接受，把其积极的一面吸收过来加以发挥，使它科学化；另一面，对不合理的要研究，分析批判。"[1]他对几千年来为保障人民生命健康做出巨大贡献的中医药学给予充分肯定，指出，中西医比较起来，中医有几千年的历史，中医的贡献与功劳是很大的。祖国医学遗产若干年来，不仅未被发扬，反而受到轻视与排斥，这是错误的，这个问题一定要解决，错误一定

---

[1]《毛泽东年谱（1949—1976）》第2卷，中央文献出版社2013年版，第205页。

要纠正。首先各级卫生行政部门思想上要改变。

1954年6月5日,毛泽东同北京医院院长周泽昭谈中医发展时指出:"对中医问题,不只是给几个人看好病的问题,而是文化遗产问题。要把中医提高到对全世界有贡献的问题。对新来的外国东西重视了,对自己本国的东西倒轻视了。……看不起本国的东西,看不起中医,这种思想作风是很坏的,很恶劣的。西医要向中医学习。第一,思想作风上要转变。要尊重我国有悠久历史的文化遗产,看得起中医,也才能学得进去。第二,要建立研究机构。不尊重,不学习,就谈不上研究。不研究,就不能提高。总是有精华和糟粕的嘛。这项工作,卫生部没有人干,我来干。"[1]

7月9日,刘少奇受毛泽东委托召集会议,传达毛泽东关于中医工作的指示。在指示中,毛泽东强调:"中西医团结问题没有做好,……主要是西医有宗派作风。西医传到中国来以后,有很大一部分人就把中医忽视了。必须把中医重视起来。""中医问题,关系到几亿劳动人民防治疾病的问题,是关系到我们中华民族的尊严、独立和提高民族自信心的一部分工作。我们中国的医学,历史是最久的,有丰富的内容,当然也有糟粕。在医学上,我们是有条件创造自己的新医学的。中国人口能达到六亿,这里面中医就有一部分功劳嘛。西医到中国来,也不过百把年。当然,西医是近代的,有好的东西。但什么都是'舶来品'好,这是奴化思想的影响。"[2]实践是检验真理的唯一标准。中医对中华民族人口繁衍的实际作用、在疑难杂症治疗中的优势作用是被历史证明了的。毛泽东强调:"对中医的'汤头'不能单从化学上研

---

[1]《毛泽东年谱(1949—1976)》第2卷,中央文献出版社2013年版,第245页。
[2]《毛泽东年谱(1949—1976)》第2卷,中央文献出版社2013年版,第258页。

究,要与临床上的研究结合起来,才能提高中医。"[1]关于中医基础理论中阴阳五行学说,他认为,目前没法用现代术语解释清楚的,是因为"没有把自己的东西研究透",[2]但也不能因此就轻易加以否定。中医是医人之医,从整体上为人服务之医。"中国古书上这样说'上医医国,中医医人,下医医病。'这意思就是强调人的整体性,和巴甫洛夫学说是一致的。"[3]医之上者,不仅能治病救人,而且能以医理论国事,治病与治国、治人,融会贯通,一脉相承。

中医是临床实践医学,中医理论是对数千年亿万次临床实践经验的理论总结,中医与西医是两种完全不同的医学体系,但二者之间有共性存在,有相通之处。评判中医理论是否科学,不能以西医理论为标准,要从整体上分析、从临床疗效上分析。所以,"当前最重要的事情,是要大力号召和组织西医学习中医,鼓励那些具有现代科学知识的西医,采取适当的态度同中医合作,向中医学习,整理祖国的医学遗产。只有这样,才能使我国固有的医药知识得到发展,并提高到现代科学的水平"[4]。1954年7月,中央成立了由中宣部、文化中央教育委员会、卫生部指定人员组成的中医问题临时工作组,传达中共中央关于中医问题的指示;召开中西医座谈会,讨论研究相关问题。1956年,毛泽东提出"要以西方的近代科学来研究中国的传统医学的规律,发展中国的新医学"[5]。在毛泽东眼中,中医药是中国传统文化的重要载体,具有实用和科学价值,能够创新发展造福人民,医人医病,遵

---

[1]《毛泽东年谱(1949—1976)》第2卷,中央文献出版社2013年版,第259页。
[2]《毛泽东文集》第7卷,人民出版社1999年版,第76页。
[3]《毛泽东年谱(1949—1976)》第2卷,中央文献出版社2013年版,第259页。
[4]《中共中央文件选集(1949年10月—1966年5月)》第17册,人民出版社2013年版,第332—333页。
[5]《毛泽东文集》第7卷,人民出版社1999年版,第81页。

循和而不同之道，所以不遗余力地推动它的传承发展。

在毛泽东等中央领导的推动下，对待中医的武断态度和宗派主义情绪得到有效纠正，中医药事业获得了发展。1954年11月，中共中央批转中央文委党组《关于改进中医工作问题给中央的报告》，进一步阐明了党的中医政策，要求巩固地建立中西医之间相互尊重和团结的关系，提出了应扩大中医业务、改善中医的进修、出版中医书籍、改进和加强对中药的管理等项工作的具体措施。同月，卫生部成立中医司（1952年成立了中医科）。1955年12月，成立中国中医研究院。一些省、市、自治区也相继成立了中医研究所。同时，卫生部举办了全国第一届西医离职学习中医研究班。积极培养中医，壮大卫生队伍，一方面，"中医带徒弟"工作，培养出一大批基层中医药人才；另一方面，开办中医学院，将中医教育纳入正规学历教育体系。1956年，卫生部会同高等教育部在北京、上海、广州、成都筹建4所中医学院，同年招生，学制6年，每所中医学院规模为2400人。[1]开设课程主要有中国医学史、医经、中药学、中医诊断学、方剂学、伤寒论、金匮要略、温病学、针灸学、中医内科学、伤科学、妇科学、儿科学、眼科、喉科学与各家学说等。卫生部还发布文件，取消原来限制中医行医的规定。即使是在三年困难时期，国家对各个行业进行了精简，但除了河南洛阳正骨学院和河北中医学院因省里坚持下马，23所中医学院中的其他21所都保留下来了。1962年至1965年，全国各中医学院的毕业生，累计有5600余名；截至1965年，各地共培养中医学

---

[1]《壮丽70年·党领导中医药发展历程③：中医研究院和"老四所"中医学院成立始末》，国家中医药管理局，2019年4月26日，http://www.natcm.gov.cn/hudongjiaoliu/guanfangweixin/2019-04-28/9668.html。

徒5.9万余名,[1]为中医队伍增添了新生力量。大力吸收中医参加大医院工作。据统计,1952年,全国有中医院19所,中医院床位224张;1960年,全国中医院发展到330所,床位14199张。[2]绝大部分综合医院和专科医院都设立了中医科。

1958年,中国掀起了西医学习中医运动,中医学院举办了二至三年西医离职学习中医班。毛泽东肯定了西医离职学习中医的做法,并批示"中国医药学是一个伟大的宝库,应当努力发掘,加以提高"[3]。他殷切地希望培养出一批中西医结合高级医生,出几个高明的理论家。从1955年到1966年,共培养了4700多名"西学中"人员,他们成为全国各地、各医学学科中西医结合研究的开拓者和权威人物。屠呦呦便是其中的典型代表,曾于1959年到1962年在卫生部举办的"全国第三期西医离职学习中医班"学习。1958年,卫生部发出《关于继承老中医学术经验的紧急通知》,各地组织大批中医工作者对古典医籍和老中医的经验进行了整理、总结、研究工作,整理民间秘方、验方。

1965年,毛泽东发布"六二六"指示,要求"把医疗卫生的重点放到农村去",以解决七亿农民的防病治病问题。办法是因陋就简,采用中西医结合的方式培训赤脚医生,"安全、有效、廉价"的中医药充分发挥了作用,依靠一根银针、一把中草药基本上实现了广大农村"小病不出村、大病不出乡"的目标。中草药知识的普及,中医药适用技术在农村推广,加速了民间土单验方的整理与出版,带动了中草药种植与加工,促进了当时中医药事业的发展。1971年,中药品

---

[1]《当代中国的卫生事业》(下),当代中国出版社2009年版,第59页。
[2]《当代中国的卫生事业》(下),当代中国出版社2009年版,第61页。
[3]《毛泽东文集》第7卷,人民出版社1999年版,第423页。

种由 2600 种增加到 5000 种以上。[1]1974 年，全国中药材种植面积达到 226 万亩，中药材销售超过 9.9 亿元，比 1965 年增加了 1 倍，出口逾 1.1 亿美元。到 20 世纪 70 年代中期，赤脚医生发展到了鼎盛时期，全国约有 180 万人。[2]中医治疗适用于流行性乙型脑炎、痢疾、急性阑尾炎、关节炎、神经痛、烧伤、骨折、脱臼、多种皮肤病，疗效显著；对于高血压、晚期血吸虫病、肝硬化、慢性肾炎、再生不良性贫血，也有一定的疗效。全球疟疾肆虐时，1967 年 5 月 23 日，中国启动对抗疟疾中药的研制。39 岁的屠呦呦临危受命，成为课题攻关的组长。她从中国古代药典《肘后备急方》中发掘出青蒿素。1971 年，经过近 200 次的反复试验，得出了青蒿素对疟疾抑制率达到 100% 的结果。她深有感触地说："西学中的序曲为我从事青蒿素研究提供了良好的准备。"她引用了毛泽东关于中医药学是一个伟大宝库的论述，明确指出，"青蒿素正是从这一宝库中发掘出来的"。[3]

新中国成为现代医疗体制国家里唯一两种传统迥异的医学"同唱主角，争唱主角"的国家，中西医结合在当时中国经济文化发展水平较低的情形下，在构建以人民为主体、农村为重点、积极防治为内容、人民健康为根本的新型人民卫生事业中发挥了关键作用，获得了世界卫生组织所赞誉的"以最少的投入获得了最大的健康收益"。人民健康水平和身体素质有了根本提高：1949 年到 1976 年，全国人口由 54167 万人增长到 93717 万人；[4]死亡率从 20‰ 下降到 7.25‰；人均预期寿

---

[1]《当代中国的卫生事业》（下），当代中国出版社 2009 年版，第 69 页。
[2]《壮丽 70 年·党领导中医药发展历程⑦：跑出中西医结合"加速度"》，国家中医药管理局，2019 年 5 月 31 日，http://www.natcm.gov.cn/xinxifabu/meitibaodao/2019-09-02/10735.html。
[3]《屠呦呦在瑞典卡罗林斯卡医学院发表演讲》，《人民日报》2015 年 12 月 8 日。
[4] 国家统计局国民经济综合统计司编：《新中国六十年统计资料汇编》，中国统计出版社 2010 年版，第 6 页。

命，1949年为35岁，1975年提高到68.8岁。[1]中国人口再生产类型较快实现了转变，进入了高出生率、低死亡率、高自然增长率的过渡型阶段，远远超过同期发展中国家的水平。

"文化大革命"的十年，中医药事业遭到严重的破坏，中医药从业人员减少三分之一，全国中医医院从1966年的330所减少到1977年129所，中医学院由21所减少到11所。[2]

三、改革开放以来：中西医并重、提倡长期并存

"文化大革命"结束后，中医药事业逐步恢复发展。1978年，中共中央转发卫生部党组《关于认真贯彻党的中医政策，解决中医队伍后继乏人问题的报告》，重申了党的中医药政策，对办好中医院校、培养中医药人才、办好中医医院、加强中医药研究机构建设、组织西医学习中医等提出了明确要求和措施。邓小平批示："这个问题应该重视，特别是要为中医创造良好的发展与提高的物质条件"。[3]1979年5月，中华全国中医学会（后改为中华中医药学会）成立。

1980年3月，卫生部召开中医和中西医结合工作会议。会议全面总结新中国成立以来30年的经验教训，明确提出了中医、西医、中西医结合三支力量都要大力发展、长期并存的方针。这一年成立了中医古籍出版社。1982年《中华人民共和国宪法》第21条规定"发展现代医药和我国传统医药"，确立了中医药等传统医药的法律地位。面对当时出现的运用经济手段管理卫生事业，西医西药的立竿见影迅速走俏以及中医日益边缘化的格局，1985年中央书记处要求"把中医和西医

---

[1]《中国近现代史纲要》，高等教育出版社2018年版，第276页。
[2]《当代中国的卫生事业》（下），当代中国出版社2009年版，第62页。
[3]《邓小平年谱（1975—1997）》（上），中央文献出版社2004年版，第370页。

摆在同等重要地位",中医不能丢,必须保存和发展。同时,要求中医必须积极利用先进的科学技术和现代化手段,促进中医药事业的发展。1986年,卫生部制定了中医事业"七五"发展规划,中医药的发展思路是"以机构建设为基础,以人才培养为重点,以学术提高为依靠"。同年,国家中医药管理局成立。1991年4月,在全国人大通过的国民经济和社会发展的十年规划和第八个五年计划纲要中,"中西医并重"被列为卫生工作的基本方针之一。1993年11月,国家中医药管理局重点试验室兴建。1996年12月9日,江泽民在全国卫生工作会议中指出:"要继续加强对中医药事业的领导。要正确处理继承和创新的关系,既要认真继承中医药的特色和优势,又要勇于创新,积极利用现代科学技术,促进中医药理论和实践的发展,实现中医药现代化,更好地保护和增进人民健康。"[1]1997年《中共中央、国务院关于卫生改革与发展的决定》进一步明确了"中西医并重"的方针,同时提出要"积极利用科学技术,促进中医药理论与实践的发展,实现中医药现代化"。1998年,国家食品药品监督管理总局成立。2001年9月,颁布了《中医药事业"十五"计划》。2002年,《中药现代化发展纲要(2002年至2010年)》出台。2003年,中国部分地区发生非典疫情,广州中医药大学一附院收治非典病毒感染者,中医药介入治疗,获得"零感染、零死亡和零后遗症"的良效,引起国际社会关注。中药筛选被列入"十五"期间的"863"计划"非典型肺炎防治关键技术及产品研究"重大专项。同年,《中华人民共和国中医药条例》出台,明确国家保护、支持、发展中医药事业,实行中西医并重的方针,鼓励中西医互相学习、互相补充、共同提高,推动中医、西医两种医学体系的有机结合,

---

[1]《江泽民文选》第1卷,人民出版社2006年版,第602页。

全面发展我国中医药事业。2005年，科技部在"973"计划中设立中医理论基础研究专项，用于对中医理论的整理、研究和创新。2007年党的十七大召开，坚持"中西医并重""扶持中医药和民族医药事业发展"等方针政策，并首次写入党的全国代表大会报告。2010年11月16日，中国申报项目"中医针灸"被列入人类非物质文化遗产代表作名录。

这一时期，中西医并重很大程度上尚未能很好地实现。和西医的造影、化验、超声波等诊断手段与对病症讲究精准的学理分析相比，中医拿不出"人体数据"，而依靠个案经验的累积很难得到广义上的认可，这些"短板"造成中医发展较慢，中医人才大量流失，即便在一些大型中医院，看病也以西医为主；且又将中药的开发、研制完全置于西医方法和标准之下，给中药发展带来了严重危机。院校教育也存在中医教育西化、中医思维薄弱、中医技能缺失等问题，没有按照中医学的规律发展、完善。

四、新时代：守正创新、遵循中医药发展规律

党的十八大以来，以习近平同志为核心的党中央强调中医药是中华民族的瑰宝，把中医药工作摆在更加突出的位置。习近平提出："中医药学凝聚着深邃的哲学智慧和中华民族几千年的健康养生理念及其实践经验，是中国古代科学的瑰宝，也是打开中华文明宝库的钥匙。"[1] 2015年12月18日，他为中国中医科学院成立60周年致贺信："希望广大中医药工作者增强民族自信，勇攀医学高峰，深入发掘中医药宝库中的精华，充分发挥中医药的独特优势，推进中医药现代

---

[1]《习近平出席皇家墨尔本理工大学中医孔子学院授牌仪式》，《人民日报》2010年6月21日。

化,推动中医药走向世界,切实把中医药这一祖先留给我们的宝贵财富继承好、发展好、利用好,在建设健康中国、实现中国梦的伟大征程中谱写新的篇章。"[1]2016年,国务院印发《中医药发展战略规划纲要(2016—2030年)》把发展中医药上升为国家战略。2017年10月,党的十九大报告提出,坚持中西医并重,传承发展中医药事业。2017年,首部《中华人民共和国中医药法》实施,为继承和弘扬中医药,扶持和促进中医药事业发展确立了法律依据。2019年10月,习近平总书记在全国中医药大会上强调:"要遵循中医药发展规律,传承精华,守正创新,加快推进中医药现代化、产业化,坚持中西医并重,推动中医药和西医药相互补充、协调发展,推动中医药事业和产业高质量发展,推动中医药走向世界,充分发挥中医药防病治病的独特优势和作用"。[2]10月20日,中共中央、国务院专门下发《关于促进中医药传承创新发展的意见》,内容包括健全中医药服务体系、发挥中医药在维护和促进人民健康中的独特作用、大力推动中药质量提升和产业高质量发展、加强中医药人才队伍建设、促进中医药传承与开放创新发展、改革完善中医药管理体制机制,明确了中医药传承创新发展的目标方向、重点任务和具体举措,是指导新时代中医药工作的纲领性文件,进一步彰显了党中央、国务院对中医药事业与中医药文化的高度重视。

新时代强调中医"守正创新",一是增强文化自觉文化自信,用"东方科学"为中医正名,破除中医药不科学、不正规、不标准的紧箍咒。"守正"要改变"以西律中"。中医被要求用西医的标准来验证,中药有效性需要按西药的方法来评价;中药西管,逼退了不少灵丹妙

---

[1]《习近平致中国中医科学院成立60周年贺信》,《人民日报》2015年12月23日。
[2]《传承精华 守正创新 为建设健康中国贡献力量》,《人民日报》2019年10月26日。

药；中医西化，难倒了不少能看好病的民间中医，在一定程度上导致了我国中医的传承困境。传承是中医药发展的根基，离开传承谈创新，会成为无源之水、无本之木。二是中医药传承发展要坚持中医药主体发展，遵循中医药发展规律，发挥好中医药原创优势，发挥中医药在防病治病中的独特优势和作用；要挖掘中医药宝库中的精髓内涵，传承精华，不断丰富发展中医药理论与实践，丰富现代医学内涵，提高现代医学发展水平，提高防病治病能力，创新中医药医疗保健服务模式，努力实现中医药健康养生文化的创造性转化、创新性发展。中医的现代化不需要改造我们的医和药，只是改进我们的医药方式和古老手段，让中医药与现代科技结合，如把中国人自己的经典名方，转化为品质高、疗效好的中医药，造福百姓健康。2007年版的《中国中医古籍总目》收录的中医类古籍图书及其版本情况，记载中医典籍总数是13455种。中医的经典医案经典处方进行梳理输入和纳入病症检索系统，2018年4月，《古代经典名方目录》（第一批）发布，收录方剂100首。[1]中医药珍善本古籍多媒体数据库对320种中医珍善本古籍进行了数字化处理。中药的现代化已在颗粒剂上迈出了一小步，颗粒剂以物理方法煎煮浓缩，以光谱与原料药的一致性作为测试标准，依传统的处方进行调剂，大大提高中草药的利用率，方便中成药的配制。

中医是"大中医"理念，即中医是包括汉医、藏医、蒙医、维医、傣医、壮医、苗医、回医等中国各民族传统医药在内的中国传统医学，中国各民族传统医学是扎根中华优秀传统文化，在中国传统哲学思维启迪下，在相关地域原初医疗经验和用药习惯基础上激荡发蒙而产生的，植根中华文明土壤的交融互通，中医是集成创新。中医各种学派、

---

[1]《首批古代经典名方目录发布》，《人民日报》2018年4月19日。

各家学说的不断发展，汇集成一个独具中国特色的学术巨流，对现代医学的发展大有借鉴之处。2018年，联合国教科文组织批准中国申报的"藏医药浴法"列入人类非物质文化遗产代表作名录。民间传承是中医培养人的主要形式，截至2018年底，建设了1413个全国名老中医药专家传承工作室、851个基层名老中医药专家传承工作室、64个中医学术流派传承工作室，[1]为中医药事业传承发展奠定了坚实的基础。

中国卫生事业最为薄弱的环节就是基层和农村建设。为提升基层中医药服务能力，2016年实施《基层中医药服务能力提升工程"十三五"行动计划》，致力社区卫生服务中心和乡镇卫生院的中医药技术服务。截至2018年底，全国已有98.5%的社区卫生服务中心、97.0%的乡镇卫生院、87.2%的社区卫生服务站、69.0%的村卫生室能够提供中医药服务，较2012年分别提高了21.9%、27.8%、31.7%、5.3%。县以下基层中医药事业迅速发展。[2]截至2018年底，我国中医药卫生人员总数达71.5万人，年诊疗人次约10.7亿；全国中医类医疗卫生机构总数达60738个，全国中医类医疗机构床位123.4万张。中医药学包含中华民族几千年的健康养生理念及其实践经验，是中华文明的一个瑰宝，凝聚着中国人民和中华民族的博大智慧。与健康中国理念相适应，提供医疗、预防、康复、养生等多种服务的中医馆发展，为建设"健康中国2030"贡献力量。

中医药作为成熟的传统医药体系，不仅曾影响周边国家，还通过移民漂洋过海走向世界。中医药进入朝鲜半岛，与当地医学结合，形

---

[1]《重教育人传承中医薪火》，《中国中医药报》2019年6月14日。
[2]《壮丽70年·党领导中医药发展历程⑰：让中医药常青树扎根基层》，国家中医药管理局，2019年8月23日，http://www.natcm.gov.cn/xinxifabu/meitibaodao/2019-09-02/10745.html。

成东医（韩医）；传入日本，明治维新前称为皇汉医学，今为汉方医学。在元代，中医药传到马来西亚、新加坡。伴随丝绸之路的驼铃声，中医药进入中亚。北宋时，中医和针灸传入俄罗斯。明代郑和下西洋，最远到达东非，其中五次到达马六甲，名医匡愚随访，带去大黄等中药材。新中国成立初期，毛泽东肯定了中医对世界的贡献。他说："中国如果说有东西贡献全世界，我看中医是一项。"[1]他把中医放到中国对世界的一大贡献的高度，既是肯定中医药对世界的历史性贡献，更是立足于其发扬光大，为人类做新贡献。

1951年，苏联医师团17人，赴中国学习针灸6年。1956年，中苏两国签署保健合作协定，3名苏联专家到中医研究院针灸研究所考察学习针灸疗法。中国派出中医专家特别是针灸专家为外国政要，如也门国王艾哈迈德·伊本、印度尼西亚总统苏加诺等治病。1975年，中国中医研究院举办首次国际医师针灸学习班。非政府性针灸团体国际联合组织"世界针灸学会联合会"于1987年11月22日成立。经国务院批准，2003年9月25日，世界中医药学会联合会在北京正式成立。如今，中医针灸已走向世界，全球有183个国家和地区应用中医针灸防治疾病及进行康复保健等，并在全世界兴起了针刺疗法研究热。

中国著名的药学家屠呦呦教授领导的团队发现的青蒿素，不仅保障了中国人民健康，而且为人类健康做出伟大贡献，有效降低了疟疾患者的死亡率。"屠呦呦的这一发现，缓解了亿万人的疼痛和苦恼，在100多个国家拯救了无数人的生命，尤其是儿童的生命。"[2]屠呦呦因此于2011年获得拉斯克医学奖，2015年荣获诺贝尔生理学或医学奖。

党的十八大以来，"推进中医药产业化、现代化，让中医药走向

---

[1]《毛泽东年谱（1949—1976）》第2卷，中央文献出版社2013年版，第205页。
[2]《屠呦呦昨领"美国诺奖"》，《东南商报》2011年9月25日。

世界"[1]。中国传统医药是优秀传统文化的重要载体,在促进文明互鉴、维护人民健康等方面发挥着重要作用。2016年,国家中医药管理局、国家发展改革委印发《中医药"一带一路"发展规划(2016—2020年)》。中国向亚非拉近70个国家派遣的援外医疗队中,几乎每队都有中医药医务人员,约占医务人员总数的10%。中医药以其在疾病预防、治疗、康复等方面的独特优势受到许多国家民众广泛认可。"深化卫生健康领域交流合作,推进各方传统医药互学互鉴,携手应对公共卫生挑战,为保障人民健康作出贡献"[2]成为时代要求。

国家促进中西医结合及中医药在海外发展,推动更多中国生产的医药产品进入国际市场。据不完全统计,中医药已传播到183个国家和地区,中医药服务已扩大到140多个国家,103个世界卫生组织会员国认可使用针灸;中国已与40余个外国政府、地区主管机构签订了专门的中医药合作协议。有30多个国家和地区开办了数百所中医药院校,培养本土化中医药人才。中医药海外中心和国内基地合作国家达88个,累计服务外宾约134万人次,其中外籍患者约12万人次。[3]以中医药为代表的传统医学2018年首次纳入世界卫生组织国际疾病分类代码(ICD-11),国际标准化组织成立中医药技术委员会(ISO/TC249),已颁布29项、正在制定46项中医药国际标准;不少国家立法认可中医的合法地位,澳大利亚第一个为中医全面立法,18个国家在医疗保险体系中纳入针灸;在俄罗斯、古巴、越南、新加坡和阿

---

[1]《高举新时代改革开放旗帜 把改革开放不断推向深入》,《人民日报》2018年10月26日。

[2]《习近平致信祝贺金砖国家卫生部长会暨传统医药高级别会议召开》,《人民日报》2017年7月7日。

[3]《坚实脚步踏出中医药国际化之路》,《中国医药报》2019年8月30日。

联酋等国,中药已成功以药品形式注册。[1]中医药不仅是中华民族的宝贵财富,更是维护世界人民健康的重要力量。中医药在流感、埃博拉、出血热等传染病的防控中发挥了作用。三氧化二砷治疗白血病的突破均源于中医药,中医药治疗慢性病、病毒性疾病、代谢性疾病等,都彰显了创新的优势。

2020年初,新冠疫情暴发,习近平总书记强调,坚持中西医并重,组织优势医疗力量,在降低感染率和病亡率上拿出更多有效治疗方案。4900余名从全国各地调集而来的中医药人驰援湖北,约占援鄂医护人员总数的13%。1月27日,中医药介入治疗。2月6日,国家卫健委、国家中医药管理局联合发文向全国推荐使用清肺排毒汤。2月13日,中央应对新冠疫情工作,要求强化中西医结合,促进中医药深度介入诊疗全过程,及时推广有效方药和中成药。截至4月中旬,在全国新冠肺炎确诊病例中,有74187人使用了中医药,占91.5%,其中湖北省有61449人使用了中医药,占90.6%。临床疗效观察显示,中医药总有效率在90%以上,能够有效缓解症状,减少轻型、普通型向重型发展,能够提高治愈率、降低病亡率,促进恢复期人群机体康复。[2]在一线担任中央指导组组长的孙春兰副总理在总结疫情防控工作时指出:"中医药是这次疫情防控的一大特色和亮点。在没有特效药和疫苗的情况下,注重发挥中医药治未病、辨证施治、多靶点干预的独特优势,首次大范围有组织实施早期干预,首次全面管理一个医院,首次整建制接管病区,首次中西医全程联合巡诊和查房,首次在重型、危重型患者救治中深度介入,探索形成了以中医药为特色、中西医结

---

[1]《2018年我国卫生健康事业发展统计公报》,中央人民政府网,https://www.gov.cn/guoqing/2020-04/29/content_5507528.htm。
[2]《张伯礼:中医药参与武汉抗疫将被载入史册》,《中国中医药报》2020年4月17日。

合救治患者的系统方案，成为中医药传承创新的一次生动实践。"[1]

在世界抗击新冠疫情过程中，中国政府派出的援外医疗队中大都有中医师参加，中国有关组织和机构向伊朗、泰国、法国、俄罗斯等十多个国家和港澳地区等捐赠了中成药、中药饮片、针灸针等药品和器械。张伯礼和仝小林等专家也和法国、菲律宾、意大利、韩国、日本、澳大利亚、美国等十多个国家的医务工作者分享中医药经验，提供中医验方等。2020年3月26日，世界中联组织的中医药参与全球抗疫支持行动向国际分享了"中西医结合救治新冠肺炎——中国方案的亮点"，全程共计64个国家地区数十万人参与。由中国中医科学院（原中国中医研究院）、北京中医药大学、江西中医药大学、清华大学长庚医院知名专家组成的研究团队发布了《面向国际的中西医结合防治新型冠状病毒传染病（COVID-19）诊疗建议方案（1.0）》。国际社会高度评价："中西医结合的方式是抗击疫情的重要方案，正为全球抗疫作出贡献。"[2]

五、启示

百年来，中国共产党始终重视保护、传承和发展传统中医药，把推动中医药事业发展作为社会主义事业的重要组成部分。推动中医药事业发展，有如下启示。

一是为保障人民群众生命安全和身体健康服务。毛泽东关注中医药、重视中医药，是为人民防病、治病服务，不是为少数人服务，而

---

[1] 孙春兰：《深入贯彻习近平总书记重要指示精神 全面加强疫情防控第一线工作指导督导》，《求是》2020年第7期。
[2] 转引自孙春兰：《深入贯彻习近平总书记重要指示精神 全面加强疫情防控第一线工作指导督导》，《求是》2020年第7期。

是要为广大人民群众服务。1965年6月26日，毛泽东同身边医务人员谈话，认为医生放到农村去，要像华佗、李时珍那样在实践中提高医疗本领，为广大农民服务。新时代面向基层增强中医药人才供给，提高中医药服务能力，在疫情防控中，把人民群众的生命安全和身体健康放在第一位，都坚持人民利益至上原则。二是坚持中西医各有长处与优点，中西医优势互补、融合发展。中国共产党坚持辩证法，既高度重视保护、传承中医药这个祖国医学遗产，扭转了近代以来中医受歧视的命运，又反对传统中医是"完美无缺"的观点，而是主张用科学方法把它整理起来，创造中国新医学。毛泽东认为中医和西医可以相互促进，"掌握中医中药，必须要有西医参加，也要吸收有经验的中医，靠单方面是不够的，单有西医没有中医不行，有中医没有西医也不行"[1]。他倡导中医要进大医院，要进医科大学，还要出国。他既肯定中医学习一点西医是好的，又提出西医要跟中医学习，具备两套本领，以便中西医结合，有统一的中国新医学、新药学。三是对中医文化充满自信与自觉，坚信传承精华、守正创新的中医药能够为世界医学发展和人类健康做出更大贡献。中医讲究"中正平和"、生命是天地之气达到和谐状态的中医文化，用"中"的概念来调整人体各种的不平衡、不中正、不平和，是中医最核心的价值观、思维方式。所以，中医"治未病"，让人能够保持身心的健康。"中正平和"是一种生命的动态平衡状态，这就是梁漱溟先生所认为的，中西医学的观念来源于中西方不同的哲学本体论，中西医看待人体生命的"根本观念"不同，西医是身体观，中医是生命观。中国共产党始终以高度的文化自觉推动建设中国特色的健康和医药体系，发挥中医药的特长，护卫人

---

[1]《毛泽东年谱（1949—1976）》第2卷，中央文献出版社2013年版，第258页。

民的健康安全。建设健康中国，中医药特征适应由"治病"向"健康"理念转型的时代要求。"安全、有效、廉价"的中医药不仅有助于提升人们的健康水平、最大限度地减少医源药源性疾病，而且能大幅度节约医药费用，对健康中国、健康世界也将发挥独特作用。

中国共产党传承创新发展
中医药的历史贡献*

  中医药学是中华民族祖先认识生命，增进健康，与疾病作斗争的实践总结和智慧结晶。它是中国古代科学的瑰宝，中医药防病治病的基础理论、临床实践、方剂药物和技术方法，历千年护佑着中华民族，一直在中国医学界占据主流地位，中医药文化融入百姓的饮食起居，为中华民族的繁衍昌盛作出巨大贡献。中医药不仅是中国的，也是世界的。中医药作为成熟的传统医药体系，不仅影响周边国家，还通过移民漂洋过海走向世界。随着传教士携西方医学的传入，一些学者开始探索中西医学汇通、融合。中医药学与中华民族的命运息息相通。鸦片战争后，随着帝国主义列强对华发动连续不断的侵略，中华民族逐步沦入半殖民地半封建的深渊，中医备受冷落，中国知识界追求西化的精英们不遗余力地贬低中医，即使文化界的进步人士中也有人视中医无用，中医几度面临被政府"废止"的命运。在中华民族因落后而挨打时，瞧不起中医凸显了中国民族自信心的丧失。中国共产

---
* 本文原载于《吉林中医药》2022 年第 4 期。

党诞生后从根本上改变了这种格局。在新民主主义革命时期，面对敌强我弱、根据地始终处在"敌军围困万千重"的情况下，中国共产党为解决好根据地军民的生病问题、战斗负伤问题，重视中医，红军医院"用中西两法治疗"，发挥中医药在流行性疾病防治中的作用，开展了轰轰烈烈的群众性卫生防疫运动。延安时期，毛泽东号召中西医团结，给人民治病，抗日根据地基本形成"中西医合作"格局，保障了广大军民的健康。新中国成立后，中国共产党对中医充满文化自信与行动自觉，强调"中国医药学是一个伟大的宝库，应当努力发掘，加以提高"，明确"这是一件大事，不可等闲视之"，[1]将中医药纳入现代医疗卫生体系的建设之中，推动祖国医药遗产保护传承，守正创新，为人民健康服务，促进中医药现代化，为中国和世界医学发展、人类健康作出了重大贡献，使中医文化焕发前所未有的时代魅力。

百年来，中国共产党传承创新发展中医药所作出的贡献主要表现在以下四方面：

一、坚持人民生命至上、健康至上，振兴发展中医药事业

2019年，习近平总书记指出："中医药学包含着中华民族几千年的健康养生理念及其实践经验，是中华文明的一个瑰宝，凝聚着中国人民和中华民族的博大智慧。新中国成立以来，我国中医药事业取得显著成就，为增进人民健康作出了重要贡献。"[2]中医是中华民族世代相传的医学，对防治疾病、防疫抗疫，保障中华民族种族的繁衍，发挥着重要作用。中华民族的历史也是一部防疫和抗疫史。据不完全统计，从西汉到清末发生过321次大型瘟疫。在瘟疫流行时，中医药一

---

[1]《毛泽东文集》第7卷，人民出版社1999年版，第423页。
[2]《传承精华守正创新 为建设健康中国贡献力量》，《人民日报》2019年10月26日。

次又一次地拯救民族于危难。正是从保护人民生命健康出发,毛泽东说:"中国人口能达到六亿,这里面中医就有一部分功劳嘛。"[1]据毛泽东身边工作人员沈同回忆:"毛主席对我国古代的一些医药学家,也有深刻的印象。从上古时期的神农氏,到唐朝的孙思邈、明朝的李时珍等伟大的医药学家和他们深山采药、遍尝百草、治病救人的感人事迹,他都了如指掌,经常谈论他们的巨大功绩。"[2]为解决旧中国疾病丛生、疫疠流行、缺医少药等问题,毛泽东纠正歧视中医药的错误倾向,打破中医是"封建医"的成见,强调"中医问题,关系到几亿劳动人民防治疾病的问题"[3]。新中国确立"面向工农兵、预防为主、团结中西医"的三大卫生工作原则,既明确了卫生工作的主体,也明确了处理中西医关系的总原则。这一原则贯穿始终。《1956—1967年科学技术发展远景规划纲要(修正草案)》明确必须认真地研究祖国医学,"在中西医密切合作下,应用于临床实践,作为防治主要疾病和增强人民体质的重要武器之一"[4]。改革开放初期,邓小平要求"为中医创造良好的发展与提高的物质条件"[5]。1996年12月召开的全国卫生工作会议上,江泽民指出:"卫生事业是造福于人民的事业。卫生工作一定要坚持群众观点,坚持全心全意为人民服务的根本宗旨。"[6]2003年春,非典疫情发生后,时任总书记的胡锦涛指出:"我们要始终把人民群众安危冷暖放在心上,当前,要把防治非典工作作为关系人民群众身

---

[1]《毛泽东年谱(1949—1976)》第2卷,中央文献出版社2013年版,第258页。
[2] 沈同:《在毛主席身边的日子——一个警卫员的回忆》,中央文献出版社1993年版,第39—40页。
[3]《毛泽东年谱(1949—1976)》第2卷,中央文献出版社2013年版,第258页。
[4]《建国以来重要文献选编》第9册,中央文献出版社2011年版,第424页。
[5]《邓小平年谱(1975—1997)》(上),中央文献出版社2004年版,第370页。
[6]《江泽民文选》第1卷,人民出版社2006年版,第598页。

体健康和生命安全、关系改革发展稳定大局的一件大事,切实抓紧抓好。"〔1〕新时代,以习近平同志为核心的党中央把中医药作为健康中国建设的重要支撑,提升到国家战略高度加以统筹推进。习近平总书记关于中医药的重要指示就有30余次。〔2〕2016年8月19日,习近平总书记在全国卫生与健康大会上指出:"我们要把老祖宗留给我们的中医药宝库保护好、传承好、发展好,坚持古为今用,努力实现中医药健康养生文化的创造性转化、创新性发展,使之与现代健康理念相融相通,服务于人民健康。"新时代,"我国卫生与健康工作方针是:以基层为重点,以改革创新为动力,预防为主,中西医并重,把健康融入所有政策,人民共建共享"。"这个方针的根本点是坚持以人民为中心的发展思想,坚持为人民健康服务,这是我国卫生与健康事业必须一以贯之坚持的基本要求。"〔3〕2020年春节前夕,新冠疫情暴发,党中央一开始就鲜明提出把人民生命安全和身体健康放在第一位。习近平总书记指出:"人民至上、生命至上,保护人民生命安全和身体健康可以不惜一切代价!"〔4〕他在领导防控新冠疫情阻击战中为人民加油鼓劲,指出,"几千年来,中华民族能一次次转危为安,靠的就是中医药"〔5〕。

"预防是最经济最有效的健康策略。"〔6〕中国共产党把"预防为主"作为卫生防疫工作的方针,体现了中医传统,行之有效。中医之

---

〔1〕《胡锦涛文选》第2卷,人民出版社2016年版,第22页。
〔2〕 程旺:《论习近平关于中医药的重要论述及其启示》,《中医药文化》2020年第6期。
〔3〕《为中华民族伟大复兴打下坚实健康基础》,《人民日报》2021年8月8日。
〔4〕《习近平关于尊重和保障人权论述摘编》,中央文献出版社2021年版,第78页。
〔5〕《这一民族瑰宝,习近平强调要"传承创新发展"》,中国新闻网,2021年5月12日,https://www.chinanews.com.cn/gn/2021/05-12/9475907.shtml。
〔6〕 习近平:《全面提高依法防控依法治理能力 健全国家公共卫生应急管理体系》,《学习活页文选》2020年第10期。

"防",就是防微杜渐、防患于未然的中华传统文化在医道医术上的表现。中医医国医人都是"预则立,不预则废"。《黄帝内经》提出,"圣人不治已病治未病,不治已乱治未乱",预防做不好,等到疾病临头、动乱已成再去治,"譬犹渴而穿井,斗而铸锥,不亦晚乎!"(《黄帝内经·素问·四气调神大论篇》)中医医道传统是"治未病"重于"治已病"和"上医医国,中医医人,下医医病"。中国共产党不论是在局部地区执政还是在全国执政,在医疗卫生事业上一直重视采取"预防为主"的方针。毛泽东在党的七大上所作《论联合政府》的报告中提出:"应当积极地预防和医治人民的疾病,推广人民的医药卫生事业。"[1]毛泽东特别重视传承"防"的精神,1954年4月21日,他在审阅修改中共中央关于加强中医工作的指示(草案)时,在"治疗疾病"之前特别加上"预防疾病"。[2]他深知中医文化中预防疾病是第一位的,预防做不好,等到疾病临头再去治,那是"见事迟"。2020年新冠疫情暴发,习近平总书记指出:"我国历史上有很多防治瘟疫的医疗著作和方法。《汉书·平帝纪》记载,元始二年,'民疾疫者,舍空邸第,为置医药',提出了'隔离'是防疫的重要举措。明代中期我国就出现了预防天花的'人痘'接种术。"[3]他强调:"要坚决贯彻预防为主的卫生与健康工作方针,坚持常备不懈,将预防关口前移,避免小病酿成大疫。"[4]中国这个人口众多的发展中大国能在防疫工作中取得重大成果,得益于领导人重视预防的战略及其全面成功的贯彻。

---

[1]《毛泽东选集》第3卷,人民出版社1991年版,第1083页。
[2]《毛泽东年谱(1949—1976)》第2卷,中央文献出版社2013年版,第236页。
[3] 习近平:《为打赢疫情防控阻击战提供强大科技支撑》,《求是》2020年第6期。
[4] 习近平:《全面提高依法防控依法治理能力 健全国家公共卫生应急管理体系》,《学习活页文选》2020年第10期。

中国共产党人特别重视中医药，也与中医药扎根基层、价廉物美的优势有关。著名中医蒲辅周给许多党和国家领导人看过病，叶剑英元帅称赞："蒲老用药独特，怎么开两三毛钱的中药就给治好了！"叶剑英还讲过这样一个例子：苏鸿熙教授在给一位二尖瓣狭窄病人进行手术后，病人出现肺炎，高烧数日不退，用了当时最先进的抗生素，也不见效，最后高烧昏迷，这让我国这第一位留美回国的心外科专家束手无策。后来请来了老中医叶心清。叶心清开了汤药给病人服用，同时配合针灸，三服药下去，病人烧了退，肺部炎症也得到了控制。〔1〕2015年2月15日，习近平总书记在考察西安市雁塔区电子城街道二〇五所社区中医馆时也说："很多患者喜欢看中医，因为副作用小，疗效好，中草药价格相对便宜。像我自己也喜欢看中医。"〔2〕新中国成立时，一穷二白，发展中医药事业，有效地解决群众看病难、看病贵问题，使我国卫生状况在整体上有一个大的改观。中医药极大地降低了医疗成本，被世界卫生组织誉为"以最小投入获得了最大健康收益"的"中国模式"，在较短的时间里中国人民的健康水平和身体素质就有了根本性的提高：1949年到1976年，全国人口由54167万人增长到93717万人〔3〕，死亡率从20‰下降到7.25‰，人均预期寿命从1949年的35岁提高到1975年的68.8岁。〔4〕中国人口再生产类型较快实现了转变，进入了高出生率、低死亡率、高自然增长率的过渡型阶段，这远远超过同期发展中国家的水平。

2021年5月12日，习近平总书记在河南南阳调研时指出："要做

---

〔1〕 罗元生：《叶剑英钟情中医药》，《学习时报》2020年5月8日。
〔2〕 《全民健康托起全面小康》，《人民日报》2020年8月8日。
〔3〕 国家统计局国民经济综合统计司编：《新中国六十年统计资料汇编》，中国统计出版社2010年版，第6页。
〔4〕 《中国近现代史纲要》，高等教育出版社2018年版，第276页。

好守正创新、传承发展工作，积极推进中医药科研和创新，注重用现代科学解读中医药学原理，推动传统中医药和现代科学相结合、相促进，推动中西医药相互补充、协调发展，为人民群众提供更加优质的健康服务。"[1]

二、中西医结合，创造中国新医学

创造中国新医学是毛泽东的伟大理想。他认为中医、西医各有所长，也各有所短，将其结合起来可以取长补短。中医"强调人的整体性"，"历史是最久的，有丰富的内容"。有中医的基础，经过中西医的结合，"我们是有条件创造自己的新医学的"。[2]毛泽东在井冈山时期就提出用中西两法治疗。延安时期，他号召中西医团结。新中国成立后将中西医结合列为三大卫生工作方针之一。1954年7月，他指出，发展中国医药科学"这不仅是为了中国的问题，同时是为了世界"[3]。中医和西医相互促进，如研究针灸对医学理论的改革将发生极大的作用，针灸是科学，将来世界各国都要用它。中医的经验要有西医参加整理，单靠中医本身是很难整理的。[4]1956年，他强调"要以西方的近代科学来研究中国的传统医学的规律，发展中国的新医学"[5]。

1956年12月发布的"十二年科技规划"提出："应用化学、生理、生化、药理、实验治疗等方法研究其作用的机理，并用现代科学思想方法对中医的理论进行分析研究，吸取其精华，以丰富现代的医学科

---

[1]《为中华民族伟大复兴打下坚实健康基础》，《人民日报》2021年8月8日。
[2]《毛泽东年谱（1949—1976）》第2卷，中央文献出版社2013年版，第258—259页。
[3]《毛泽东年谱（1949—1976）》第2卷，中央文献出版社2013年版，第258页。
[4]《毛泽东年谱（1949—1976）》第2卷，中央文献出版社2013年版，第365页。
[5]《毛泽东文集》第7卷，中央文献出版社1999年版，第81页。

学。"[1]其中关于医药卫生的第三项重要科学技术任务,是总结和发扬中医的理论和经验。规划指出:中医的专著在两千种以上,达数万册,但文辞深奥,不易理解,须语译主要经典著作,并整理各种重要文献,使它们成为易于学习的资料。中医对于病因学说、诊断、治疗与预防均有其理论体系,而且经过数千年实践的考验,具有极其丰富的内容,应该用现代科学方法进行研究,并加以推广与发扬。中药品种根据李时珍著《本草纲目》有1892种,《本草纲目》所载的经验良方有11096条,此外,流传于民间的还有不少。应从药物的品种鉴定与培养方法、方剂的剂型与炮制方法、药物与方剂的药理作用与临床疗效等多方面进行研究,并在肯定疗效的基础上,研究药物的化学分析与提纯,以提高效价。对于针灸疗法,已证明其疗效很高,须在总结临床经验的基础上研究其作用的原理,进一步发展其理论,改进其方法。中医外治法,即不用药物内服的治疗方法,种类很多,亦须加以研究。[2]

20世纪50年代,我国首创举办西学中班,组织西医学习中医,培养西学中人才,运用现代科学技术方法包括现代医药学方法及中西医结合方法等研究中医药、开展中西医结合研究,无论是在继承发扬中医药、促进中医药现代化发展及中医药走向世界,还是在促进中西医结合医学发展——使其成为我国在世界上首创的一个新学科,以及改变现代医学界对中医药认识等方面,都有重要意义。毛泽东批示肯定了培养西学中医学人才的做法,并寄予厚望:培养"中西结合的高级医生,其中可能出几个高明的理论家"[3]。

---

[1]《建国以来重要文献选编》第9册,中央文献出版社2011年版,第424页。
[2]《建国以来重要文献选编》第9册,中央文献出版社2011年版,第425—426页。
[3]《毛泽东文集》第7卷,中央文献出版社1999年版,第423页。

周恩来多次提出要中西医结合，使中西医融会贯通，创造中国统一的新医学、新药学，逐步实现毛主席的伟大理想。[1]他还对赤脚医生代表说："要中西医结合。请你们学点中医，你们赤脚医生要成为中西医结合的新医药学派。因为中医是我们的祖先发展起来的，中医的针灸、草药到处都能用。"[2]

毛泽东关于运用中西医结合研究方法发掘中医药学伟大宝库、创造中国新医学的思想和实践，在中国医学界已经产生并将继续产生重大影响。2015年，中国中医科学院首席研究员屠呦呦领导团队研究中医药学，发现青蒿素，在中国和世界上挽救了众多患者的生命，为全人类健康事业作出巨大贡献，并造就出卓有成就的中西医结合医学家因此获得了诺贝尔奖，就是一个证明。

江泽民、胡锦涛担任总书记时都坚持了这一方针。1996年12月，江泽民在全国卫生工作会议上的讲话中指出："党和政府历来既重视现代医药又重视我国传统医药。"他要求："各级党委和政府要继续加强对中医药事业的领导。要正确处理继承和创新的关系，既要认真继承中医药的特色和优势，又要勇于创新，积极利用现代科学技术，促进中医药理论和实践的发展，实现中医药现代化，更好地保护和增进人民健康。中西医工作者要加强团结、相互学习、相互补充，促进中西医结合。"[3]

党的十八大以来，习近平总书记多次强调坚持中西医并重，推动中医药守正创新。2015年12月18日，习近平总书记在致中国中医科学院成立60周年的贺信中指出："当前，中医药振兴发展迎来天时、

---

[1] 人民出版社资料组：《人民的好总理》（下），人民出版社1977年版，第303页。
[2] 人民出版社资料组：《人民的好总理》（下），人民出版社1977年版，第313页。
[3] 《江泽民文选》第1卷，人民出版社2006年版，第602页。

地利、人和的大好时机，希望广大中医药工作者增强民族自信，勇攀医学高峰，深入发掘中医药宝库中的精华，充分发挥中医药的独特优势，推进中医药现代化，推动中医药走向世界，切实把中医药这一祖先留给我们的宝贵财富继承好、发展好、利用好，在建设健康中国、实现中国梦的伟大征程中谱写新的篇章。"[1]他强调："要遵循中医药发展规律，传承精华，守正创新，加快推进中医药现代化、产业化，坚持中西医并重，推动中医药和西医药相互补充、协调发展，推动中医药事业和产业高质量发展，推动中医药走向世界，充分发挥中医药防病治病的独特优势和作用，为建设健康中国、实现中华民族伟大复兴的中国梦贡献力量。"[2]要"建立健全中医药法规，建立健全中医药发展的政策举措，建立健全中医药管理体系，建立健全适合中医药发展的评价体系、标准体系，加强中医古籍、传统知识和诊疗技术的保护、抢救、整理，推进中医药科技创新，加强中医药对外交流合作，力争在重大疾病防治方面有所突破"[3]。

中西医结合、中西药并用，是2020年新冠疫情防控的一大特点，也是中医药传承精华、守正创新的生动实践。新冠疫情发生以来，中医药全程深度参与疫情防控救治，创新形成中西医结合"四有"模式，临床筛选出"三药三方"，是在古典医籍的经方基础上化裁而来的，有效降低了发病率、转重率和病亡率，提高了治愈率，为抗击疫情作出重要贡献。防控工作初步告捷后，6月2日，习近平总书记主持召开专家学者座谈会，指出："要加强研究论证，总结中医药防治疫病的理论和诊疗规律，组织科技攻关，既用好现代评价手段，也要充分尊重

---

[1]《习近平致中国中医科学院成立60周年贺信》，《人民日报》2015年12月23日。
[2]《传承精华 守正创新 为建设健康中国贡献力量》，《人民日报》2019年10月26日。
[3]《为中华民族伟大复兴打下坚实健康基础》，《人民日报》2021年8月8日。

几千年的经验，说明白、讲清楚中医药的疗效。要加强古典医籍精华的梳理和挖掘，建设一批科研支撑平台，改革完善中药审评审批机制，促进中药新药研发和产业发展。要加强中医药服务体系建设，提高中医院应急和救治能力。要强化中医药特色人才建设，打造一支高水平的国家中医疫病防治队伍。要深入研究中医药管理体制机制问题，加强对中医药工作的组织领导，推动中西医药相互补充、协调发展。"[1]一场新冠疫情，让世人重新认识到中医药的重要价值，也突显了中医药在我国公共卫生体系中不可或缺的地位。

在同年9月22日召开的教育文化卫生体育领域专家代表座谈会上，习近平总书记强调："要促进中医药传承创新发展，坚持中西医并重和优势互补，建立符合中医药特点的服务体系、服务模式、人才培养模式，发挥中医药的独特优势。"[2]2021年3月6日，习近平总书记看望参加全国政协十三届四次会议的医药卫生界、教育界委员时再次强调："要做好中医药守正创新、传承发展工作，建立符合中医药特点的服务体系、服务模式、管理模式、人才培养模式，使传统中医药发扬光大。要科学总结和评估中西药在治疗新冠肺炎方面的效果，用科学的方法说明中药在治疗新冠肺炎中的疗效。"[3]

三、坚定文化自信，守正创新中医文化遗产

中医是中华民族宝贵的文化遗产，包括天人合一、顺应四时、形神兼顾、阴阳平衡等理念，是中华优秀传统文化的重要组成部分。毛

---

[1]《这一民族瑰宝，习近平强调要"传承创新发展"》，中国新闻网，2021年5月12日，https://www.chinanews.com.cn/gn/2021/05-12/9475907.shtml。
[2]《为中华民族伟大复兴打下坚实健康基础》，《人民日报》2021年8月8日。
[3]《为中华民族伟大复兴打下坚实健康基础》，《人民日报》2021年8月8日。

泽东重视中医，固然重视其在保障人民生命健康方面的实用价值，更是以坚持民族文化立场与提高民族自信心的视野尊重这份文化遗产。延安时期，中国共产党人强调"承继祖先的遗产"，新中国成立后，这一理念进一步光大。1954年6月5日，毛泽东同时任北京医院院长周泽昭等谈发展中医的问题，指出："对中医问题，不只是给几个人看好病的问题，而是文化遗产问题。要把中医提高到对全世界有贡献的问题。对新来的外国东西重视了，对自己本国的东西倒轻视了。""看不起本国的东西，看不起中医，这种思想作风是很坏的，很恶劣的。西医要向中医学习。第一，思想作风上要转变。要尊重我国有悠久历史的文化遗产，看得起中医，也才能学得进去。第二，要建立研究机构。不尊重，不学习，就谈不上研究。不研究，就不能提高。总是有精华和糟粕的嘛。这项工作，卫生部没有人干，我来干。"[1]

稍后，毛泽东进一步明确指出，中医问题"是关系到我们中华民族的尊严、独立和提高民族自信心的一部分工作"。"西医到中国来，也不过百把年。当然，西医是近代的，有好的东西。但什么都是'舶来品'好，这是奴化思想的影响。看不起中国的东西，不尊重民族文化遗产，这是极端卑鄙恶劣的资产阶级的心理在作怪。"[2]周恩来指出："中医确实治好了一些病，中医有自己的一套医药知识和治病经验。"[3]新时期，邓小平对外国客人说："中国传统医学是个宝库。"[4]他在为鲁之俊《新编针灸学》一书题词时写道："把我们国家许许多多的科学

---

[1]《毛泽东年谱（1949—1976）》第2卷，中央文献出版社2013年版，第245页。
[2]《毛泽东年谱（1949—1976）》第2卷，中央文献出版社2013年版，第258页。
[3]《周恩来文化文选》，中央文献出版社1998年版，第692页。
[4]《邓小平年谱（1975—1997）》（上），中央文献出版社2004年版，第620页。

遗产,加以批判地接收和整理,是一项非常重要的工作。"[1]江泽民指出:"中医药是中华民族优秀传统文化的瑰宝。"[2]新时代,习近平强调,"中医药学凝聚着深邃的哲学智慧和中华民族几千年的健康养生理念及其实践经验,是中国古代科学的瑰宝,也是打开中华文明宝库的钥匙"[3],一定要"把中医药这一祖先留给我们的宝贵财富继承好、发展好、利用好"[4]。党的十八大以来一再强调"中医药学是中华文明的瑰宝"[5],作出一系列重大决策部署。2016年2月,国务院第123次常务会议审议通过《中医药发展战略规划纲要(2016—2030年)》;为进一步加强对中医药工作的组织领导,强化部门间协调配合,统筹做好中医药工作,8月,国务院批复卫生计生委同意建立国务院中医药工作部际联席会议制度;12月,国新办发布《中国的中医药》白皮书。2017年颁布实施中医药法。2019年10月,发布《中共中央国务院关于促进中医药传承创新发展的意见》;"十四五"规划纲要提出,推动中医药传承创新。中共中央对中医药的认识高度、推进力度、实践深度都是前所未有的。中医药在防治疫情中的出色表现,让人们加深了对中医药重要作用的认识,提高了信心,增强了底气,坚定了发展中医药的文化自信和行动自觉。

中医文化博大精深,蕴含着重视实践、重视疗效的医者精神,体现了天人合一的整体观、燮理调平的中和观、养生防病的治未病观等

---

[1]《邓小平年谱(1904—1974)》(中),中央文献出版社2009年版,第919页。

[2]《江泽民文选》第1卷,人民出版社2006年版,第602页。

[3]《习近平出席皇家墨尔本理工大学中医孔子学院授牌仪式》,《人民日报》2010年6月21日。

[4]《习近平谈中医药》,央视网,2016年12月8日,http://news.cctv.com/2016/12/08/ARTIgfOZbQQVklfPZWlGDlxM161208.shtml。

[5]《为中华民族伟大复兴打下坚实健康基础》,《人民日报》2021年8月8日。

哲学智慧，凝聚着精诚仁和、以人为本的中华文化精髓。中国共产党人除了强调中医文化本身的医疗价值，还将中医文化转化为治国理政的智慧。毛泽东认为，医之上者，不仅能治病救人，而且能以医理论国事，治病与治国、治人，融会贯通。他在强调决策前要重视系统的调查研究，把本来的情况搞清楚、方法搞对头时，引用了中医方法来说明。他说："医生看病是先诊断，中医叫望、闻、问、切，就是先搞清病情，然后处方。"[1]习近平总书记对此的应用更广泛。他阐释建设美丽中国的理念时，提出要科学运用中医整体观，遵循天人合一、道法自然的理念，追根溯源，分类施策，寻求可持续发展之路；[2]为建设小康社会，有必要基于辨证论治原则解决改革过程中出现的问题，既养血润燥、化瘀行血，又固本培元、壮筋续骨；[3]干部队伍建设要以扶正祛邪之法提升精气神，以猛药去疴、刮骨疗毒的决心对症下药，[4]以防肝风内动、血虚生风[5]。习近平总书记除了大量引用蕴含中医思维与理念的术语生动阐明治国理政之道外，还着力推动中医药为健康产业发展和百姓脱贫致富作出积极贡献。早在担任浙江省委书记期间，他就鼓励淳安县下姜村打造中药材黄栀子种植基地，为村民谋福利。[6]2019年4月，习近平总书记高度评价了重庆石柱土家族自治县通

---

[1]《毛泽东文集》第8卷，人民出版社1999年版，第253页。
[2] 习近平：《携手构建合作共赢、公平合理的气候变化治理机制》，《光明日报》2015年12月1日。
[3] 张其成：《固本培元 壮筋续骨》，《光明日报》2017年5月11日。
[4]《强化反腐败体制机制创新和制度保障 深入推进党风廉政建设和反腐败斗争》，中国共产党新闻网，2014年1月15日，http://cpc.people.com.cn/n/2014/0115/c64094-24120035.html。
[5] 孙光荣：《作风建设，当力戒肝风内动、血虚生风》，《中国中医药报》2014年12月12日。
[6]《心无百姓莫为官》，《人民日报》2017年12月28日。

过种植中药材脱贫致富的做法。[1]党和国家把传承创新发展中医药作为新时代中国特色社会主义事业的重要内容，摆在更加突出的位置，传承发展中医文化的文化自信与文化自觉渐入佳境。

中医针灸、太极拳相继入选联合国人类非物质文化遗产代表作名录；中医经典名著《黄帝内经》和《本草纲目》入选世界记忆名录。中医药文化遗产是极具民族特色的独一无二的宝贵资源，凝聚着祖辈先贤的智慧，承载着珍贵的历史脉络，蕴藏着中医药文化的重要基因密码，是具有重要价值的中医药标志物与"活化石"。

四、中医药是中华民族贡献给世界的珍品，促进文明交流互鉴

中医药是中华优秀传统文化的重要载体，自古以来就是中外文化交流的靓丽名片。朝鲜、日本、东南亚和阿拉伯国家的医药发展都深受中医药的影响。早在秦汉时期，中医药进入朝鲜半岛，与当地医学结合，形成东医（韩医）。汉代张骞出使西域，中医药是中外交流的重要内容。中国通往中亚的"丝绸之路"，沿途留下了中外医学交流的印迹。我国诸多医药文献如《肘后备急方》《本草经集注》等相继在海外翻刻传世。大唐高僧鉴真六次东渡日本，弘扬佛法、传授医药知识；中医药在日本影响深远，明治维新前称为皇汉医学。北宋时，中医和针灸传入俄罗斯。约在元代，中医药传到马来西亚、新加坡。同时，我国从海外进口许多香料药物，丰富了中药品种，拓展了中医治法。明代中外交流频仍，郑和七下西洋，每次随行医官、医士和药士多达180人，带有大量中药材，船队每到一地，都设帐施诊、送药，

---

[1]《习近平在重庆考察并主持召开解决"两不愁三保障"突出问题座谈会》，新华网，2019年4月17日，http://www.xinhuanet.com/politics/leaders/2019-04/17/c_1124379968.htm。

教当地人接生。郑和也从国外带回珍奇动植物,将其养殖和种植在南京狮子山静海寺,李时珍在编写《本草纲目》时曾实地考察。李时珍的《本草纲目》被翻译成多种文字,流传海外,被达尔文称为"中国古代的百科全书"。明清时代,我国为预防天花独创的人痘接种技术传遍世界,后英国人琴纳发展为牛痘接种技术,19世纪又传入中国。

熟谙医史的毛泽东在1953年12月说:"我们中国如果说有东西贡献全世界,我看中医是一项。"[1]他对此有过多次阐述。据毛泽东身边的医生徐涛回忆,毛泽东曾说:"我看中国有两样东西对世界是有贡献的,一个是中医中药,一个是中国菜饭,饮食也是文化。"毛泽东认为中国饮食文化中也包含着饮食治疗的中医内容。"我们祖先在寻找食物过程中也发现了药物,药食同源,许多食物中医都可入药,像百合、山药、山楂、大枣,连葱姜蒜都可以治病。"[2]中医文化溶化在中华民族的社会政治生活中,无处不在。

习近平大力推动中医药走向世界。他指出:"传统医药是优秀传统文化的重要载体,在促进文明互鉴、维护人民健康等方面发挥着重要作用。中医药是其中的杰出代表,以其在疾病预防、治疗、康复等方面的独特优势受到许多国家民众广泛认可。"[3]他对中医药充满自豪。2017年7月24日,他在致第十九届国际植物学大会的贺信中如数家珍:"中国2500多年前编成的诗歌总集《诗经》记载了130多种植物,中医药学为人类健康作出了重要贡献,因植桑养蚕而发展起来的丝绸

---

[1]《毛泽东年谱(1949—1976)》第2卷,中央文献出版社2013年版,第205页。
[2]《缅怀毛泽东》编辑组:《缅怀毛泽东》(下),中央文献出版社1993年版,第609页。
[3]《习近平致信祝贺金砖国家卫生部长会暨传统医药高级别会议召开》,《人民日报》2017年7月7日。

之路成为促进东西方贸易和文化交流的重要纽带。"[1]2018年10月22日,他在广东珠海横琴新区粤澳合作中医药科技产业园考察时指出:"中医药学是中华文明的瑰宝。要深入发掘中医药宝库中的精华,推进产学研一体化,推进中医药产业化、现代化,让中医药走向世界。"[2]他提倡借鉴不同国家、不同民族的医药发展成就,不仅要"走出去",更要"拿进来",在开放中发展,在合作中共赢,"为促进人类健康、改善全球卫生治理作出更大贡献"[3]。习近平关于中医药文化交流互鉴的深刻论述,不仅有助于健康中国建设和中华民族的伟大复兴事业,而且可以促使多元医药文化兼容并蓄、取长补短,更有助于建立人类卫生健康共同体的世界格局。2020年5月,他在第73届世界卫生大会视频会议开幕式上呼吁:"团结合作战胜疫情,共同构建人类卫生健康共同体。"[4]"人类卫生健康共同体"的概念是习近平对"人类命运共同体"内涵的补充和升华,是我国促进世界文明发展的一个重大举措,其思想理念成为习近平新时代中国特色社会主义思想的重要组成部分。

中医药是中华民族贡献给世界的珍品。新中国成立以来,党和国家高度重视传承和弘扬中医文化,推动中医药走出去,中医药以针灸为先导走向世界。来华学习中医的,最早学习的通常是针灸疗法。1951年,苏联医师团17人赴中国学习针灸6年。中国也多次派出针灸专家为外国政要服务,如为也门国王艾哈迈德·伊本、印度尼西亚总统苏加诺等治病。1975年,中医研究院举办首次国际医师针灸学习

---

[1]《习近平致第十九届国际植物学大会的贺信》,《人民日报》2017年7月25日。
[2]《高举新时代改革开放旗帜 把改革开放不断推向深入》,《人民日报》2018年10月26日。
[3]《习近平访问世界卫生组织并会见陈冯富珍总干事》,《人民日报》2017年1月19日。
[4] 习近平:《团结合作战胜疫情 共同构建人类卫生健康共同体》,《人民日报》2020年5月19日。

班。2010年，中医针灸申遗成功。截至2019年，据世界卫生组织统计，全世界已有103个会员国认可使用针灸，[1]并在全世界兴起针刺疗法研究热。改革开放以来，中医药影响进一步扩大。2003年9月25日，世界中医药学会联合会在北京成立。2008年，世界卫生组织在北京举办首届传统医学大会，并推动形成《北京宣言》。同年，欧洲药典成立中药委员会。2018年，国际标准化组织成立中医药技术委员会（ISO/TC249），已发布中医药国际标准63项。[2]2019年5月25日，第72届世界卫生大会审议通过《国际疾病分类》第11次修订本，首次将起源于中医药的传统医学纳入这一国际主流医学分类体系，有助于中医药真正走向全球，被纳入各国医疗卫生体系。迄今我国在"一带一路"沿线30多个国家和地区累计建设了数十个中医药海外中心，已与40多个外国政府和国际组织签署了中医药合作协议。中医药已传播至全球近200个国家和地区，有超过40亿人使用中医药或天然药物。

中医药作为世界传统医学的杰出代表，积极与世界各国携手应对公共卫生挑战，为保障人民健康作出贡献。中国著名药学家屠呦呦教授领导的团队发现青蒿素，不仅保障了中国人民健康，而且为人类健康作出伟大贡献："屠呦呦的这一发现，缓解了亿万人的疼痛和苦恼，在100多个国家拯救了无数人的生命，尤其是儿童的生命。"[3]王振义、陈竺将传统中药的砷剂与西药结合治疗急性早幼粒细胞白血病的疗效明显提高，因此获得第七届圣捷尔吉癌症研究创新成就奖。中医药在

---

[1] 曹锡康：《让中医药成为民相亲、心相通的重要载体》，《光明日报》2019年10月29日。

[2] 余艳红：《传承精华 守正创新 大力发展中医药事业》，《学习时报》2021年2月8日。

[3] 《屠呦呦昨领"美国诺奖"》，《东南商报》2011年9月25日。

流感、埃博拉、出血热等传染病的防控中发挥了重要作用。2020年新冠疫情暴发，中医药治疗新冠肺炎的经验作为中国疫情防控阻击战中的一个亮点，在海外受到广泛关注。截至2021年7月，中国与150个国家和地区交流分享中医药抗疫经验，选派中医赴28个国家和地区帮助抗击疫情，向20余个国家和地区提供中药产品。[1]2021年9月9日，习近平在金砖国家领导人第十三次会晤上讲话，强调要加强传统医药合作，为抗击疫情提供更多手段。中医药在新时代展露全新风采，成为中国与其他各国共同增进健康福祉的重要载体。

综上所述，中国共产党人高度重视祖国医学遗产，努力保护、传承和发展传统中医药，坚持不懈地推动中医药与时俱进，坚持辩证法，推动中西医结合，建立健全中医药防治疫病机制，很好地保障了人民群众生命安全，增进了人民健康，尤其是新时代习近平总书记提出守正创新、扬弃继承，使中医药健康养生智慧得以传播和推广，为健康中国建设作出新的贡献，我国中医药服务体系不断健全、服务能力不断提升，中医药人才队伍不断壮大，中医药科技创新不断结出硕果，中医药产业不断向着现代化迈进，中医药文化不断繁荣发展，中医药对外交流合作不断拓展。

---

[1]《推动江西中医药走出国门走向世界》，《江西日报》2021年8月2日。

"一带一路"上的敦煌文化及其时代底蕴[*]

季羡林先生指出:"敦煌文化的灿烂,正是世界各族文化精粹的融合,也是中华文明几千年源远流长不断融会贯通的典范。"丝绸之路起始于中国,跨越沙漠,扬帆万里,是连接亚洲、非洲和欧洲的商业贸易路线,也是东西方之间的文化交流与文明互鉴之路。敦煌作为丝绸之路的重要节点城市,中华文明在此同来自古印度、古希腊、古波斯等国家和地区的思想、宗教、艺术、文化汇聚交融,形成了集建筑艺术、彩塑艺术、壁画艺术、佛教文化于一身的敦煌文化,具有珍贵的历史、艺术和科技价值,历史底蕴雄浑厚重,文化内涵博大精深,艺术形象美轮美奂,是宗教文化与民族艺术的集中呈现,是古丝绸之路沿线国家与地区民族友好、多元文化交融发展的历史印记。

一、敦煌文化是各种文明长期交流融汇的结晶

敦者,大也;煌者,盛也。敦煌地处河西走廊西端,西邻西域。丝绸之路开通后,敦煌成为进出汉王朝和西域的重要关口,向东可通

---

[*] 本文原载于《人民论坛》2024年第4期。

往首都长安、洛阳,继续东延,可到朝鲜半岛和日本列岛;向西经过西域,可到中亚诸国、南亚印度、西亚波斯,乃至地中海的古埃及和古希腊。作为西部门户,为开发边疆,汉王朝从内地向敦煌和河西走廊移民,内地居民带来了中原的农耕和水利灌溉技术,改变了当地原来的游牧经济,同时带来了以儒家思想为主的汉文化。汉唐时期,位于古丝绸之路"咽喉之地"的敦煌,在往来丝路的驼铃声中,不仅实现商业文化与农耕文化、游牧文化融合,成为东西方贸易的中转站,也是中西文化的荟萃之地,产生了融通中外特色的灿烂文化。自东汉开始,来中国传播佛教的高僧,景教、摩尼教、祆教的传教者,以及从中国出发、西行求法的佛教高僧,大都要经过敦煌进出。[1]丝绸之路上东西文化持续千年的交流,孕育了敦煌文化的硕果。

莫高窟是我国现存规模最大的佛教石窟遗址,也是"世界现存规模最大、延续时间最长、内容最丰富、保存最完整的艺术宝库,是世界文明长河中的一颗璀璨明珠"[2]。莫高窟是洞窟建筑、彩塑和壁画组合成的综合艺术,三者交相辉映。洞窟因功能不同而有不同的建筑形制,有修行者坐禅修行的禅窟、供修行者入窟绕塔观像礼佛的塔庙窟、供修行者礼佛听法的场所殿堂窟。彩塑是接受膜拜的佛像及其弟子。布满壁面的壁画,题材内容丰富,有尊像画、释迦牟尼故事画(包括本生故事、佛传故事、因缘故事)、中国传说神仙画、经变画、佛教史迹画、供养人画像、装饰图案等,形象地表现了佛教的思想理义和丰富细致的内容。[3]

多元文明的荟萃交融在敦煌石窟和敦煌文献中均得到充分体现。

---

[1] 樊锦诗:《保护传承敦煌文化 增强中华文化自信》,《求是》2020年第4期。
[2] 习近平:《在敦煌研究院座谈时的讲话》,《求是》2020年第3期。
[3] 樊锦诗:《丝路明珠敦煌莫高窟及其现代文化角色》,《光明日报》2023年9月14日。

敦煌壁画呈现了当时各时代丰富的经济生活、社会生活、精神生活。比如农业的农耕、播种、收割，牧业的狩猎、捕鸟，手工业的打铁、酿酒，商业的肉铺、酒肆、旅店，军事的战争场景，乐舞艺术，婚姻嫁娶，民俗风情等，堪称墙壁上的博物馆、百科全书式的壁画。[1]又如第323窟北壁的壁画描绘了张骞出使西域的故事；敦煌西魏第249窟窟顶壁画中的波斯风格的狩猎图；第285窟壁画上，源于印度与中国、佛教与道教的不同形象共处一室、姿态各异，分外和谐，体现了和合共生的场景；第404窟壁画中的翼马联珠纹起源于波斯萨珊王朝，后经丝绸之路传入中国，成为隋代壁画中的常见纹饰。壁画中的狮子和大象等形象受印度和西域的影响。名叫青金石的蓝色矿物颜料，产于阿富汗，出现在一千多年前的莫高窟壁画中，体现商品可以通过古丝绸之路顺畅往来。莫高窟壁画和彩塑记录了不同文明交流、交融、互鉴，敦煌文化在交流中多彩、于互鉴中丰富的历程。

藏经洞出土文献达五万多件，目前可知有明确纪年者上起西晋永兴二年（305年），下至北宋咸平五年（1002年），以多种文字的写本为主，还有少量印本，融汇了本土多民族文化，又吸收了来自世界各地文化的养分，蕴藏着世界千年文明景观。[2]文献中，一是宗教典籍。很多是失传的佛教典籍，如禅宗第六代传人慧能所讲的《六祖坛经》；还有数百件中国土生土长的道教典籍，如著名的哲学著作《老子道德经》等；以及外来的宗教文献，如用汉文书写的来自波斯的景教文献《三威蒙度赞》、摩尼教的《摩尼光佛教法仪略》等。二是儒家经典。如《周易》《论语述而篇》等。三是历史地理文献。如敦煌地方志《沙州都督府图经》，记载了敦煌县河流、水渠、道路、学校、祠庙、名胜

---

[1] 樊锦诗：《丝路明珠敦煌莫高窟及其现代文化角色》，《光明日报》2023年9月14日。
[2] 樊锦诗：《保护传承敦煌文化 增强中华文化自信》，《求是》2020年第4期。

古迹等,是研究唐代敦煌地理的重要资料。四是科技文献。如天文有唐代的《全天星图》,从十二月开始,按照每月太阳位置的所在,分12段,把赤道带附近的星星画下来,共记载1348颗星;医学有唐代针灸治疗的专著《灸法图》;印刷有唐咸通九年(868年)雕版刻本《金刚般若波罗蜜经》。五是文学典籍。如唐代抄写的我国最早的诗歌总集《诗经》、南朝前文学作品总集《文选》;还有许多通俗文学写本,如变文、讲经文。五代写本《大目犍连变文》讲的是佛弟子目犍连通过虔诚修行救出在地狱受苦的母亲的故事。藏经洞通俗文学写本的发现为中国文学史研究提供了极其重要的资料。六是官私文书,即各种官方和私家文书。如《张君义勋告》,是唐代官府授予张君义等263名立功战士勋官的任命书等等。七是非汉文文献。如中亚粟特文《善恶因果经》、西域回鹘文写的佛经祈祷文、吐蕃国吐蕃文《吐蕃赞普世系谱》、印度梵文悉昙字《般若心经》,还有西域于阗文、突厥文、古希伯来文等。八是绢画和刺绣,如绢画引路菩萨、刺绣凉州瑞像等。这些文献充分展示了敦煌地区活跃的佛教文化和百家争鸣的良好文化氛围,宗教之外的其他文献内容极为丰富,涉及政治、经济、军事、地理、民族、语言、文学、教育、天文、历法、算学、医学、科技、美术、音乐、舞蹈、体育等,几乎包含了中古时期社会文化的各个方面,而且大部分是失传的写本,具有重要的历史文化价值,堪称中华文明及与西方文明的文化交流背景下中国中古时期的百科全书。[1]

二、敦煌文化展示了中华民族的文化胸怀与文化自信

敦煌文化反映了自汉代以来两千多年的历史长河中,以中华传统

---

[1] 樊锦诗:《保护传承敦煌文化 增强中华文化自信》,《求是》2020年第4期。

文明为根基，不断吸纳着来自古代印度文明、希腊文明、波斯文明和中亚地区诸多民族的文化元素所形成的多元一体的文化，造就了多元丰富的"世界的敦煌"，体现了中华文明开放性。历史和现实充分证明，文明越包容，就越能得到认同和维护，就越会绵延不断。敦煌文化展现了中华民族的文化精神、文化胸怀和文化自信，在广泛学习外来文化时并没有被"胡化""西化"，而是不断与时俱进、创新发展，使自己的文化更加充实、更加丰富，显示出中华文化的强大生命力。

三国之后的六朝到唐代是中国绘画艺术从发展走向辉煌的重要时期，也是名家辈出的时代。十六国和北朝前期，即 6 世纪之前，壁画有西域和本土两种人物画风格。现存最早的北凉和北魏前期石窟既有犍陀罗艺术风格，又具有东方中原的艺术特征。此时的佛传故事、本生故事、因缘故事画和交脚弥勒像常见于犍陀罗艺术、龟兹早期石窟人物，造型朴拙，裸身少衣，表现人物立体感的凹凸画法和以土红色为主的暖色调风格，明显受到了以克孜尔石窟为主体的龟兹石窟的影响。北凉第 275 窟、北魏第 254 窟等壁画中，描绘人物通常沿人体轮廓线用重色晕染，中央部位则较淡，体现出立体感。这一技法与印度阿旃陀石窟第 2 窟、第 17 窟等窟中的壁画人物完全一致，说明是来自印度的画法。到了北魏晚期及至西魏，敦煌莫高窟出现了面貌清瘦、褒衣博带、眉目开朗、秀骨清像的人物形象，出现了东王公、西王母、伏羲、女娲等中国本土的传统神仙题材，在壁画中还出现了印度教神祇形象和受希腊、西亚、中亚、印度混合影响的日天、月天形象。敦煌第 103 窟东壁维摩诘经变中，以劲健的线描，略施淡彩，勾勒出一个气宇轩昂、雄辩滔滔的维摩诘形象。北朝后期，人物画风格进一步本土化，出现了另一种新的中原风格，如莫高窟第 285 窟北壁绘画的菩萨，人物面貌清瘦、眉目开朗，嫣然含笑，身穿宽袍大袖衣服，举止潇洒飘逸,用本土平面涂色的晕染法,表示立体感,是著名的东晋顾恺之、南朝刘宋陆探微的"顾得其神""陆得其骨"绘画风格的表现。第158窟南、北壁表现涅槃经变中的弟子及各国王子,人物神态生动,线描流畅而遒劲,色彩相对简淡,正是吴道子一派的人物画风格。第39窟、第172窟、第321窟、第320窟等众多洞窟中的壁画飞天形象,表现飞天轻盈的体态,流畅而飘举的衣饰飘带,也体现着"吴带当风"的气韵。

敦煌文化体现了"各美其美、美美与共"、兼收并蓄的开放胸怀。佛教、道教、摩尼教、景教等多种宗教信仰共生共存。比如,佛的形象千姿百态。有的脸部棱角分明,高鼻清瘦,身着厚厚的偏袒右肩袈裟,这是来自希腊的犍陀罗风格;有的圆脸微胖,薄薄的袈裟紧贴身体,这是来自印度的马图拉风格。西域的菩萨与中原的菩萨,佛教的飞天和道教的飞仙,中国古老传说中的神怪与印度的诸天,在这里共聚一窟。摩尼宝珠、力士、飞天与伏羲、女娲、东王公、西王母、朱雀、乌获、雷公等,在壁画里济济一堂。佛境与仙境、宗教与世俗、中华审美精神与多元艺术风格交织在一起。敦煌石窟几乎每窟皆有乐舞形象,每壁尽是曼妙舞姿。并且,图像与相关敦煌文献互为印证,为中国古代音乐舞蹈的发展提供了生动翔实的资料。其所表现的音乐内容,展示了一个从早期对印度、西域风格的模仿,到隋唐以后中国民族音乐逐步形成的历史过程。

三、敦煌文化遗产的保护与属于世界的敦煌学

16世纪中叶,随着陆上丝绸之路衰落,嘉峪关封关,莫高窟长期无人管理,敦煌文化寥落。1900年莫高窟藏经洞被发现,时值国运衰微,敦煌文献、文物被列强掳掠,流散于英国、法国、俄国、印度、

日本等 10 余个国家的 30 多个博物馆、图书馆。同时，藏经洞中的大量文献和艺术品精华也震惊了世界，客观上开启了海外学者对敦煌文献和石窟艺术的研究，敦煌学成为一门国际性的学问。20 世纪 30 年代，英国、法国以及日本等国，相继成立了相关的研究机构，而中国敦煌石窟的保护、敦煌艺术的研究全赖民间有识之士的勉力维持。罗振玉、向达等学者进行了历史学和考古学的研究，1931 年，贺昌群的《敦煌佛教艺术的系统》是中国学者关于敦煌石窟艺术的第一篇专论。1944 年国立敦煌艺术研究所成立，才结束了敦煌石窟近 400 年无人管理、任凭损毁、屡遭破坏偷盗的历史。新中国成立以来，党和国家高度重视、大力支持敦煌文化的保护传承工作，敦煌文化迎来了春天。以常书鸿、段文杰、樊锦诗等学者为代表的一代代莫高窟人，历经了看守式保护、抢救性保护到科学性保护，在极其艰苦的物质生活条件下，秉承"坚守大漠、甘于奉献、勇于担当、开拓进取"的莫高精神，孜孜不怠、奋楫笃行，建设世界文化遗产保护的典范和敦煌学研究高地，绘就千年敦煌新画卷。

　　1979 年敦煌石窟开始对外开放。为了妥善解决文物保护和旅游开发之间的矛盾，实现敦煌石窟的永久保存与永续利用，20 世纪 80 年代末，时任敦煌研究院常务副院长的樊锦诗提出"数字敦煌"构想，将先进科学技术与文物保护理念对接。研究院制定了《敦煌莫高窟保护总体规划》，并推动《甘肃敦煌莫高窟保护条例》专项法规于 2003 年颁布。文物保护科技创新深入文物防、保、研、管、用等五大需求领域全过程全链条。2020 年，中国文物领域的首座"多场耦合实验室"正式投运，可以模拟自然环境对壁画、土遗址的影响，从而进行预防性保护。

　　2022 年 12 月 8 日，敦煌研究院与腾讯公司联合打造的"数字敦煌开放素材库"上线，这是全球首个基于区块链的数字文化遗产开放共享平台。6500 余份来自敦煌莫高窟等石窟遗址及敦煌藏经洞文献的高清数字资源档案，向全球用户开放，访问用户已遍布全球 78 个国家。[1] 研究院初步探索出流失海外敦煌文物数字化回归的国际合作模式，为法国、俄罗斯、印度、日本、美国等国家所藏敦煌文物的数字化回归提供参考。

四、传承和弘扬丝路精神，敦煌文化研究服务共建"一带一路"

中华文化以海纳百川、开放包容的广阔胸襟，不断吸收借鉴域外优秀文化成果，造就了独具特色的敦煌文化和丝路精神。"把莫高窟保护好，把敦煌文化传承好，是中华民族为世界文明进步应负的责任。"[2] 研究和弘扬敦煌文化，既要深入挖掘敦煌文化和历史遗存背后蕴含的哲学思想、人文精神、价值理念、道德规范等，推动中华优秀传统文化创造性转化、创新性发展，揭示蕴含其中的中华民族的文化精神、文化胸怀和文化自信，为新时代坚持和发展中国特色社会主义提供精神支撑，也要积极推动敦煌文化服务"一带一路"，为建设中华民族现代文明作出应有的贡献。

近年来，越来越多的国家希望利用地区旅游、文化和创意产业（包括非物质文化遗产资产）的优势，促进经济社会发展。敦煌 IP 授权中心拥有 50 余件注册商标、100 多项版权以及飞天、美神、药神、九色鹿（敦煌瑞兽）等 18 个敦煌国漫形象，建成了敦煌莫高窟（数字）

---

[1] 丁晓宏等：《数字敦煌开放素材库 助力文物资源全民共享》，《中国文物报》2023 年 11 月 21 日。

[2] 习近平：《在敦煌研究院座谈时的讲话》，《求是》2020 年第 3 期。

艺术馆和丝绸之路世界文化遗产（敦煌）设计基地，运营敦煌国潮时尚秀场，推出敦煌 IP 授权全生态链系统，为文化遗产赋能提供示范作用。敦煌文博会把敦煌打造成中西文化融合发展的平台，助力"一带一路"国家的合作共赢。

敦煌文化属于中国，但敦煌学是属于世界的。莫高窟和藏经洞，是一座博大精深、兼收并蓄、绚丽多彩、独具特色，又取之不尽、用之不竭的世界文化艺术宝库，它对传承弘扬中华优秀传统文化和开放包容、互学互鉴的丝路精神，彰显中华民族博采众长的文化自信，具有重要意义。作为世界文化遗产的敦煌莫高窟以及由此派生的敦煌学如何用创新增添文明发展动力、激活文明进步的源头活水，不断创造出跨越时空、富有永恒魅力的文明成果，使中华文明始终在兼收并蓄中历久弥新，这是历史赋予我们新的前沿课题。敦煌学是互鉴学、交流学，应架起中国与世界文明互鉴的桥梁。英国、法国、俄罗斯、日本、德国、美国、印度等 10 多个国家的学者都在从事敦煌学研究，敦煌学是国际汉学中的显学，要加强学术交流、合作对话、互学互鉴，共同推动敦煌学研究发展。数字化是当今国际发展合作的趋势，敦煌文化始终保持开放共享姿态，从"数字敦煌"资源库向全球开放数字资源，到"敦煌诗巾"等通过数字化创意吸引大众参与，再到"数字敦煌开放素材库"，"数字藏经洞"作为首个超时空参与式博物馆，推进敦煌数字资源的全球共享。借助多姿多彩、文明互鉴的敦煌艺术与丰富详尽的文献和数据，展示我国敦煌文物保护和敦煌学研究的成果，努力掌握敦煌学研究的话语权，让敦煌文化成为世界了解古代中国、认识现代中国、把握未来中国的一个途径，也引导支持各国学者讲好敦煌故事、中华文明发展规律的故事。

敦煌文化的形成及保护传承体现的是古往今来中华文明与世界文

明交流互鉴、共同繁荣的故事。在新的历史起点上，我们传承发展敦煌文化要继续秉持开放包容理念，进一步拓展文明交流互鉴的广度和深度，开展形式多样的文化交流活动，为弘扬全人类共同价值、丰富世界文明百花园注入思想和文化力量。

中国大健康产业如何塑造未来医养模式*

健康是人类享受美好生活的必要基础和重要保障。党的十九届四中全会要求积极应对人口老龄化，加快建设居家社区机构相协调、医养康养相结合的养老服务体系。这是中共中央针对中国老龄化程度日趋加深的实际，落实"为人民健康服务"宗旨而提出的方略。新时代提出"推进健康中国建设"的目标，大健康产业随之成为热门产业，为老龄人提供医疗、预防、康复、养生等服务的医养产业是大健康产业的重要组成部分。"十四五"时期，健康服务均等化、人口老龄化、创新引领仍然是大健康产业关注的焦点，随着中国老龄化程度加深，进一步推动大健康产业供给侧结构性改革，塑造适合中国国情的医养模式也成为关注的重点。

一、随着我国人口老龄化程度的加深，发展医养康养相结合的养老服务体系成为提高老年人生活质量的重要发展方向

按照国际通用的划分指标，当一个国家或地区 65 周岁及以上人口占比超过 7% 时，就意味着进入老龄化社会；超过 14% 时，便进入深

---

* 本文原载于《人民论坛》2020 年第 28 期。

度老龄化社会；超过20%，则进入超老龄社会。中国人口老龄化的特征是速度快、程度深、规模总量大，呈现高龄化、空巢化、家庭小型化和未富先老态势。近年来，中国人口老龄化速度明显加快。相关数据显示，2001年至2010年我国老龄化程度年均增加0.2个百分点，2011年至2018年年均增加约0.4个百分点，2019年65岁及以上人口占比为12.6%，较2018年上升0.7个百分点。

从发展趋势看，中国人口老龄化程度日趋加深，2022年将进入占比超过14%的深度老龄化社会，2033年左右进入占比超过20%的超级老龄化社会，之后持续快速上升至2050年的29.5%、2060年的35.2%。2019年，中国65岁及以上人口已达1.76亿，预计到2050年将达3.76亿，2058年达4.14亿的峰值，届时大致每3个中国人中就有1个65岁以上的老人。中国未富先老问题突出，美日韩老年人口比重达12.6%时人均国内生产总值均在2.4万美元以上，而中国仅1万美元。2019年中国老龄化程度高于中等偏上收入经济体2.2个百分点，同时，由于家庭规模缩小，家庭养老负担加重。

随着我国人口老龄化发展，失能和部分失能的老年人口越来越多，残疾老年人逐年增加。根据全国老龄办预测，到2020年，中国将有超过4200万失能老人和超过2900万80岁以上老人，合计占到总老年人口的30%。这个庞大的群体不仅需要解决生活照护问题，更有对医疗服务、康复等方面的巨大需求。农村留守老年人家庭、独居老人家庭，由于缺乏照顾、精神慰藉及对病痛的治疗，老人自杀率很高。

我国是慢性病大国，现有心血管病患者2.9亿人、糖尿病患者1.14亿人，患病率处于持续上升阶段。[1]医养都存在结构性矛盾：一

---

[1]《疫情之后大健康产业这三大趋势值得关注》，《南方日报》2020年3月12日。

方面，较长时期以来，我国的养老院只提供养老服务，而医院只提供医疗服务，这种"医养分离"的状况，使养老院里的老人经常要奔波于家庭、养老院和医院之间，不仅得不到及时救治，还给家人和社会造成负担。另一方面，由于一些养老院不能提供专业的康复护理服务，造成许多老人将医院当成养老院，即使病治好了，也占着床位不出院，导致医疗资源无法发挥最大效益。根据民政部公布的数据，截至2018年3月底，我国每千名老年人拥有养老床位27.5张，同比增长10%。但我国养老院的床位空置率却达到48%左右，床位空置率严重的养老院主要是没有医疗服务的相关支持。

要解决这一突出问题，需要医疗服务和养老服务相结合，提高老年人健康管理水平。可以为他们提供体检等保健服务进行健康监控，"防未病、治小病、促保健"，早发现早治疗，推进医疗服务的前端化，有效治疗慢性病，既节约了医疗资源，缓解了我国医疗资源不足矛盾，降低了患者医疗费用，又提高了养老院的利用率。根据国际国内权威机构统计，在疾病预防上每投入1元医疗费用将节省8元。如果每个老年病人每月投入100元，全国每年将节约医疗费用4.32万亿元。医养康养相结合将是我国积极应对人口老龄化的有效举措，是提高老年人生活质量的重要发展方向。

二、在国家政策支持下，中国医养产业进入了发展的黄金机遇期

在全面建成小康社会和实现"两个一百年"奋斗目标的过程中，人民健康是重中之重，党中央提出了大健康理念。党的十八届五中全会提出"推进健康中国建设"目标，健康中国正式上升为国家战略。党的十九大报告指出："人民健康是民族昌盛和国家富强的重要标志。要

完善国民健康政策,为人民群众提供全方位全周期健康服务。"[1]2020年6月30日,习近平总书记在中央全面深化改革委员会第十四次会议上指出,"要坚持把人民生命安全和身体健康放在第一位,强化大卫生大健康理念,把预防为主摆在更加突出位置"。国家把健康权视为人的基本权益加以保护,不仅要解决人民看病吃药问题,而且要提供保障人民身体和精神健康的社会福利,促进从食品安全到生态环境都有益于健康事业的发展。

保障老年人健康是全民健康和全面建成小康社会的重要内容。2013年国务院首次为养老服务业引入健康理念,除要求医疗、养老机构之间加强合作外,还建议在两者之间建立预约就诊绿色通道,将老年慢性病等病种纳入管理范畴,推动二级以上医院建立与养老机构之间的转诊与合作;此外,建立涵盖老年病医院、康复疗养机构、老年护理院的健康养老服务网络,[2]推动医养融合发展。2014年,国务院发布《关于加快推进健康与养老服务工程建设的通知》,将医养结合界定为养老服务工程的一部分,强调各项政策措施需以老年人的健康为核心,首次提出将失能或半失能老年人列为被照顾对象。医养结合服务设施还需具备餐饮、清洁卫生、文化娱乐的功能,并制定相关试行标准。2016年制定的《"十三五"健康老龄化规划》,鉴于中医药能够从本源上、整体上防病治病、强身健体,有效应对众多常见病、慢性病、疑难病、危急重症和重大传染病,且治疗费用低的优势,特别指出推动发展中医药特色医养结合服务,鼓励社会资本进入以中医药健

---

[1] 习近平:《决胜全面建成小康社会 夺取新时代中国特色社会主义伟大胜利——在中国共产党第十九次全国代表大会上的报告》,人民出版社2017年版,第48页。
[2]《国务院关于促进健康服务业发展的若干意见》,中央人民政府网,http://www.gov.cn/jrzg/2013-10/14/content_2506400.htm。

康养老为主的护理院、疗养院，探索建立一批中医药特色医养结合服务基地。

医养服务内涵广泛，包括生活照护、健康服务、康复保健、医疗服务、临终关怀等领域。在国家政策支持下，中国医养产业开启了发展的黄金机遇期。自2013年以来，照顾失能和半失能老人的医养结合机构发展迅速。截至2019年，全国共有近4000家医养结合机构，100余万张床位，其中养老机构设立医疗机构的有2800余家，医疗机构设立养老机构的有1000余家，医疗机构与养老机构建立签约合作关系的超过2万家。养老产业的增幅明显，七年来增长了4.4倍。虽然医养机构发展成绩已很可观，但相对于约占老龄人口30%的失能、半失能老人和高龄老人的庞大群体，医养缺口依然较大，实现医养结合的养老机构仍是一床难求。随着国家健康政策的落实，人民健康意识的增强，医养产业发展空间还很大。

三、打通养老服务工作"堵点"，有效满足老年人多样化、多层次的养老服务需求

医养结合并非医疗和养老的简单叠加，而是将医疗、康复、保健、养生结合为一体，实现医疗资源与养老资源的深度融合与联动发展，使社会资源得到充分利用，也通过提供医疗服务、康复护理、健康管理更好地满足老年人的医疗需求，帮助老年人保持健康的状态，减轻家庭和社会负担。经过多年的医养探索，各地积累了医养服务经验，支撑医养服务体系的条件得到提升，未来我国医养结合大致有五种模式。

一是从医延养模式。这是指由医疗卫生机构往下游的养老护理领域延伸。即在医院内设置老年床位，以医疗机构为主体成立养老机构；

在医疗机构内成立专门科室提供养老服务,将医疗机构转型,转变成能够提供医疗服务和养老服务的康护和护理机构。

二是由养添医模式。一般是指规模较大的养老机构配置医疗服务机构。这是最普遍的医养结合模式。即在养老机构中设置医务室、护理站,有条件的鼓励开设老年病医院、专科医院、护理医院、康复医院等专业医疗机构。如北京市第一社会福利院、北京市朝阳区寸草春晖养老院就是这种模式。由于现阶段单纯的养老项目存在盈利难度大、周期长等问题,通过设置医疗机构,既可以增加养老项目对长者的健康保障,又可以为项目拓宽收入渠道,缓解运营压力。

三是医养协同模式。它指的是养老与医疗通过合作的形式,为老年人提供医疗卫生服务。主要是采取签约合作模式,即养老机构与医疗机构签订合作协议,由医疗机构定期派医护人员到养老机构巡诊并提供医疗服务,为其培训医疗护理、养老照护经验的复合型服务人才,而养老机构负责治疗后康复和恢复期的护理服务。新建的养老机构基本上是医养结合的康养综合体模式,通过不同方式建立完备的医疗机构,为入驻的老人提供有效的医疗保障。

四是"居家社区养老 + 医疗网络"模式,即医养结合进社区、进家庭。相比庞大的老龄人口,我国当前医疗机构与养老机构明显不足,且这些机构主要收住一些需要特殊护理的老人,居家养老成为公认的理想养老模式。由居家社区提供的医养服务不仅投资小、见效快,而且满足了很多老人希望在家养老的愿望,能够随时和家人沟通,得到精神的慰藉,这主要依靠社区卫生服务网络支撑。社区卫生服务建设是现代医疗发展的重要方向。社区卫生服务定位与医院有所不同,不单是以疾病治疗为重点,更是承担了医学科普、健康咨询、保健护理、疾病预防等全流程的任务,是一种更为基础性的医疗服务,符合国际疾病谱向慢性病转向的趋势,将压力转移分散,避免浪费医疗资源。同时通过加大社区的医疗服务体系建设,提升个体的医疗知识素养,提升为老年人提供医疗服务的能力与水平。居家养老需要以社区为依托,与家政服务、医疗服务、康复护理等各种服务模式的无缝对接,提供可持续和人性化的服务。随着我国基层中西医服务能力提升,加大对社区养老服务的投入力度,提倡和弘扬"社区互助文化",通过家庭自助、邻里互助、社会关爱等形式,引导、整合社会力量,鼓励社会组织参与养老医疗服务体系建设,升级版的居家社区养老将发挥越来越重要的作用。

五是"互联网+"模式。当前,运用人工智能、大数据等新技术的"互联网+医疗健康"新业态快速发展,助力大健康产业向高端转型升级,通过互联网将大健康业务嵌入每个人的日常生活当中。疫情防控期间,"云医疗"大显身手。据国家卫健委规划信息司统计,互联网诊疗比2019年同期增长17倍,一些第三方平台互联网诊疗咨询增长20多倍。养老领域,完全可以将移动互联网技术与远程医疗技术结合,重塑医药卫生管理和养老服务模式,优化资源配置,提升医养服务能力与水平。

医养结合是在提供传统养老模式所包含的养老服务的基础上,为老年人提供专业化医疗和康复服务,是新时代保障老年人健康、幸福权利的重要措施。从上述医养模式看,医养结合并不是作为一种独立的养老模式而存在,而是作为一种新型的养老服务供给方式而运转,是公益性的服务。因此,需要党和政府不断完善政策,遵循公平普惠的原则,将政府主导和全社会广泛参与相结合,打通养老服务工作的"堵点",消除"痛点",破除发展障碍,健全市场机制,持续完善以居家为基础、社区为依托、机构为补充、医养相结合的养老服务体系,确保国务院规划的到 2022 年在保障人人享有基本养老服务的基础上，有效满足老年人多样化、多层次养老服务需求，有效提升医养服务质量，提高老年人及其子女获得感、幸福感、安全感。

第四部分 新中国人才工作思想与实践

从中国科学院成立看我国科技人才资源调配与使用[*]

1949年11月1日，新中国成立刚一个月，中国科学院诞生。中国科学院的成立宣告中国历史上科学研究全新时代的到来。中国科学院成立后，集聚了一批卓有成就的科学家，同时在确定科学研究方向、培养并合理地分配科学人才、调整充实科学研究机构等方面做了大量工作。我们可以从当时党对科技资源和科技人才的调配中受到一些启发。

一、根据国家建设需要，调整与充实研究机构

近代我国科技进展缓慢，直到20世纪初才开始有科研团体，1928年、1929年先后成立中央研究院、北平研究院这两个全国综合性研究机构。1939年，中共中央在延安成立自然科学研究院，1941年成立了生物研究所。当时全国整体科研力量非常薄弱。据估算，1949年全国科研机构、科研人员与总人口的平均比例是每1125万人口中有一个科

---

[*] 本文原载于《中国人才》2023年第8期。

研机构，每10万人口中才有一名科研人员，能从事科学研究并有一定成就的自然科学家不到700人。此外，理论科学与应用科学发展不平衡，"除了地质学、生物学、气象学等地域性调查工作和一些可以不依靠实验设备而勉强进行的研究工作之外，现代科学技术在旧中国几乎是一片空白"。因此，在中国共产党开始筹建中华人民共和国时，中国科学界表达了对建立国家科学院的强烈期望，科学家们建议设立国家科学院。

为更广泛团结科技人才，党中央采纳了这一建议。《中央人民政府组织法》第十八条规定成立科学院。1949年10月下旬，政务院任命文教委员会主任郭沫若为中国科学院院长，陈伯达、李四光、陶孟和、竺可桢担任副院长。

科学家们殷切地希望，在中国共产党领导下建立起来的中国科学院，能够担负起组织科学家发展中国科学事业、为国家建设服务的任务。

从1949年11月至次年4月，中国科学院完成了对原北平研究院与原中央研究院在北京、上海、南京的研究所、实验室及相关机构的接收工作。

对科学院的成立，旧有研究机构的科学家们予以热烈回应和强劲支持。原中国地理研究所李旭旦、黄秉维等人给陶孟和、竺可桢的信中写道："籍悉贵院已决定接受中国地理研究，无往欣慰。"青岛山东大学生物学家童第周和曾呈奎致函竺可桢，建议中国科学院在青岛设立海洋研究所。黄海化学工业研究社董事会及董事长任鸿隽给中国科学院的信中说，为了"配合国家建设，需要走入科学工作者队伍中去，好发挥我们更大的力量，我们无条件地向你院申请作为你院一个直属的化工研究所"。

中国科学院成立后，设计划、编译、联络 3 个局和院办公厅。其中，计划局局长由竺可桢兼任，副局长是核物理学家钱三强，首要工作是调整和充实研究机构，使办院方针落到实处。

在研究机构调整上，计划局先后做了两次全国性调查，摸清了全国自然科学研究机构和专家的情况。在 1950 年先后召集专门学科会议 48 次，与各方面的科学家共同协商调整研究工作的方案。为调整地质研究机构，李四光曾向地质工作者发了几百封信征求意见。

在充分调查研究和发扬民主的基础上，确定了中国科学院科研机构调整的最终方案——把接收的 24 个研究单位调整为 18 个单位，包括 4 个社会科学方面的，并筹建 4 个研究单位。

调整后的自然科学方面机构有近代物理研究所、应用物理研究所、物理化学研究所、有机化学研究所、药物研究室、生理生化研究所、实验生物研究所、水生生物研究所、植物分类研究所、地球物理研究所、地质研究所、古生物研究所、紫金山天文台、工学实验馆；筹建地理、数学、心理研究所及动物标本整理委员会。新成立研究所注意理论与实际相结合，注意现代学科布局。如数学所从一开始就对国内基础薄弱的重要分支予以充分关注，在建所之初就设立微分方程研究组和概率统计研究组。

1950 年 6 月，《政务院文化教育委员会关于中国科学院基本任务的指示》明确了中国科学院办院的总方针。其中，对于科学研究方向，中国科学院明确要根据国家战略需要来确定科学研究方向的宗旨，克服为"科学而科学"的现象。一是确立了科学研究为人民服务的观点，与实际密切配合，以矫正过去脱离现实、自由散漫的作风；二是根据近代科学研究发展趋势，吸收国际进步科学的经验，做有计划的理论及实验研究，以期赶上国际水平；三是强调科学研究的计划性和集体性，加强各学科研究间的有机联系。

1950 年，全院有科研人员 212 人，技术人员 79 人。此外，还聘请了 161 位自然科学的专门委员和 47 位社会科学的专门委员作为科学顾问。他们来自院内的各研究所和院外的大学、研究机构以及产业部门。这为以后建立学部、聘任学部委员奠定了基础。

二、建立学部、设学部委员，团结激励科学人才

中国科学院作为国家最高学术机关，重视发挥科学家在科学研究上的积极性，合理地使他们发挥专长，关心与帮助他们的研究工作，为他们的研究工作提供必要条件，让有贡献的科学家得到较高待遇和报酬，推进国家科学事业发展。

1953 年 11 月，院党组向中共中央报送了改进科学院工作的建议，其中一个建议是按科学分类成立学部，设学部委员。

党中央非常重视，并明确了包括中国科学院和高等院校及产业部门科学研究机构在内，进行分工合作的科研工作体系，初步勾勒出由政府通过计划进行宏观管理的国家科技体制的蓝图。

1954 年 6 月，中国科学院开始筹建学部，明确其主要任务是：根据国家建设的需要和科学发展的规律，制定科学工作发展的长远计划和目前计划；组织全国的科学力量，充分运用和发挥各单位的特长，将分散的力量集中起来，用以解决国家建设的重要任务。学部还承担着制定国家科学技术发展远景规划、组织全国性学术会议、评定和实施自然科学奖励等工作。

中国科学院对学部委员的遴选非常慎重。在广泛征求意见基础上，院党组反复讨论，报国务院全体会议通过学部委员人选。1955 年 6 月，周恩来签发命令公布了 233 位学部委员的名单，其中，自然科学

学部 172 人、哲学社会科学学部 61 人。从学部委员（自然科学）的学历层次来看，博士 121 人、硕士 22 人、学士 23 人、自学成才者 6 人。

1955 年 6 月，中国科学院学部成立大会在北京举行，会议通过了中国科学院第一个五年计划纲要草案，提出了 10 项重点任务，包括原子能和平利用研究、配合新钢铁基地建设的研究、液体燃料问题研究、重要工业地区地震问题的研究、配合流域规划与开发的调查研究等。自此，我国走上了有计划发展科学的道路。

三、培养、集聚科学人才，充实科研人才队伍

当时中国科学院的研究主力是以中央研究院、北平研究院为主的旧有研究机构的科研人员，同时也招聘了一部分社会上的科学技术人员；在筹建某些研究所及开展某些新学科的研究工作时，高等学校和产业部门也支援了部分教授和专家。但与所要担负的重大职责相比，科技人才仍然严重匮乏，中国科学院为此积极采取措施，筹建人才队伍。

争取留学人员回国。1949 年 12 月，国家成立了"办理留学生回国事务委员会"。周恩来、郭沫若以及曾留学国外的科学家和尚未回国的留学生家属，都积极做争取留学生回国参加建设的工作，并及时解决科学家的困难。如 1950 年 9 月，物理学家赵忠尧回国途中被驻日美军扣留，导致其在国内的家属陷入经济困境，中国科学院聘任赵忠尧为研究员，按照研究员薪给标准的 70% 给其家属发放生活补助费，直到他回国后到研究所工作。又如钱学森被软禁期间无法给父亲汇款，中国科学院将钱学森纳入编制，按照标准向他的父亲发放生活补助费。许多海外学子响应祖国的呼唤，形成第一波归国热潮。从 1949 年 8 月至 1955 年 11 月，到中国科学院工作的回国留学人员有 129 名，其中

副研究员以上的有 105 人，约占全院四分之一。当时 18 个自然科学方面的研究所所长全部是归国学者。

学科带头人传帮带。1952 年至 1954 年，数学所举办了多个学术讨论班，如微分方程讨论班、数论导引讨论班、哥德巴赫讨论班、泛函分析讨论班、拓扑学讨论班、富里哀积分讨论班、多复变函数论讨论班等，边学边研培养人才。这些讨论班的参加者后来几乎都成长为相应专业的骨干和学术带头人。

加强国际科学交流。1952 年 10 月，面对以美国为首的西方国家封锁，中国科学院院务扩大会议作出加强学习和介绍苏联先进科学的决议。中苏两国科学家就有关科学问题进行咨询、合作研究，互派科学家参加学术会议，进行短期讲学等。1953 年 2 月，中国科学院派遣以钱三强为团长、由 19 个学科 26 位专家组成的代表团，到苏联进行为期 3 个多月的访问，参观研究机构、大学和工厂、矿山等，了解和学习苏联如何组织和领导科学研究工作、培养科技干部的经验等。两国科学院签订科学合作协议。1954 年，中国科学院聘请了苏联科学院通信院士、土壤学家柯夫达担任中国科学院总顾问。一些研究所也聘请苏联顾问帮助工作。中国科学院还与民主德国、匈牙利、波兰、捷克、印度以及世界科协等国家与组织进行科学交流。

建立研究生制度。中国科学院借鉴苏联的研究生制度，培养科学人才。1954 年 4 月，设立研究生处负责日常工作。1955 年 8 月，国务院通过《中国科学院研究生暂行条例》，同年 9 月，开始第一届研究生的招生工作，从 112 位报名者中招收 45 个专业 50 名研究生，在青年知识分子中引起了强烈反响。

派遣留学生。自 1951 年 8 月起，中国开始向苏联及东欧国家派送留学生，以填补和加强中国空白和薄弱的学科。1953 年访苏代表团回国以后，苏联科学院各研究所表示欢迎中国派遣研究生到他们研究所学习。1956年后，开始大量派遣留苏学生。从苏联及东欧回国的留学生和国家分配的大中专毕业生，不断充实中国科学院的科技队伍。

到1955年，中国科学院已有科研机构44个，职工7978人，其中，科研人员2977人（高级、中级研究人员1024人），分别比1949年建院初期增长1倍、14倍和9倍，聚集了一批科学大家。这些科学家积极开展自然资源和自然条件的综合考察，在固体物理、计算技术、应用光学、蛋白质和核酸等领域向国际先进行列推进，在钢铁、石油、机械、电子和工程建设、化工技术、农业、医学、国防等行业的科技应用大发展，对国民经济的恢复和发展起到了推动作用，为以后的科技事业发展奠定了坚实基础。

1952年院系调整：培养国家建设需要的专门人才[*]

"功以才成，业由才广。"2021年9月召开的中央人才工作会议上，习近平总书记强调，培养人才是国家和民族长远发展的大计，当今世界人才的竞争首先是人才培养的竞争。中国是一个大国，对人才数量、质量、结构的需求是全方位的，满足这样庞大的人才需求必须主要依靠自己培养，提高人才供给自主可控能力。回溯我国历史，1952年在全国范围内进行的高等学校全面院系调整，就是我国人才培养体系和机制应国家之需进行的一项重大改革。此项改革，以服务国家建设为目标，加快了培养各类专门人才的步伐，初步形成了20世纪后半叶我国高等教育系统的基本格局。

一、高等学校院系调整的背景

进行院系调整与国家对人才的急迫需求有关。新中国成立时，百业待兴，无论是恢复与发展经济，还是国防建设，都需要各级各类的

---

[*] 本文原载于《中国人才》2022年第7期。

专门人才。但是，当时我国文盲率高达 80%，人才严重短缺。据统计，1952 年底，全国科技人员仅有 42.5 万人，全国平均每万人口中科技人员不足 7.5 人。周恩来总理心急如焚，在不同场合反复强调：人才缺乏，已成为我们各项建设中的一个最困难的问题。不论在经济建设、国防建设，还是在巩固政权方面，我们都需要人才。

当时担负培养人才使命的高等学校存在三个问题：一是从 1898 年成立京师大学堂起，高等教育虽然培养了不少优秀人才，但培养的学生很有限，而且层次结构比例失衡。据历史资料统计，1947 年，全国高校在校学生，平均每 1 万居民中只有 5 个，苏联是 86 个，而西方发达国家比苏联还要高许多。二是高校的类型结构和学校内部科类设置不合理。文科类比重高，工、农、医师比重小。传统的欧美式教育在旧中国高校占主要地位，强调通才教育，理论脱离实际。新中国成立时对高校采取包下来的政策，基本格局不变。1949 年，工学院毕业生连 1 万人都不到，没有办法满足国家工业特别是重工业发展的需要。三是高校地区分布不均衡。高校绝大部分在东南沿海 9 个省市和北京、天津及成都、重庆、武汉等大城市。华东区有高校 85 所，占全国总数的 37.4%。内地和西部边疆民族地区高等学校却很少，内蒙古、青海、宁夏、西藏连一所高等学校都没有。在这种形势下，对高校调整势在必行。

二、1952 年前院系的局部调整

实际上，院系调整不限于 1952 年，调整的动议及局部的调整在之前就有了。1949 年，中共北平市委曾就当时北平各高等院校人才培养提出初步的设定目标和调整方案。但考虑到当时形势，党中央采取了慎重的态度。

鉴于苏联高等教育在快速推动工业化中的有效性，我国建设新教育借鉴了苏联高等教育专才模式。1950年6月初，在全国第一次高等教育会议上，苏联专家阿尔辛节夫发言，总结苏联高等教育的最重要特点就是"培养具体的专门人才：工程师、医师、教师、经济学家、农业专家、统计专家、采矿专家、科学工作人员等等"。

1951年5月，教育部在高等学校院系调整的初步设想中提出，首先是要调整工科院校各系，或增设新系。同年11月，教育部召开了全国工学院院长会议，讨论通过了全国工学院调整方案。经政务院批准后，开始进行工科高等学校院系的调整。调整确定以高等学校相对较集中的华北、华东、中南三个大区为重点，把分散设在部分高等学校的工科院系适当集中，组建为多科性工业高等学校，或建立独立的专门学院。如清华大学，调入航空系、石油专业等，设置了机械制造、动力机械、土木工程、建筑、电机工程、无线电工程和石油工程等8个系和22个专业。通过调整，清华大学、浙江大学、天津大学等学校改为多科性工业高等学校，并新建航空工程学院、矿冶学院、工学院等若干独立的专门学院。

调整后，各工科院校得到中央有关业务部门更多的支持，1952年工科院校的计划招生人数增加到2.95万人，占高等学校计划招生人数的59%，比调整前计划招生人数1.5万人增加了近一倍。

三、1952年院系的全面调整

1952年秋，教育部根据"以培养工业建设人才和师资为重点，发展专门学校，整顿和加强综合性大学"的方针，制定了发展专门工业学院、加强综合院校的原则，在全国范围内对高等院校进行全面院系调整。

此时部署院系的全面调整工作，与1953年要执行第一个五年计划有关。党中央决策要在苏联帮助下开展工业化建设，奠定国家发展的基础，但我国人才队伍存在着巨大缺口。据估计，"一五"计划期间，工业、运输业和地质勘探等方面约需技术人员30万人，而已有的见习技术员以上的技术人员只有14.8万人，不到一半。按既有每年工科招收新生1.6万人规模，那么"一五"计划期间高校输送毕业生不足经济建设实际需要的25%。特别是苏联援建的156项重点建设项目开展，更是需要大批工程技术专门人才。

1952年院系调整工作的基本任务为：进一步整顿和加强综合性大学，基本完成全国高等工业学校、高等农业学校和高等师范学校的院系调整工作，一部分财经院校也进行调整。其中最为重要的内容是新建钢铁、地质、航空、水利、矿冶、铁道、土木建筑等11所专门工科院校，将南京工学院、重庆大学改为多科性高等工业学校，满足工业建设急需人才培养需求。至年底，全国已有四分之三的院校进行了院系调整。调整后，华东区高校数量降为54所。

此后几年，院系调整继续进行，如1954年全国又独立设置和新建工业院校12所，调整和归并5所。1956年开始，卫生部会同高等教育部加强中医学院建设，到1960年建设21所中医学院。

此外，我国高等教育还进行专业调整和布局调整。旧中国只设院系，不设专业。1953年初，高等教育部牵头研究专业设置，工科则从1952年起，参照苏联高等工业学校的专业目录，按地质、动力、冶金、机械、电机和电气仪器、土木建筑工程、运输、通信、军工等15大类别，设置了102种专业。在工程教学中，大多采用苏联教材，及时地解决了我国教学改革后高等学校上课的迫切需要。通过教研组，对生产实习、毕业论文等教学环节的普遍实行，解决了工科理论联系实际的问题。

值得一提的是，从 1955 年末，清华大学陆续建立了实验核物理、同位素物理、放射性稀有元素工艺学自动控制等 10 个新技术专业；1956 年设立工程物理系，随后几年又相继增设了工程化学、工程力学数学和自动控制等系，有意识地为我国原子弹研发培养人才。

在地域分布方面，沿海地区一些高校的相关工科专业迁往内地，在武汉、兰州、西安、成都等城市兴办了工业学院。1957 年内地高校增至 115 所，在一定程度上缓和了我国高校地域极不平衡的状况，为大西北、大西南的开发和建设提供了人才保证。

到 1957 年底，对高等院校的院系调整基本结束。此时，全国共有高校 229 所，设置专业 323 种。

回眸历史，1952 年开始的院系调整是以苏联"专才模式"为借鉴进行的新建、合并、撤销、改组、迁徙众多大学、学院的人才培养体系的体制改革。

院系调整改革，以解决当时人才发展主要矛盾为首要，结束了旧中国高等院校院系庞杂、设置分布极不合理的状况，加强了工科院校建设，将我国人才培养导向从综合性转为专业化，在短时间内为当时的经济建设、工业化建设培养了大批人才。

我国第一个科技发展规划的制定与实施[*]

《1956—1967年科学技术发展远景规划纲要》（简称"十二年科技规划"），是我国第一个科学技术发展远景规划，也是我国科学技术事业的第一个发展纲领。规划的实施，让我国初步形成了比较完备的科技体制。

"十二年科技规划"由几百位中国科学家和近百位苏联专家经过半年多的时间讨论写成；其实施又坚持"以任务带学科"，为我国培养出一大批科技人才。这一规划的制定与实施，是我国科学技术史上的一件大事，是中国共产党识才爱才敬才用才育才的典型案例。

一、规划制定时我国的科技人才状况

新中国成立时，旧中国遗留下来的科研力量薄弱，研究机构不过三四十个，科学技术人员不过5万人，其中专门从事科研工作的仅600余人。

为发展科学事业，新中国成立后一个月，就成立了中国科学院。

---

* 本文原载于《中国人才》2022年第9期。

1955年6月，经国务院批准，中国科学院成立学部，选定了233位学部委员，其中数理化学部48人，生物学地学部84人，技术科学部40人，哲学社会科学部61人。

同时，党中央对海外留学人员发出号召，邀请他们回国参与国家建设。在党的号召下，李四光、钱学森、华罗庚、朱光亚、郭永怀、师昌绪等一大批科学家破除一切艰难险阻，陆续回国。截至1956年底，共有1805名侨居海外的科学家陆续回到祖国。

"一五"计划期间，在苏联的帮助下，我国建立了各种专业性的研究机构，消化吸收苏联的技术，提升了包括兵器、冶金、大型机械、精密仪器、电子技术、农业机械等方面的科研水平，培养了相关的科技人才。我国高校也通过教育改革和院系调整，初步形成了新中国教育体系，培养出一批新生力量。

1954年10月，中苏两国政府签订了中苏科学技术合作协定，在原来合作的基础上，在提供科技资料、技术考察、互聘技术专家、互派实习生与留学生等方面进一步发展合作关系。据统计，从1950年到1956年，中国向苏联派出留学生与研究生7500多名，他们中绝大部分人学成回国。

至1956年，我国已经初步形成了由中国科学院、各地科研机构、全国高等院校等组成的科学研究工作系统，科研队伍也初具规模。全国共有独立研究机构410个，职工64万多人，其中研究人员和技术人员19603人。众多科研机构及科技人才，为制定出一个比较全面而科学的科学技术发展远景规划创造了条件。

二、科学家与"十二年科技规划"的制定

新中国成立后，经过国民经济恢复时期和第一个五年计划，我国

科技事业虽有了一定改善，但几年的努力不可能从根本上改变科技的落后状态。

1956年1月14日，周恩来在中共中央关于知识分子问题的会议上作报告，向全国人民发出了"向现代科学进军"的动员令，要求国家计委牵头制定"十二年科技规划"。

1956年1月25日，毛泽东在最高国务会议第六次会议上指出："我国人民应该有一个远大的规划，要在几十年内，努力改变我国在经济上和科学文化上的落后状况，迅速达到世界上的先进水平。为了实现这个伟大的目标，决定一切的是要有干部，要有数量足够的、优秀的科学技术专家。"

党中央决定制定向科技进军的全面规划，目的是迅速壮大我国的科技力量，力求使某些重要和急需的领域在12年内接近或赶上世界先进水平，使我国建设中许多复杂的科技问题能够逐步依靠自己的力量加以解决，做到更省、更快、更好地进行社会主义建设。

1956年3月，国务院科学规划委员会成立，"十二年科技规划"的制定工作正式开始。

科学规划委员会召集各门类科技专家和所有学部委员，讨论制定规划。据统计，当时集聚了来自全国各方面23个单位的787名科技人员。应中国政府的邀请，苏联也指派科学家帮助介绍世界科技发展状况、趋势以及苏联的经验，为中国制定规划献计献策，甚至直接协助制定一些新兴科技方面的规划。

据聂荣臻元帅回忆，集聚起来的专家们，住在北京专门做这项工作，四五个月的时间里，大家废寝忘食，吃住在一起，谈论的都是怎样使国家进步强盛起来。

"迎头赶上重点发展"是"十二年科技规划"的重要方针。在人才不足的情况下，规划重点是根据国家建设的迫切需要和科学技术发展的远景，抓住最关键性的问题。在任务的安排上，规划着重打基础、抓两头：一头是农业和有关解决吃穿用问题的科学技术；另一头是配合国防尖端的科学技术。

"十二年科技规划"从13个方面提出了57项重大科学技术任务、616个中心问题，从中进一步综合提出了12个重点任务。每一个方面有一项或几项任务。每一个任务又包括若干个中心问题。每一个中心问题都参照国际先进水平，结合我国情况，提出了解决问题的科学途径和最近两年的研究题目。

12个重点任务也分轻重缓急，以统筹安排人力、物力。其中，原子能技术、喷气与火箭技术、半导体技术、电子计算机技术、自动控制技术等前5项新技术，被科学家视为现代科学技术发展的关键，列为"紧急措施"，由科学家钱三强、华罗庚、钱伟长、李强和王守武牵头，集中中国科学院内外科研骨干力量以及从国外回来有新学科实践经验的人一起攻关。

按照列出的任务，几百名专家分成几十个规划组，充分贡献才智，讨论起草文字说明、规划提纲和附件等。例如，计算技术与数学的规划由华罗庚任组长，领衔26位专家负责。导弹的规划，基于钱学森向中央提交的《建立我国国防航空工业的意见书》制定，包括附件共计600余万字，集聚了钱学森等众多科学家的心血。

1956年8月下旬，几百万字的"十二年科技规划"草案编制完成。1956年12月22日，经中共中央批准作为试行方案付诸实施。

1957年，根据中方的请求，苏联国家科学技术委员会、苏联科学院和各部研究机构就中国的"十二年科技规划"草案提出书面意见。1958年1月，增加了人造地球卫星的规划，中科院组成以钱学森、赵九章为首的小组着手研制。

三、为规划实施提供科技人才保障

"十二年科技规划"制定时，曾经做过估算，在12年中需要大学毕业以上的各类研究人员约18万人，其中搞新技术研究的约需5万人。人才缺口较大，特别是高、中级科研人员缺乏。

科技创新，人才是关键。为了实现"十二年科技规划"中提出的任务，国家迫切需要加强对科技战线的领导，把全国各部门分散作战的力量组织起来，把一切潜在的和仍被闲置的力量发动起来，组成一个全国性的、相互协调的、有组织的科学研究力量。

为了解决科技人才培养和最有效使用问题，党和国家采取了一系列的措施。

组建各级科学技术研究机构。工业、农业、卫生等各主要部门和系统都相继建立起科学研究机构。中国科学院由40多个研究所发展到100多个研究所，形成了包括众多学科和技术领域的科研基地。一些重点生产企业、高等院校也配合规划的实施纷纷建立研究所或研究室。地方上，各省、市、自治区分散的科研力量裁并组合成相对集中各有侧重的科学研究院或研究所。国防方面成立了火箭、原子能、飞机、舰艇、电子设备、各种常规武器等研究院，还成立了军事医学科学研究院。

据统计，到1962年，全国科研机构已经发展到1300多个。这些院所相对集中了各该项目或专业的人才和设备，有针对性地进行建设，集中力量专攻某个项目，成为科研攻关的第一线战斗堡垒。

四、组建、培训科研队伍

首先是从各条战线抽调一批水平较高的优秀科学家到科研一线，

尤其是国防尖端技术研究一线，以应急需。这批科学家，往往被任命为研究机构的领导人，或者某项研究课题的负责人，作为科研战线上的骨干力量。

当时全国科技界同心协力，各部门各单位非常支持，被抽调的专家无论来自哪个方面，也都非常高兴，以参加科学规划工作承担攻关任务为无上光荣。例如，为了组建导弹研究院，需要商调380名中高级技术人员，各部门不说二话，要什么人就给什么人，广大科技人员往往是朝令夕到。

同时，党中央国务院还通过各种渠道，继续争取在国外的科学家回国。回国的科学家虽然人数不是很多，但他们都有很强的爱国心和事业心，具有一流的专业知识，在发展我国科研事业方面，特别是在科研攻关方面，发挥了巨大的作用。

对中级科技人才队伍，一方面，从早期留苏的毕业生以及新中国成立前后大学毕业生中选拔比较优秀的人才，采用"带徒弟"的办法，即由高级研究人员带助手加以培养，每名导师带七八名助手。这样，很快就带出了上千名中级科研人员。另一方面，继续向苏联和东欧国家派遣研究生和留学生。自1957年开始，国家采取"多派研究生，一般不派大学生"的方法，后来进一步规定研究生的条件必须是大学毕业后又有两年以上工作经验的技术骨干，以便在国外学习中真正能看出问题，学到东西。

当时，全国大学生的分配原本由国家计划委员会同教育部管。但为了保障各项科研任务，对当时的大学生分配方式也进行了改革。实现全国研究生、留学生统由国家科委主管分配，大学生则由国家科委协同计委、教育部分配，让优秀毕业生能优先供给国家科研攻关的需要。

对科研急需的专业人才和属于空白的新兴学科，在高等院校开设新的专业，分配成绩好的考生去学习。同时兴办大量中等专业学校，培养实验人员、技术员、技师等等。

1962年，我国科研人员已经发展到9.4万多人，而且是老中青结合、门类齐全，初步满足了当时我国科研工作的需要。

1960年，加拿大多伦多大学地质系主任威尔逊访问中国后，在美国《商业周刊》上发表了一篇题为《赤色中国的科学蜂窝》的文章，介绍了我国科技队伍的发展情况，用"蜂窝"这个词来形容我国科学工作者紧张而又勤奋的工作状态。他的文章引起了西方国家对我国科学大军的关注。

在"十二年科技规划"的指导下，我国数以万计的科研人员，在"大科学"模式下，联合攻关，先后取得了"两弹一星"、人工合成结晶牛胰岛素等重大技术突破。到1962年，规划中的57个项目完成了50项，基本完成了任务。

在当时科技资源贫乏、科技发展任务紧迫的情况下，国家意志支配科技活动的过程和方向、科技活动服务于国家利益目标的科学建制，是历史发展的必然要求，也是解决当时中国现实矛盾的最佳选择。

党在社会主义革命和建设时期的人才工作思想及实践[*]

人才对于党和人民事业发展起着基础性、战略性和决定性作用。在2021年9月召开的中央人才工作会议上，习近平总书记指出："在百年奋斗历程中，我们党始终重视培养人才、团结人才、引领人才、成就人才，团结和支持各方面人才为党和人民事业建功立业。"[1]这是对百年来中国共产党领导人才工作的经验总结。社会主义革命和建设时期，是党的人才工作全面展开的关键时期，其探索呈现了党领导人才工作的丰富样貌，学术界对此关注不多，本文尝试做一些梳理总结。

一、建设社会主义必须有一支宏大的人才队伍

新中国成立后，毛泽东指出："要在几十年内，努力改变我国在经济上和科学文化上的落后状况，迅速达到世界上的先进水平。为了实

---

[*] 本文原载于《中国井冈山干部学院学报》2022年第3期，原标题为《社会主义革命和建设时期党的人才工作思想及实践》。
[1]《深入实施新时代人才强国战略 加快建设世界重要人才中心和创新高地》，《人民日报》2021年9月29日。

现这个伟大的目标，决定一切的是要有干部，要有数量足够的、优秀的科学技术专家。"[1]这明确了干部与"数量足够的、优秀的科学技术专家"是中国迅速达到世界先进水平的决定性因素。1956年，社会主义改造基本完成，中国进入全面建设社会主义时期，"培养出大批的坚决为社会主义奋斗的红色专家"[2]提上党的议程。周恩来指出：在社会主义时代，比以前任何时代都更加需要充分地提高生产技术，社会主义建设，"必须依靠体力劳动和脑力劳动的密切合作，依靠工人、农民、知识分子的兄弟联盟。我们现在所进行的各项建设，正在愈来愈多地需要知识分子的参加"[3]。1956年8月，毛泽东在党的八大预备会上进一步提出，"我们要造就知识分子队伍，计划在三个五年计划之内造就一百万到一百五十万高级知识分子。那时党的中央委员会的成分也会改变，中央委员会中应该有许多工程师，许多科学家"[4]。这反映了党对人才需求的充分认识。1957年7月，他进一步强调："为了建成社会主义，工人阶级必须有自己的技术干部的队伍，必须有自己的教授、教员、科学家、新闻记者、文学家、艺术家和马克思主义理论家的队伍。这是一个宏大的队伍，人少了是不成的。这个任务，应当在今后十年至十五年内基本上解决。"[5]党制定了一系列方针政策，培养、吸引、团结、引领各级各类人才投身祖国建设，为大规模的社会主义建设提供了广泛的人才支持。

---

[1]《毛泽东文集》第7卷，人民出版社1999年版，第2页。
[2]《周恩来选集》下卷，人民出版社1984年版，第176页。
[3]《周恩来文化文选》，中央文献出版社1998年版，第807页。
[4]《毛泽东年谱（1949—1976）》第2卷，中央文献出版社2013年版，第620页。
[5]《毛泽东年谱（1949—1976）》第3卷，中央文献出版社2013年版，第193页。

二、增强干部领导能力与水平，要求既懂政治又懂业务

为使执政党担负社会主义革命和建设的新任务，毛泽东向全体共产党人尤其是干部提出了学习任务："必须克服困难，我们必须学会自己不懂的东西"[1]，尽快从外行变成内行。1955年，在党的全国代表大会上，他要求各级党委书记及中央各部门的负责同志，"都要奋发努力，在提高马克思列宁主义水平的基础上，使自己成为精通政治工作和经济工作的专家。一方面要搞好思想政治工作，另一方面要搞好经济建设。对于经济建设，我们要真正学懂"[2]。1957年，毛泽东进一步提出干部要又红又专。他指出："我们各行各业的干部都要努力精通技术和业务，使自己成为内行，又红又专。"[3]为此，党中央作出了如下努力：

一是提升干部理论素养，并把学习马克思主义、毛泽东思想置于首位。党深知"现在我们党已有五百几十万党员，对于这些党员特别是干部党员认真进行共产主义的教育，不断提高他们的政治觉悟和思想能力，是一个极端重大的任务"[4]。学习马克思主义基本理论是必修课。在新中国成立前夕，毛泽东重新审定了一套包括《共产党宣言》《社会主义从空想到科学的发展》《马恩列斯思想方法论》在内的12本"干部必读"书目。这是广大干部学习马克思主义理论的重要教材。1951年3月，中共中央发出的《关于加强理论教育的决定的通知》，强调对全体党员干部进行系统的马列主义、毛泽东思想理论教育，应

---

[1]《毛泽东选集》第4卷，人民出版社1991年版，第1481页。
[2]《毛泽东文集》第6卷，人民出版社1999年版，第396页。
[3]《毛泽东文集》第7卷，人民出版社1999年版，第309页。
[4] 中共中央组织部等编：《中国共产党组织史资料》第9卷，中共党史出版社2000年版，第46页。

把理论学习与批判封建残余思想结合起来。[1]中共中央编辑出版《毛泽东选集》，兴起了学习毛泽东思想的热潮。党校是党员干部"比较有系统地进行政治理论教育的机关"[2]。党中央采取了党校教育、在职教育和学校教育、业余培训齐头并进的多元培训途径。加强党校干部轮训。1954年12月，中共中央决定建立由马列学院（高级党校）、中级党校和初级党校构成的党校教育体系，提出要把党的干部教育的目标转为培养懂经济的城乡领导者、建设者和管理者。[3]1964年2月，中共中央和毛泽东就组织高级干部学习马克思、恩格斯、列宁、斯大林著作作出批示：为了适应客观形势迅速发展的需要，高级干部必须认真坐下来读书，补一补课，并组织必要的学习辅导。[4]中央同时下发干部选读著作目录，共有30本书，以养成他们好学深思、钻研理论的习惯。

二是提高党员干部的文化水平。新中国成立初期，党的干部队伍结构中占主体的是工农干部。据1949年下半年统计，"在326.5337万名地方党员中，农民出身的占83%，工人出身的占5.87%。……文盲、半文盲占69%，小学程度的占27.66%，中学程度的占3.02%，大学以上的占0.32%"[5]。为提高他们的文化水平以适应建设事业的需要，人民政府采取了一系列措施。"创办人民大学，培养建设人才，这是完全新式的高等教育的起点。"[6]1950年10月3日，中国人民大学开学，

---

[1]《建国以来重要文献选编》第4册，中央文献出版社2011年版，第458页。

[2] 中共中央宣传部办公厅编：《党的宣传工作会议概况和文献（1951—1992年）》，中共中央党校出版社1994年版，第55页。

[3]《建国以来重要文献选编》第5册，中央文献出版社2011年版，第600—605页。

[4]《中共中央文件选集（1949年10月—1966年5月）》第45册，人民出版社2013年版，第185页。

[5] 朱汉国等主编：《中国共产党建设史》，四川人民出版社1991年版，第260页。

[6]《建国以来重要文献选编》第1册，中央文献出版社2011年版，第74页。

第一届学生 3000 余人（包括本科、专修科、文化补习班），其中有工农革命干部 1827 人（工作 8 年以上的有 570 人），进步工人 172 人；全部学生中有中国共产党党员 1733 人，新民主主义青年团团员 651 人。[1] 教学种类分经济计划、财政、法律、外交等系别，本科修业年限为 3 年或 4 年，专修科修业期限为 8 个月。次年，还创办了函授学校和夜大学。

加强在职干部教育，把工农干部培养成知识分子。开设各种扫盲班，办工农速成学校、干部文化补习学校（班）和技术专修班，采取短期速成的方法，使一批工农干部、产业工人和解放军指战员达到中等文化程度，一些学习成绩好的直接进入大学或高等专科学校学习。工农速成中学和工农干部文化补习学校培训内容，"一般地应以识字、学文化为主要内容，并适当地结合政治教育、生产技术教育和卫生教育"[2]。有计划地培训各领域干部。1949 年 11 月 14 日，毛泽东给西北局发出了《关于大量吸收和培养少数民族干部的电报》。1950 年 11 月，政务院颁布《培养少数民族干部试行方案》。同年 8 月，中央军委作出《关于在军队中实施文化教育的指示》；选调优秀干部建立和充实解放军各总部和军兵种机关，组建军事院校，培养大批军事干部。在 1956 年召开的第二次全国干部文化教育工作会议上，中央明确提出要在两三年内扫除机关干部中的文盲，五年至七年内把区级以上机关干部全部提高到高小毕业水平。

三是聘请苏联顾问和专家来华指导，派遣党、政、军、民各方面的干部到苏联考察学习，提高干部的领导能力与管理水平。早在 1948 年夏，苏联已经派遣专家技术小组到东北根据地帮助修复铁路。1949

---

[1]《新国家的新大学——中国人民大学介绍》，《人民日报》1950 年 10 月 10 日。
[2]《建国以来重要文献选编》第 1 册，中央文献出版社 2011 年版，第 374 页。

年夏,毛泽东致电正在苏联访问的刘少奇,要求最好先带铁路、电力、钢铁、煤矿、煤油矿、军事等专家同来。8月底,刘少奇即带回了220名苏联专家。[1]斯大林指示,苏联专家的任务就是"要把他们所有的一切知识和技能告诉中国人,什么时候中国人能够学会,能够没有困难地管理他们的工厂和企业,而不需要他们在中国服务的时候,他们就回苏联去"[2]。随着"一五"计划开展,大批苏联专家到中国。至1958年底,全国经济、文教各部门聘请11527名苏联和其他国家专家来华工作,其中苏联专家占89%,约10260人。[3]到1960年,海军聘请的苏联专家和顾问累计3390余人,[4]还有空军、炮兵、通讯兵、导弹部队等其他技术兵种专家。有学者估计,1949年至1960年来华工作的苏联专家总计至少应超过2万人。虽然受聘专家中有安排不当的,也有素质不高的,或照搬苏联一套的等情况,但总体而言,苏联专家能够为我所用,中方也努力掌握主动,向专家学技术、学本领。新中国成立的两年中,我国向苏联发出42个设计组的聘请书。陈云、李富春提出:"凡是请苏联设计的工厂,我们可以派人参加设计,并进行学习","同时在各工业部门逐步设立自己的设计机构,聘请苏联设计专家带徒弟,培养人才"。[5]苏联专家帮助中国培养了大批管理和技术人才。在以156项工程为核心的,涉及能源、机械、电子、原材料等多个重点行业近千个工业项目建设中,培养了大量的技术人才。

与此同时,重视干部在工作实践中学习。1951年9月,李富春在

---

[1]《刘少奇年谱(1898—1969)》下卷,中央文献出版社1996年版,第220、221页。
[2]《建国以来刘少奇文稿》第1册,中央文献出版社2005年版,第86页。
[3]《1959年4月11日国务院外国专家局关于外国专家工作会议情况的报告》,吉林省档案馆,全宗77,目录5,卷宗21,第96—106页。
[4]《肖劲光回忆录(续集)》,解放军出版社1988年版,第44—45页。
[5] 房维中、金冲及主编:《李富春传》,中央文献出版社2001年版,第414页。

全国工业、交通部门专业会议上提出，凡土改已经结束的地区，有计划地抽调一批有实际工作经验的老干部到现有的厂、矿中去担任副厂长、副经理或其他工作，培养他们管理企业的能力；有组织地合理地使用现有的技术人员，使他们在业务上进一步提高，同时，帮助他们改变旧的思想作风和单纯技术观点。[1]

四是结合中国的实际问题，学习经济理论著作，学习借鉴苏联社会主义建设的经验。党中央要求从1953年7月至1954年12月，全党干部理论学习的高级组和中级组都要学习"联共（布）党史"有关社会主义改造和建设的内容，学习列宁、斯大林论社会主义经济建设的著作。针对"大跃进"和人民公社化运动中出现的问题，从1958年11月第一次郑州会议到1961年6月中央工作会议，毛泽东先后六次建议和倡导领导干部学习苏联政治经济学。[2]毛泽东、刘少奇、周恩来等带头组织读书小组读苏联科学院经济所编的《政治经济学教科书》（第三版下册）。在两个月时间里，毛泽东的读书小组读完了12章至16章及结束语。他读书过程中的谈话，"涉及哲学、经济学、科学社会主义以及相关的国内政策问题，对社会主义建设的理论问题进行了深入思考，提出了一些正确和富有价值的重要理论观点。如社会主义不是短期内就能建成的，社会主义要分为不发达和比较发达两个阶段，不能废除商品交换，应该重视价值规律等等"[3]。党通过思想淬炼、政治历练、实践锻炼、专业训练，解决在社会主义革命和建设实践中遇到的问题，并将取得的经验迅速推广，指导与提高了党员干部的理论修养和实际工作能力。

---

[1] 房维中、金冲及主编：《李富春传》，中央文献出版社2001年版，第414页。
[2] 《毛泽东年谱（1949—1976）》第3卷，中央文献出版社2013年版，第499—500页。
[3] 王定毅：《党在社会主义革命和建设时期的学习》，《学习时报》2022年2月23日。

三、培养新型知识分子与团结教育已有的知识分子相结合

新中国成立时，国家经过长期战乱，百废待兴、百业待举，然而当时文盲率高达80%，在经济建设领域，"中国的产业工人不过三百万，技术人员和管理人员大约三十万"[1]。这显然无法与国家建设需求匹配，党中央采取的办法是，"人民的政府应有计划地从广大人民中培养各类知识分子干部，并注意团结和教育现有一切有用的知识分子"[2]。

新中国对旧社会遗留下来的知识分子采取团结、教育、改造的政策。人民政府对旧社会过来的知识分子采取全部"包下来"的政策，绝大多数都继续予以适当的工作，对学用脱节与缺乏为人民服务观点的知识分子，"经过训练或其他方式，帮助他们获得或增加为人民服务的观点和技能，尽可能吸收他们参加国家建设和社会服务的各种实际工作"[3]；在政治方面，党给了许多知识分子的代表人物应有的地位。知识分子是人民的先生，教育者受教育。党组织他们参观工厂和农村，访问苏联，参加各种国际活动，领导他们学习马克思列宁主义的基本知识，批判资产阶级的唯心主义观点，把他们逐步地变成为工人、农民服务、为社会主义服务的工人阶级的新型知识分子[4]，并在知识分子尤其是高级知识分子中积极发展党员，培养具有共产主义观点、同党忠诚合作的党外朋友[5]。知识界的面貌发生了根本变化。1956年1月，

---

[1]《陈云文选》第2卷，人民出版社1995年版，第45页。
[2]《毛泽东选集》第3卷，人民出版社1991年版，第1082—1083页。
[3]《关于处理失业知识分子的补充指示》，《人民日报》1951年1月14日。
[4]《毛泽东年谱（1949—1976）》第3卷，中央文献出版社2013年版，第122—123页。
[5]《中共中央文件选集（1949年10月—1966年5月）》第18册，人民出版社2013年版，第348页。

中共中央专门召开知识分子问题会议，周恩来代表党中央宣布知识分子中的绝大部分"已经为社会主义服务，已经是工人阶级的一部分"[1]。

　　教育是培养人才的根本途径，新中国建设现代教育体系，普及小学教育，实行教育改革，高等教育建设、技术教育、专科人才培养都以培养国家急需的建设人才为主要任务。1952年下半年，根据"以培养工业建设人才和师资为重点，发展专门学院与专科学校，整顿和加强综合性大学"的方针，全国各地高校分期分批进行院系调整和专业设置的工作，[2]为迅速开展的国家建设培养和输送人才。"我们的教育方针，应该使受教育者在德育、智育、体育几方面都得到发展，成为有社会主义觉悟的有文化的劳动者。"[3]为尽快扫除文盲、普及教育、提高工农知识水平，1958年5月，刘少奇提出实行"两种劳动制度、两种教育制度"，办半农半读、半工半读的学校。中国的全日制学校与半工半读、业余学校并举的教育方式带来了显著效果。全国文盲率由1949年的80%下降到1964年的33.58%。1965年底，全国小学发展到168万多所，在校学生突破1.1亿人；普通中学1.8万多所，在校学生933.8万人；中等专业学校1265所，在校学生54.7万人；高校毕业生1957年至1966年累计139.2万人，中等专业学校毕业生累计211.1万人；[4]半工半读学校6.1万多所，在校学生443.3万人；函授院校（部）171所，函授生近19万人；全国业余高等学校964所，在校学生41万人，[5]各级各类学校为国家建设输送了一大批生力军。

---

[1]《周恩来选集》下卷，人民出版社1984年版，第162页。
[2]《建国以来重要文献选编》第3册，中央文献出版社2011年版，第305页。
[3]《毛泽东文集》第7卷，人民出版社1999年版，第226页。
[4] 国家统计局国民经济综合统计司编：《新中国六十年统计资料汇编》，中国统计出版社2010年版，第76页。
[5] 方晓东等：《中华人民共和国教育史纲》，海南出版社2002年版，第190、191页。

新中国成立初期，由于以美国为首的西方国家对中国采取遏制政策，从1950年9月起，中国开始向往苏联和东欧等社会主义国家派遣留学生和进修生。到1965年，派往苏东社会主义国家的留学人员总数1.6万多人，有留学生、技术实习生、研究员。其中，留学生8414名，到1965年，学成回国的有7324人，占87.05%。[1]技术实习生是陈云、李富春主张派的。他们给毛泽东并党中央写信，认为派技师、技工到苏联实习一年半载，"可以减少开工初期由于不熟练而产生的各种浪费（机器转不动，产量少质量低等等）"[2]。去苏联留学的人员不仅回国率非常高，成才率也很高。30年后的一个统计数据显示，在这批留学人员中，产生了一名国家主席，一名国务院总理，多名国务院副总理或国务委员，200多位正副部长及省部级官员，100多位将军和军队高级将领。[3]

1959年，中苏关系恶化，赫鲁晓夫决定撤走全部在华苏联专家。党中央加强人才的自主培养工作。1960年，决定在1959年3月中央决定设置20所全国重点高等学校的基础上，再增加64所，作为高等教育的骨干，以保证较高质量地培养科学技术干部和理论工作干部，壮大我国科学技术队伍和理论队伍，"优先适当满足尖端国防方面的研究、设计、生产部门所需要的科学技术人员和全国重点高等学校尖端专业所需要的师资和研究生"[4]。

随着与西方国家关系的缓和，1964年中国开始派遣高中毕业生到

---

[1] 苗丹国：《出国留学六十年——当代中国的出国留学政策与引导在外留学人员回国政策的形成、变革与发展》，中央文献出版社2010年版，第5、6页。
[2] 房维中、金冲及主编：《李富春传》，中央文献出版社2001年版，第415页。
[3] 刘学红：《新中国出国留学政策的演变与发展》，《中国青年报》2011年1月4日。
[4] 《建国以来重要文献选编》第13册，中央文献出版社2011年版，第575页。

部分资本主义国家留学。"文化大革命"爆发后，国家停止向外派遣留学人员。1971 年中美两国关系破冰，毛泽东在与基辛格的一次会谈中提出，中国准备"将年龄不是很大的孩子们"送去美国学习。自 1972 年起，中国恢复了向西方国家派遣留学生的政策。据统计，1972 年至 1978 年，中国共向 49 个西方国家派出 1977 名留学人员。[1]虽然当时向西方派出的绝大多数留学生主要学习所在国语言，满足外交活动对外语人才的需求，但开启了新中国出国留学多元化的新阶段。注意团结和教育现有一切人才与培养各类人才相结合，满足了中国共产党国家建设与发展的需要。

四、珍视科技人才，培养健全的科学人才

恢复国民经济，并把我国建设成为生产高度发达、文化高度繁荣的社会主义国家，必须依靠科学技术人才。新中国成立初期，我国的科学技术基础很差，人才严重短缺，科研机构 40 个左右，研究人员 650 余人，科学技术人员不过 5 万人。据估算，全国科研机构、科研人员与总人口的平均比例是每 1125 万人口中有 1 个科研机构，每 10 万人口中才有 1 名科研人员。[2]并且，理论科学与应用科学发展不平衡，"除了地质学、生物学、气象学等地域性调查工作和一些可以不依靠实验设备而勉强进行的研究工作之外，现代科学技术在旧中国几乎是一片空白"[3]。在北平市军事管制委员会文化接管委员会召集的学术界人士座谈会上，周恩来指出："过去三十年中，自然科学方面是弱一

---

[1] 苗丹国：《出国留学六十年——当代中国的出国留学政策与引导在外留学人员回国政策的形成、变革与发展》，中央文献出版社 2010 年版，第 6 页。
[2]《聂荣臻回忆录》，解放军出版社 2007 年版，第 168 页。
[3]《当代中国的科学技术事业》，当代中国出版社 2009 年版，第 4 页。

些，因为革命运动多，不免偏重于社会科学方面，但政治局面打开了，这就使科学有新的发展的可能，使一切科学（包括自然科学与社会科学）为人民服务。"[1]《中国人民政治协商会议共同纲领》提出："培养健全的科学人才和国家建设人才，力求学术研究与实际需要的密切配合，使科学能够真正服务于国家的工业、农业、国防建设、保健和人民的文化生活。"[2]

团结科学家是党的重要政策。1949年11月1日，中国科学院成立，以统筹及领导全国自然科学、社会科学的研究事业，担负培养与组织科学研究人才的工作。党中央强调，"科学家是国家和社会的宝贵财富，必须重视和尊敬他们，必须争取和团结一切科学家为人民服务。对于少数历史上有过反革命活动的科学家，也应当争取并适当地加以使用"[3]。发挥科学家在科学研究上的积极性，合理地使用他们发挥其专长，关心与帮助他们的研究工作，为他们的研究工作提供必要条件，有贡献的科学家让他们得到较高的薪金和适当的荣誉。

为解决急需的高端人才，新中国成立前后采取积极政策，召唤留学生归国效力。1949年4月，郭沫若率领中国代表团前往布拉格出席世界维护和平大会，郭沫若给李四光带去了周恩来"请李四光早日返国"的信件，之后，安排保护李四光回国。新政协成立之后，周恩来提名李四光为政协委员，并指示李四光组织全国地质工作者，肩负起国家建设的主要责任。1949年12月，国家成立了"办理留学生回国事务委员会"，为留学生归国后办理相关事宜提供便利，工作分配时从

---

[1]《周恩来文化文选》，中央文献出版社1998年版，第483—484页。
[2]《建国以来重要文献选编》第1册，中央文献出版社2011年版，第249页。
[3]《中共中央文件选集（1949年10月—1966年5月）》第15册，人民出版社2013年版，第371—372页。

积极方面考虑如何发挥留学生的专长。1949年至1954年登记在册的归国留学生一般都能顺利就业，就业人数占登记人数的97.6%。[1]及时解决科学家的困难。1950年9月，物理学家赵忠尧回国途中被驻日美军扣留，导致其在国内的家属陷入经济困境，中国科学院聘任赵忠尧为研究员，按照研究员薪给标准的70%向其家属发放生活补助费，直到赵忠尧回国后到研究所工作。钱学森被软禁时无法给父亲汇款，中国科学院将钱学森纳入编制，按照标准向他的父亲发放生活补助费。抗美援朝战争结束后，中美达成协议，用战争中的美国俘虏换取中国留学人员回国。许多曾经历过国家蒙辱、人民蒙难、文明蒙尘的海外学子具有强烈的报国之志，愿意放弃国外优越的生活待遇和工作条件响应祖国的呼唤。到1957年，归国的海外学者已经达到3000多人，约占新中国成立前全部海外留学生和学者的一半以上，[2]形成了第一波海外知识分子归国热潮。20世纪60年代初期出现了第二波留学生回国潮，这是20世纪50年代派往苏联和东欧的留学人员相继完成学业后回国。

诸多具有爱国主义情怀又学有所成的留学生归国，迅速成为各行各业的主力军，很多人成为相关领域的开创者和奠基者。据统计，新中国初期从欧美归国的科技工作者有三分之一分配至高等院校和研究院所。他们在自己擅长和国家需要的学科领域创建研究机构，配合国家科技事业的开创和发展，并为国家培养人才。1950年，中国科学

---

[1]《辉煌70年》编写组：《辉煌70年——新中国经济社会发展成就（1949—2019）》，中国统计出版社2019年版，第215页。
[2]《辉煌70年》编写组：《辉煌70年——新中国经济社会发展成就（1949—2019）》，中国统计出版社2019年版，第215页。

院自然科学方面的18个研究所的所长全部是归国学者。[1]在国防事业中，获得"两弹一星功勋奖章"的23位科学家中，有留学背景的达21人。[2]他们把祖国的需要放在第一位，在建设祖国的实践中实现自我价值。

新中国一成立，就开始建立激励科学技术人才的制度与体制机制。1950年8月，政务院颁发《保障发明权与专利权暂行条例》，通过《关于奖励有关生产的发明、技术改进及合理化建议的决定》，鼓励大家充分发挥知识、经验与智慧，以促进生产事业之恢复与发展。党中央号召把专门技术人才放到经济建设最需要的岗位上去。[3]1955年，中国科学院成立学部，233名优秀科学家成为首批学部委员。1957年初，中国科学院首次颁发1956年度科学奖金，奖励华罗庚、吴文俊、钱学森等在科研领域卓有成就的科学家。

1956年初，党中央号召"向现代科学进军"。3月，国务院成立科学规划委员会，近百名苏联专家与几百名中国科学家一起编制"十二年科技规划"，规划提出了57项重要科技研究任务，包括世界前沿科技课题、国家工业建设的重大科技问题、工农业生产和人民生活福祉的重要问题以及带有普遍性意义的重大理论问题。以"重点发展，迎头赶上"的科技赶超战略，规划发展高新技术和基础学科，以任务带学科，引领科研人才成长；中国科学院、高校、中央各产业部门的科学研究机构和地方科学研究机构在重要的科学实验中合理分工，实行科学协作，也推动了人才的迅速成长。高等学校与中等专业学校把加

---

[1] 王安轶、丁兆君：《新中国成立之初留学归国的科技工作者》，《科技导报》2020年第10期。
[2] 李滔主编：《中华留学教育史录：1949年以后》，高等教育出版社2000年版，第3页。
[3]《把专门技术人才放到经济建设最需要的岗位上去》，《人民日报》1952年6月14日。

强工业技术人才和科学研究人才的培养作为首要任务,并根据"掌握重点、照顾其他"及需要与可能相结合的方针,进行全面规划。[1]中宣部指导哲学社会科学专家编制了十二年哲学社会科学发展的远景规划。1962年,中国提前完成了"十二年科技规划",主要科学技术领域几乎都设置了专门的研究机构。1963年1月29日,周恩来在上海市科学技术工作会议上强调,"建成社会主义强国,关键在于实现科学技术现代化"[2]。1963年11月3日,国务院发布《技术改进奖励条例》《发明奖励条例》,鼓励群众改进技术的积极性,鼓励发明和推广应用发明,包括华侨和外国人都可以申报发明。1963年,中共中央、国务院在前一个规划的基础上,参照世界科学技术进展的情况,又组织编制了1963年至1972年科学技术发展规划、科学技术事业规划及农业科学技术发展规划。

建立适用科学技术干部特点的管理制度。1964年3月,中共中央批示中央组织部上报的《科学技术干部管理工作条例试行草案》,改变过去沿用的以管理行政干部的办法管理科学技术干部的做法,建立适用科学技术干部特点的管理制度。批示指出:"积极地壮大和提高科学技术干部队伍,是当前一项重要而迫切的任务。必须充分地信任他们,大胆地使用他们,热情地帮助他们,严格地要求他们,使他们又红又专,使他们有职有权有责地进行工作","真正做到正确地选拔、合理地使用和有计划地培养科学技术干部"。[3]国务院专门设立科学技术干部局,作为负责统一管理科学技术干部的行政机构,委托国家科委代

---

[1]《周恩来文化文选》,中央文献出版社1998年版,第551页。
[2]《周恩来选集》下卷,人民出版社1984年版,第412页。
[3]《中共中央文件选集(1949年10月—1966年5月)》第45册,人民出版社2013年版,第308—309、313页。

管。县以上各级党委管理干部的部门和各级国家机关、企业事业单位的人事部门,应当建立与健全科学技术干部的专管机构或设置专职管理人员,并挑选一批懂得科学技术工作的干部,充实管理科学技术干部的部门。中央要求参照这个条例管理哲学社会科学工作者。批示认为,"哲学社会科学工作者同自然科学技术干部,有共同的特点,也有不同的特点。特别在'红'的方面,对哲学社会科学工作者的要求应该更高一些"[1]。这强调哲学社会科学学科的特点。1965年5月,中共中央批转国家科委党组《关于科学技术对外工作的报告》,要求国家科委和各部门的外事机构,健全和加强科学技术对外工作,充实专职队伍。[2]

在政治运动中,党中央对科技专家的态度更包容、更慎重,在生活上关心他们。在反右运动中,邓小平一再在中央书记处会议上强调划右派要慎重,明确"右派中凡有真才实学的都继续用。我们赞成他搞科学,只反对他反社会主义。他们完全可以改变,为社会主义服务"。[3]1957年9月2日,在审改中共中央《关于自然科学方面反右派斗争的指示》稿时,他加写了一段文字:"对于那些有重大成就的科学家和技术工作人员,除个别情节严重非斗不可者外,应一律采取坚决保护过关的方针。"[4]在国民经济严重困难时期,1960年11月9日,中共中央批示:"实行副食品特需供应的照顾面,对党外民主人士和高级知识分子可以稍宽,对党内干部必须从严。不宜不分党内外,笼

---

[1]《中共中央文件选集1949年10月—1966年5月)》第45册,人民出版社2013年版,第310页。
[2]《建国以来重要文献选编》第20册,中央文献出版社2011年版,第164—165页。
[3]《邓小平文集(1949—1974年)》中卷,人民出版社2014年版,第334、335页。
[4]《邓小平文集(1949—1974年)》中卷,人民出版社2014年版,第335页。

统地规定某一级以上的干部一律享受特需供应"[1],要求中央局,各省、市、自治区党委做到这一点。

党的一大批领导干部在实际工作中发挥了行为世范作用。如中国人民解放军上将宋任穷,戎马半生,年近50岁时,毛遂自荐,为我国原子能事业的创建和发展奔走呼号,任第三机械工业部(后改为第二机械工业部)部长、党组书记,组建原子能事业领导机构。铀资源勘察是原子能事业发展的基础,宋任穷抓铀矿地质工作,几乎跑遍了分布在全国20多个省和自治区的铀矿地质勘探队,"与干部、工人一起住帐篷,同吃同住,并且向他们学习地质找矿知识"[2],很快打开了工作局面。新中国出色的领导者和科技工作者团结奋斗、发愤图强、埋头苦干,为20世纪50年代末60年代初我国核工业平稳有序地实现全面自力更生奠定了良好基础。

在国家相关政策体制机制引导下,科学家和广大科技工作者理论联系实际,既研究原子能等世界前沿科技课题,也走向田野、车间,甚至在戈壁沙漠、海岛滩涂、荒山野岭或茫茫草原上安营扎寨,把科学研究与社会生产、人民生命健康结合,开展小麦和水稻品种培育改良、农药化肥研制、农田水利工程建设,地质勘察、石油勘探开发、钢铁耐火材料研发、铁矿冶炼,以及抗生素研制、寄生虫防治、地中海贫血治疗、基因工程、中医药研究等,不仅实现技术革新,并在自然科学大众化和普及化运动中担当主力,为切实提高人民科学素养服务,[3]为国家培养了大批科学技术人才,并在大型攻关项目中造就了一

---

[1]《建国以来重要文献选编》第13册,中央文献出版社2011年版,第600页。
[2]《宋任穷回忆录》,解放军出版社2007年版,第286页。
[3] 欧阳雪梅:《新中国以科学家精神推进科技创新的历史考察》,《中国井冈山干部学院学报》2020年第6期。

批功勋科学家，实现了中国在技术人员数量和技术装备水平远远不如苏联和美国的情况下，突破技术的障碍，用比发达国家短得多的时间取得"两弹一星"等一系列重大科技成果。大庆油田在攻坚克难中积极探索了技能人才培养模式。1960年大庆油田会战开始，国家给予人才大力支持，1960年以后国家分配到大庆油田的大、中专毕业生共5375人，占技术干部总数的70.6%，其中大学毕业的3461人，中专毕业的1912人。大庆油田"对技术干部在工作中充分信任，大胆使用，严格要求，热情帮助，使他们有职、有责、有权地进行工作"[1]，技术干部在实践中迅速锻炼成长，创造了"大庆经验"：五年来，这支技术干部队伍发展到7500多人，主力是青年人，平均年龄只有28岁半。在大、中专毕业生中，被提拔为工程师以上的干部617人。仅1965年上半年就试验成功新技术3200多项，858项已用于生产。大庆油田不仅给自己培养了大批技术力量，而且支援了兄弟单位2000多名技术干部。[2]

五、有错即改，不断调整完善人才政策

党领导社会主义事业在探索中前进，在试错中纠偏，在人才工作中也不例外，一发现问题就在调查研究后进行调整，完善政策。新中国初期，在社会主义意识形态建设中的思想批判造成了一部分知识分子的紧张，1956年4月28日，毛泽东提出了"双百"方针，鼓励艺术问题上百花齐放，学术问题上百家争鸣。为解决党内存在的对知识分子"估计不足，信任不够，安排不妥，使用不当，待遇不公，帮助

---

[1]《中共中央文件选集（1949年10月—1966年5月）》第50册，人民出版社2013年版，第179页。

[2]《中共中央文件选集（1949年10月—1966年5月）》第50册，人民出版社2013年版，第174—175页。

不够"的问题，中共中央制定了相关的政策采取了一系列措施，包括积极改善科研人员的工作条件。1956年6月，《国务院关于工资改革的决定》中，不仅对重工业部门、重点建设地区、高级技术工人和高级科学技术人员、小学教职员的工资有较大提高，而且对有重要贡献的高级科学技术人员及其他高级知识分子，加发特定津贴。改进高级知识分子工作条件，改进外国书刊进口、翻译、出版工作状况，改进国内学术著作出版状况；加强科技情报、国际学术交流；配工作助手等。[1]

在反右派斗争扩大化升级时，毛泽东仍然注意分化和争取右派分子，指出，"有些人是有用人才，应当大力争取过来"[2]，并促使多数人转过这个弯子，并大进一步。邓小平在扩大的党的八届三中全会上的报告中强调："现有的几百万知识分子虽然现在多数是中间派，但是他们的大多数是愿意进步的。工人阶级培养自己的知识分子的计划，必须把他们包括在内。必须看到，他们是国家的重要财富，社会主义的经济文化建设，新生力量的培养，都需要他们努力。因此要用大力团结、争取和教育他们，纠正他们的错误观点，帮助他们实行自我改造，用妥善的而不是粗暴的方法使他们逐步脱离中间状态，站到工人阶级方面来。"[3] 1958年12月22日，毛泽东对《清华大学物理教研组对待教师宁"左"勿右》一文批示，要求"端正方向，争取一切可能争取的教授、讲师、助教、研究人员为无产阶级的教育事业和文化科学事

---

[1] 何东昌主编：《中华人民共和国重要教育文献（1949—1975）》，海南出版社1998年版，第598页。
[2] 《毛泽东年谱（1949—1976）》第3卷，中央文献出版社2013年版，第198页。
[3] 《邓小平文集（1949—1974年）》中卷，人民出版社2014年版，第338—339页。

业服务"[1]。基于上述判断，1959年8月，中央给第一批改好了的"右派分子"摘帽。到1962年，被错误批判"右派分子"的大多数人摘帽。

1957年10月9日，毛泽东在扩大的党的八届三中全会提出培养"又红又专"人才的思想。但在1958年的"反浪费、反保守、向又红又专大跃进"的口号中，却将"双反"的矛头指向知识分子的"资产阶级思想"，"'红'的因素即'政治'被过多的强调，而'专'却更多地与'白'字连在了一起"[2]。这就造成了人们不敢言"专"。党中央针对这一问题进行了纠偏。聂荣臻指出："红，首先和主要的，是指的人们的政治立场"，"考察科学工作者的政治觉悟，必须看到他们钻研科学的积极性"，[3]对国家有贡献就行。从1961年上半年开始，党中央着手制定一系列有利于解决知识分子问题的条例，如"科学十四条""高教六十条""文艺十条"等。1961年7月发布的"科学十四条"，明确研究机构的根本任务是"提供科学成果、培养科研人才"[4]。党中央强调"争取一切可以争取的知识分子"，要认真贯彻"百花齐放、百家争鸣"的方针，切实保证科学研究工作时间，帮助他们做出成果；[5]在"大计划"之下还可以有"小自由"。"在国家计划以外，保留一些自由选题，是有利于进行科学探索的。"[6]防止人才使用、培养、提拔上的"平均主义"倾向，对于有突出成就的科学家和优秀青年，予以重点支持和重点培养。优秀科研人员的提升，"应该不受资历、学历、年龄的

---

[1]《毛泽东文集》第7卷，人民出版社1999年版，第464页。
[2] 刘克选、方明东主编：《北大与清华》，国家行政出版社1998年版，第584页。
[3]《中共中央文件选集（1949年10月—1966年5月）》第37册，人民出版社2013年版，第232、234页。
[4]《建国以来重要文献选编》第14册，中央文献出版社2011年版，第473页。
[5]《建国以来重要文献选编》第14册，中央文献出版社2011年版，第445页。
[6]《建国以来重要文献选编》第14册，中央文献出版社2011年版，第477页。

限制"[1]。国民经济调整时期，党中央认为，搞好知识分子的团结关键是两个：一是尊重，二是关心。尊重人家，相信人家革命，以平等的态度相待，有什么事情互相商量，使人家真正有职有权，真正感到这个国家大家都有份。关心既要政治上关心，工作条件、环境也要帮助解决。1962年，陈毅提出应该取消资产阶级知识分子的帽子，重新强调"是人民的科学家、社会主义的科学家、无产阶级的科学家，是革命的知识分子"[2]，为知识分子脱帽加冕。1962年11月开始，内务部对经国家分配的高等学校毕业的110余万名干部的使用情况进行调查了解，对存在着学用不一致和使用不当的干部进行调整，安排了他们做所学专业工作，贯彻"学用一致，专才专用"的原则。[3]

1964年5月，中国科学院在北京召开工作经验交流会议，奖励了12个先进单位和33名先进工作者。5月29日，《人民日报》发表题为《建设一支强大的科学技术队伍》的社论，强调"科学技术人员重要的政治任务，就是服从国家和人民的需要，坚决完成国家交付的工作。就是认真从事科学研究，解决生产关键，把科学技术水平和生产水平提到一个新的高度"。对科学技术干部要从本质上去看，不要从枝节问题去看。不要简单地认为他们少参加几次会，学习中少发几次言，就是不问政治的表现。也不要简单地认为，他们参加社会活动和集体活动比较少，就是群众观念不强的表现。主要应当看他是不是全心全意为无产阶级和社会主义建设服务，是不是把饱满的革命精神和严格的科学态度结合起来，积极完成党和国家交付他的工作任务。还要求充

---

[1]《建国以来重要文献选编》第14册，中央文献出版社2011年版，第482页。
[2] 廖心文：《1962年广州会议的前前后后》，《党的文献》2002年第2期。
[3]《中共中央文件选集（1949年10月—1966年5月）》第46册，人民出版社2013年版，第186页。

分发挥老一辈专家的作用,大规模地培养新生力量,培养科学技术专家的后备军。这在当时有很强的针对性,有利于人才的成长。

由于卓有成效的工作,中国人才队伍特别是最薄弱的科技队伍获得大发展。到1965年底,全国自然科学技术人员已达245.8万人,其中有研究生学历的16万人,大学毕业学历的113万人。全国专门的科学研究机构达到1714个,专门从事科学研究的人员达到12万人。[1] 我国农业科学技术队伍有了很大的发展,由解放前不足千人,发展到1.5万人,推广站的技术人员由解放前的寥寥无几,发展到近5万人。[2] "文化大革命"使中国人才队伍遭受严重损失。周恩来等党和国家领导人竭力保护了一批科学家。1975年邓小平主持全面整顿,强调"科学技术叫生产力,科技人员就是劳动者!"[3] 人才工作艰难推进。中华人民共和国成立70周年授予的8名"共和国勋章"获得者和28名国家荣誉称号中的绝大部分人,都是改革开放前培养成长的人才。

六、结语

习近平总书记指出:"人才是衡量一个国家综合国力的重要指标。国家发展靠人才,民族振兴靠人才。"[4] 从新中国成立到改革开放前夕,以毛泽东同志为主要代表的中国共产党人,一方面用学习来提升干部治国理政的本领,号召"向一切内行的人们(不管什么人)学经济工作。拜他们做老师,恭恭敬敬地学,老老实实地学"[5],提高干部德才

---

[1]《当代中国的科学技术事业》,当代中国出版社2009年版,第31页。
[2]《建国以来重要文献选编》第20册,中央文献出版社2011年版,第115页。
[3]《邓小平文选》第2卷,人民出版社1994年版,第34页。
[4]《深入实施新时代人才强国战略 加快建设世界重要人才中心和创新高地》,《人民日报》2021年9月29日。
[5]《毛泽东选集》第4卷,人民出版社1991年版,第1481页。

素养；另一方面坚持党管人才，坚持"加强和改善思想政治工作，用马克思主义世界观和共产主义道德教育人民和青年，坚持德智体全面发展、又红又专、知识分子与工人农民相结合、脑力劳动与体力劳动相结合的教育方针"[1]，以建设一支宏大的知识分子队伍；重视人才，悉心团结人才，不拘一格培养人才，制定发展规划确立体制机制引导人才成长，创造条件成就人才，尊重爱护人才，激发了各级各类人才的积极主动性，不仅有"誓干惊天动地事，甘做隐姓埋名人"的"两弹一星"研制专家，而且，各领域的人才都有极强的荣誉感与使命感，主动担负起时代赋予的使命责任，为国分忧、为国解难、为国尽责，努力为新中国的建设贡献一己之力，从而推动我国建立起独立的比较完整的工业体系和国民经济体系，农业生产条件显著改变，教育、科学、文化、卫生、体育、国防、外交事业有很大发展。"党领导人民完成社会主义革命，消灭一切剥削制度，实现了中华民族有史以来最为广泛而深刻的社会变革，实现了一穷二白、人口众多的东方大国大步迈进社会主义社会的伟大飞跃。在探索过程中，虽然经历了严重曲折，但党在社会主义革命和建设中取得的独创性理论成果和巨大成就，为在新的历史时期开创中国特色社会主义提供了宝贵经验、理论准备、物质基础。""中国共产党和中国人民以英勇顽强的奋斗向世界庄严宣告，中国人民不但善于破坏一个旧世界、也善于建设一个新世界"。[2]

---

[1]《三中全会以来重要文献选编》（下），中央文献出版社2011年版，第170页。
[2]《中共中央关于党的百年奋斗重大成就和历史经验的决议》，人民出版社2021年版，第14页。

改革伊始，中国企业家的登场与企业家精神的凝聚*

创新是引领发展的第一动力。党的二十大报告强调，坚持创新在我国现代化建设中的核心地位；强化企业科技创新主体地位；弘扬企业家精神，加快建设世界一流企业；支持中小微企业发展。企业是推动创新创造的生力军，企业家是企业的领军人物，强化企业创新主体地位，弘扬企业家精神，显得特别重要。

一、企业成为创新主体的背景

我国企业走向前台成为创业创新主体，肇始于1984年，有人称这一年为中国企业家元年。

这一年，在邓小平、陈云等老同志的敦促与指导下，中共中央颁布的一号文件提出农村工作的重点是发展商品生产。2月，国务院召开全国经济工作会议，强调要以提高经济效益为中心并取得成效作为衡量各级经济部门和企业工作好坏的主要标志。5月10日，国务院颁布

---

* 本文原载于《中国人才》2023年第1期，原标题为《1984：中国企业家元年》。

了《关于进一步扩大国营工业企业自主权的暂行规定》。

10月,党的十二届三中全会通过的《中共中央关于经济体制改革的决定》(以下简称《决定》)对我国企业发展具有里程碑意义。《决定》明确我国改革从农村走向城市,加快以城市为重点的整个经济体制改革的步伐;突破了把计划经济同商品经济对立起来的传统观念,提出我国社会主义经济是"公有制基础上的有计划的商品经济",肯定个体经济是社会主义经济必要的有益的补充;在国家和企业的关系上,明确要按照政企职责分开、简政放权的原则进行改革,明确所有权同经营权可以适当分开,"使企业真正成为相对独立的经济实体,成为自主经营、自负盈亏的社会主义商品生产者和经营者";在企业领导体制上,明确规定企业要实行厂长(经理)负责制,企业中的党组织要积极支持厂长行使统一指挥生产经营活动的职权;在经济利益分配上允许和鼓励一部分地区、一部分企业和一部分人依靠勤奋劳动先富起来,带动越来越多的人走向富裕;强调在企业内部,要实行工资奖金同经济利益挂钩,扩大工资差距,拉开档次,以充分体现奖勤罚懒、奖优罚劣。

《决定》体现的这些思想,是马克思主义老祖宗没有说过的,是中国共产党结合我国实际的重大理论创新。企业、企业负责人在经济发展中的重要地位与作用也由此确立。《决定》的颁布,为企业家施展才华、创新创业提供了政策保障。1984年开启了风起云涌的企业家创业创新时代。

随着家庭联产承包责任制的推行,农村干部、一大批农村劳动力从土地上解放出来,从事工业、商业和服务业,集体的、个体的及私营的乡镇企业崛起,造就了一批企业家。以城市为重点的经济体制改革中,从国有企业改革中脱颖而出的干部,回城创业的下乡知青,下海经商的机关干部，纷纷加入了创业队伍。更为难得的是，在改革开放的政策感召下，一些转战经济战线的科研干部和知识分子、高校毕业生和海归派，也陆续加入企业家队伍，创新创业，成为市场英雄、经营模范。

为搞活国企，除了采取承包经营责任制，各地还选择少数有条件的全民所有制大中型企业，进行股份制试点。从1984年7月北京天桥百货股份有限公司成立，到1986年底，全国共有股份制企业6000余家。1984年初，邓小平前往深圳、珠海、厦门等经济特区以及上海实地考察，肯定了经济特区，中外合资、中外合作、外商独资企业在国家引导下迅速发展。

此阶段，大部分企业家表现了创新、冒险、负责任的精神，他们中不乏优秀的乃至卓越的经营者、科学技术转化领先者，他们以理念创新、经营创新、科技创新、制度创新，创造了良好业绩，推动了国家建设，也为社会公益事业作出了贡献，为国家争得了荣誉，获得了广大群众的尊敬。

二、"改革报春花"

改革初始，企业家的创新主要体现为开拓进取的经营创新、激流勇进的技术创新和冲破体制樊篱的体制创新，涌现了一批"改革报春花"。

步鑫生："剪开企业改革帷幕"。1981年，步鑫生担任县属集体企业海盐衬衫总厂厂长。当时，全厂固定资产只有2万元，年利润5000元，库房里积压的衬衫卖不出去，连老工人的退休金也发不出来。步鑫生大刀阔斧改革，打破"大锅饭"，制定了联产计酬制度和超定额计件工资制，让工人们多劳多得，并辞退懒惰员工，还让三分之一的行政人员去充实生产一线。在他的带领下，海盐衬衫总厂面貌焕然一新，成为海盐县第一个产值超千万的企业，产品畅销上海、北京、广州等大城市，成为浙江省一流的专业衬衫厂。1984年，步鑫生的创新精神作为企业改革的成功经验被宣传、推广，改革者步鑫生因此成为全中国最著名的企业家之一。

马胜利："国企承包第一人"。1984年3月，河北省石家庄造纸厂销售科长马胜利在厂门口贴出决心书：请求承包造纸厂，承包后实现利润翻倍，工人工资翻倍，若达不到目标，甘愿受法律制裁，他还提出了36项治厂措施和72项变通方法。4月19日，马胜利立下了将造纸厂扭亏为盈、达到盈利70万元的"军令状"，正式承包石家庄造纸厂。走马上任，马胜利不仅把厂里积压的几百吨库存卖了出去，还进行技术革新，把原来的大卷纸规格变成了6种不同的规格，颜色也由1种变成3种，还研制出香水纸巾、厨师戴的白帽子等新产品，打开了市场。通过努力，第一年，马胜利实现盈利140万元，大大超过了承诺的70万元。第二年盈利280万元。据统计，马胜利承包石家庄造纸厂4年，企业利润增长了近22倍，成为第一波国企改革的典范。

年广久："中国第一商贩"。安徽芜湖市的年广久是"傻子瓜子"创始人。凭借生产的瓜子口味独特、薄利多销，"傻子瓜子"很快由小作坊发展到100多人的工厂，赚到了上百万元，成为芜湖当地第一家私营企业。按照传统经济政策，雇工超过8人，小业主就变身成了"资本家"。在人们纠结于雇工超过8个人是不是剥削时，1984年10月，邓小平一锤定音："雇工问题我的意见是放两年再看。那个能影响到我们的大局吗？如果你一动，群众就说政策变了，人心就不安了。让'傻子瓜子'经营一段，怕什么？伤害了社会主义吗？"小平同志的批示让个体户的雇工问题迎刃而解，私营企业的雇工人数问题被彻底放开。年广久被视作中国民营个体经济发展的标志性人物之一，带动了更多的民营企业家涌现。

同期涌现的勇于改革的企业家还有浙江萧山乡镇企业的鲁冠球、福州铅笔厂的龚雄、辽宁朝阳重型机械厂的王亚忱等。就在这一年，中国科学院计算机研究所投资创办了"中国科学院计算技术研究所新技术发展公司"，柳传志任副总经理；张瑞敏刚刚上任青岛电冰箱厂厂长，世界经济舞台上的中国企业就此萌芽。

三、推动高质量发展要弘扬企业家精神

到 2021 年末，我国企业的数量达到 4842 万户，其中 99% 以上都是中小企业，每千人企业数量为 34.28 户。

依据中国企业联合会发布的 2022 中国企业 500 强榜单显示，万亿企业扩至 12 家，千亿企业数量增至 244 家。企业创新投入持续增长，共投入研发费用 14474.67 亿元，与企业自身同口径相比，研发投入增长了 21.73%；占 2021 年全社会研发投入的 51.95%。2022 年中国企业 500 强的营业收入总规模相当于美国 500 强的 97.74%；资产总额相当于美国 500 强的 106.46%，已连续两年超过美国 500 强。

我国专精特新"小巨人"企业中超六成属于工业的基础领域，超七成深耕行业十年以上，超八成进入了战略性新兴产业链，超九成是国内外知名的大企业的配套专家，平均研发强度达到 10.3%，大量新技术、新产业、新业态、新模式都源自中小企业。

随着我国经济日新月异飞速发展，一些企业家已成往事，而与时代同行的企业家仍然挺立潮头。

比如，张瑞敏坚持创新，从产品创新、理念创新到场景创新，打造了独一无二的"海尔模式"，将一个濒临倒闭、资不抵债的集体所有

制小厂发展成为物联网时代世界引领的生态型企业。迄今,从专利上看,海尔制冷全球发明专利公开量达 1794 项,为行业第一;海尔冰箱品牌零售量连续 14 年获得全球第一。

任正非引领华为始终走在高科技领域创新前沿。1976 年,33 岁的任正非研制出我国第一台高精度的空气压力天平,填补了我国仪表工业的一项空白,在 1978 年全国科学大会上获奖。1987 年,任正非集资 2 万元人民币创立华为公司。作为一家科技企业,华为用实际行动践行科技自立自强、创新驱动发展战略,勇闯创新"无人区",加强原创性、引领性科技攻关,依托科技创新提升产业核心竞争力。创立 34 年以来,华为的研发投入长期在 10% 以上。2018 年底开始,华为实施了更大规模、更大力度的科技创新战略:基础研究与技术创新并重。既着力于短期的"补洞",让科学家与工程技术人员通力合作,加速实现在核心元器件、操作系统等方面的反向突围,又广纳天下英才,吸引全球一流的科学家和青年才俊加盟华为,加大面向未来的基础科学研究和尖端技术的突破创新,以奠定华为的系统竞争力和中长期竞争力。

顺应时代、超越时代是每一个企业的必修课,引领行业发展趋势,才能树立起一个基业长青的典范。改革开放 40 多年来,我国企业家队伍不断壮大,涌现了一大批具有鲜明时代特征、民族特色、世界水准的优秀企业家,为积累社会财富、提供就业机会、促进经济社会发展、增强综合国力作出了重要贡献。

2020 年 7 月 21 日,习近平总书记在企业家座谈会上的讲话中强调,企业家要带领企业战胜当前的困难,走向更辉煌的未来,就要在爱国、创新、诚信、社会责任和国际视野等方面不断提升自己,努力成为新时代构建新发展格局、建设现代化经济体系、推动高质量发展的生力军。站在第二个百年奋斗目标的起点上，广大企业家要大力弘扬新时代企业家精神，增强爱国情怀，办好一流企业；秉持创新理念，推动管理、技术、营销创新；增强法律意识，做到诚信守法；关爱员工、回报社会，履行社会责任；拓展国际视野，带领企业在更高水平的对外开放中实现更好发展。

让企业成为强大的创新主体，还必须加快科技体制机制改革，建立企业为主体、市场为导向、政府搭平台、产学研用深度融合的创新体系。总之，建设世界一流企业必然需要世界一流的企业家，必须依靠一批有雄心、有思想、有杰出管理能力的企业家群体。因此，我们要旗帜鲜明地弘扬企业家精神。

后 记

本书是本人 2020 年下半年以来发表在《当代中国史研究》《党的文献》《红旗文稿》《人民论坛》等核心期刊和《人民日报》《光明日报》《经济日报》《解放军报》等报刊上关于当代中国文化建设史特别是新时代中国特色社会主义文化建设的研究论文，以及应邀为《中国人才》专栏"人才史话"撰写的系列文章的辑录，因选题及观点具有创新性，引用资料丰富，论说比较精当，有一定的学术价值，在学界有较好的社会反响，大部分研究成果在中国知网有不错的下载率、引用量，在"学习强国"的阅读量及点赞率较高，因此编辑成书以供方家批评指正。

感谢当代中国研究所党组成员、副所长李正华、宋月红的支持，感谢当代中国出版社王敏、宋卫云的辛勤劳动，使本书得以付梓。

欧阳雪梅

2024 年 10 月 25 日